Le grand chemin de Compostelle

DU MÊME AUTEUR

Chronique du bel été, Picollec, 1982 Prix Louis Guilloux 1983.

Retours à Conques, Payot, « Voyageurs », 1993 · rééd. « Petite Bibliothèque Payot/Voyageurs » 1995.

Louis Guilloux. Les maisons d'encre, Christian Pirot, 1997.

Passants de Compostelle, Payot, « Voyageurs », 1999 ; rééd. « Petite Bibliothèque Payot/Voyageurs », 2001.

Une Bretagne intérieur, Flammarion, 1998 ; rééd. « Petite Bibliothèque Payot/Voyageurs », 2001.

Saetas, sur des photographies de Jean Hervoche, Éditions Dana/Éditions Théo, 2000.

Pèlerin sans Église, Desclée de Brouwer, 2001.

Jean-Claude Bourlès

Le grand chemin de Compostelle

Petite Bibliothèque Payot/Voyageurs

Carte : E & C, Lille.

106, bd Saint-Germain, Paris VIe.

Pourquoi partir,
sinon pour fuir la misère des gueux.
Et dans le vent plus loin vers l'ouest,
imaginer quelque nouveau destin ?

Pierre BOURGES, *Partir*.

Partir, nous en rêvions. Le plus souvent à voix haute. Peut-être pour prendre date. Partir pour déchiffrer l'espace et les traces sur la draille, retrouver l'accent et les goûts rudes, les heures sans concession et certains soirs de défaite... Continuer le chemin, jour après jour, semaine après semaine, jusqu'à cette ville dont l'appel nous parvenait, sans cesse répété par l'écho des cartes et le décodage des villages : Compostelle !

Certes, l'engagement était pris, certifié, et même consigné par écrit*. Nous repartirions pour mener ce

---

* Dans *Retours à Conques*, qui retrace la marche effectuée en 1990 par l'auteur et son épouse, entre Le Puy-en-Velay et Conques, en suivant le GR 65, chemin de Compostelle. Itinéraire poursuivi les deux années suivantes jusqu'à Ostabat. Payot, coll. « Voyageurs », 1993. (*N.d.É.*)

projet à son terme : Tenter de voir et comprendre ce qui, depuis plus d'un millénaire, pousse hommes et femmes du monde entier à abandonner un peu d'eux-mêmes sur quelques vieux chemins d'Europe ; mais aussi pour les joies sauvages que sont la solitude et la rencontre, l'intempérie et le goût des fontaines. Pour que ce périple de huit cents et quelques kilomètres fût le plus authentique possible, nous voulions l'accomplir d'une traite. Impossible ! répondait la vie. Où prendriez-vous les quarante jours nécessaires ? Le temps se montre intraitable. Alors, entre deux poussées de fièvre velléitaires, où l'Espagne, quand ce n'est pas l'apôtre lui-même, prend possession de nos jours, nous regardons les calendriers. Attendre trois ou quatre ans. Plusieurs dizaines de mois. Beaucoup de jours… Beaucoup trop. D'ici là, patienter en rêvant dans les livres. Combien de rêves ? Combien de livres ?

1993. L'année s'ouvre sur des signes et un rêve. Fin février, à l'abbaye de Fontevraud*, une série de concerts – musiques et chants de Compostelle – nous révèle, coup sur coup, la splendeur des *Cántigas de Santa María* et les richesses du *Codex Calixtinus*. L'Espagne jacobite avec laquelle nous pensions avoir, pour un temps, fermé la parenthèse revient à la charge, s'incruste. Partir ou s'imaginer partant ? L'obsession du *Dum Pater Familias* suffit à énerver le sang. Nous tirons des plans, encore et encore, jusqu'à ce que, rusant avec jours et semaines, le départ devienne envisageable en 1995.

---

* Fondée en 1101, l'abbaye royale de Fontevraud, l'un des plus vastes ensembles monastiques d'Europe, héberge dans ses murs, depuis 1975, le Centre culturel de l'Ouest. Cette abbaye, qui abrite la nécropole des Plantagenêts, est depuis plusieurs années le plus grand chantier de restauration des Monuments historiques. (*N.d.A.*)

Deux mois plus tard. Dimanche de Pâques. Retour de Saugues, nous nous arrêtons au Puy-en-Velay. Visite de la ville, cathédrale, église de Saint-Michel-l'Aiguilhe, Vierge noire, pierre des fièvres que nous touchons, comme nous l'avons fait pour les colonnettes de Saint-Michel. Ma femme se montre un peu réticente à accomplir ce geste rituel du départ pèlerin. « Et alors ? Ne partirons-nous pas un jour, nous aussi ? Quand ? Un jour ! » Dans deux ou trois ans, répond la voix du temps... Peut-être jamais !

Le rêve. Je suis à Conques. Dans des bâtiments inconnus. Longs couloirs, salles, galeries, le tout très sombre. Je me perds. Un moine vient à ma rencontre. « Nous vous attendions... Vous êtes en retard, et vous faites attendre la communauté. C'est inacceptable ! » Je le suis. Nous arrivons dans une nouvelle salle. Une quinzaine de moines se tiennent à l'opposé d'où nous sommes. Mon guide parle, mais je ne l'entends plus. Je me retourne, la salle est vide. Lorsque je veux le lui dire, lui aussi a disparu. Réveil en sursaut. Je note ce rêve étrange et me rappelle que l'an dernier, à Compostelle, où nous nous étions rendus en voiture, un pèlerin français nous avait annoncé l'arrivée à Conques de plusieurs moines prémontrés, et de leur prieur. Je ne les connais pas, pas plus que les bâtiments qui, eux, sont conformes à ceux que nos rêves inventent.

La suite. Le temps qui s'accélère autour de la sortie du livre. Déplacements de part et d'autre. Compostelle a perdu de son actualité. Au point de répondre, à un journaliste qui m'interroge, fin mai, au festival « Étonnants Voyageurs » de Saint-Malo, que « le Camino n'est plus à l'ordre du jour, et ne le sera pas avant trois ou quatre ans ». Pourtant, trois semaines plus tard, entre Burguete et Zubiri, c'est bien sur ce chemin que nous sommes filmés par une équipe de télévision française. « Pourquoi allez-vous à Saint-Jacques de Compostelle ? » Comme si je le savais !

Que s'est-il passé ? Pourquoi ce qui semblait jusqu'alors si difficile à réaliser se dénoue de façon aussi simple ? Je ne sais pas. Je marche. Nous marchons, vers une ville de bout du monde. L'une de ces cités baroques, un peu mythiques, comme nous les aimons en Bretagne. L'un de ces hauts lieux de naufrage dispersés dans le monde, avec lesquels l'humanité errante aime à entretenir d'illusoires rendez-vous.

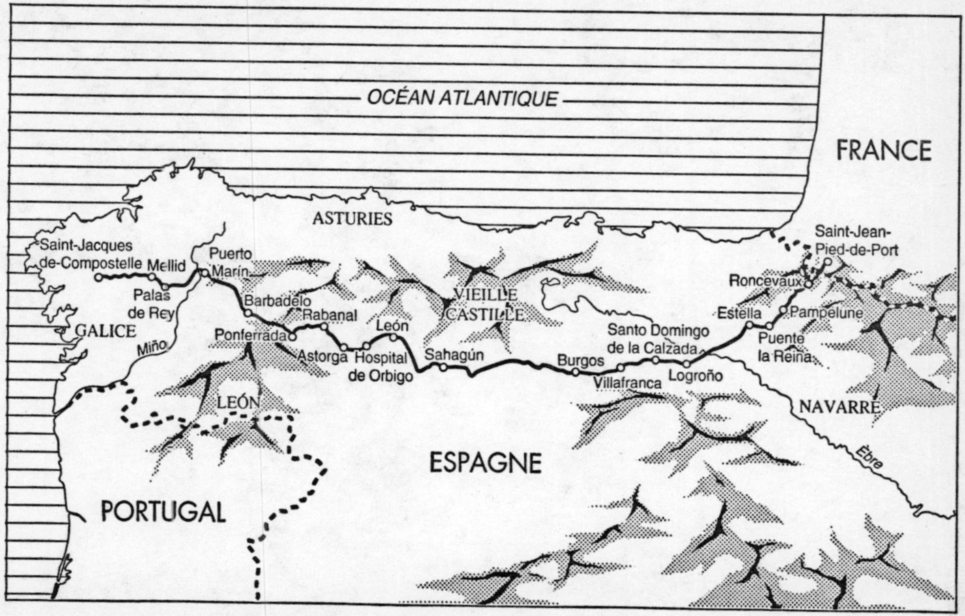
OCÉAN ATLANTIQUE
FRANCE
ASTURIES
Saint-Jean-Pied-de-Port
Saint-Jacques de-Compostelle
Mellid
Puerto Marín
Palas de Rey
Barbadelo
Rabanal
León
VIEILLE CASTILLE
Roncevaux
Estella
Pampelune
GALICE
Ponferrada
Astorga
Hospital de Orbigo
Sahagún
Burgos
Santo Domingo de la Calzada
Villafranca
Logroño
Puente la Reina
Miño
LEÓN
NAVARRE
ESPAGNE
Èbre
PORTUGAL

Navarre

N'ayez pas peur, mais ne vous rassurez pas.

L'ANONYME.

19 juin 1993. Il est à peine sept heures du matin lorsque, franchissant la porte d'Espagne, nous quittons la ville. Devant nous s'ouvre la route Napoléon, ancienne voie de l'étain devenue, tour à tour, romaine, wisigothe et carolingienne, comme elle dut être plus ou moins maure en certaines circonstances; l'un des quatre chemins historiques du pèlerinage de Saint-Jacques-de-Compostelle. Conformément aux prévisions météorologiques, un épais brouillard recouvre la vallée. Ce qui, si l'on suit la logique prévisionnelle, annonce un orage pour la fin d'après-midi.

Chemin de Mayorga, hameau de Cihe, derrière nous Saint-Jean-Pied-de-Port n'existe plus, absorbée par l'édredon de brume. Nous marchons sans repère ni visibilité, accompagnés par le bruit calfeutré des arbres qui s'égouttent. Selon le guide, sept heures sont nécessaires pour atteindre Roncevaux, et huit nous séparent du premier village espagnol : Burguette. Il dit aussi que montagnards et sportifs bien entraînés ne rencontreront aucune difficulté au cours de cette étape de vingt-huit kilomètres, créditée, quand même, d'un dénivelé de mille trois cents mètres. Pour les autres, piétons des villes, flâneurs des champs, un silence éloquent sert de mise en garde.

Depuis plus d'un millénaire, les pèlerins de

Compostelle venus de France entretiennent avec les Pyrénées des relations étranges et compliquées, toutes d'effroi et de fascination, où l'exagération ne permet pas toujours de faire la part des choses. Chroniques, récits et chants ont fait du franchissement des cols du Somport ou de Roncevaux l'un des moments forts de l'épopée jacobite. Aujourd'hui comme hier, on s'y engage avec les mêmes appréhensions de l'intempérie et des fortes déclivités. Tout cela, nous le savons pour l'avoir lu et entendu. L'aurions-nous oublié que la vision, hier au soir, de cette masse énorme et menaçante serait venue nous rafraîchir la mémoire. Nous flânions alors le long de la Nive à cent quatre-vingts mètres d'altitude, un peu inquiets, hésitant à porter le regard sur ces sommets vers lesquels nous marchons à présent.

Depuis combien de temps sommes-nous partis ? Une heure ? Deux ? Étrange sensation de ne pas progresser. Le brouillard en est sans doute la cause, le pas aussi, très réduit, et les arrêts, nombreux. Impression de poser cent fois le pied au même endroit sur la même pente, avec, sous le bitume fractionné, ces galets ronds où la semelle n'accroche pas. Où sommes-nous ? Souffle court, pas hésitant, réduit à des miettes de déplacement ; nous menons alors, l'un et l'autre, sans nous le dire car la parole solliciterait de l'énergie, une lutte sournoise contre un possible recul accidentel, en rêvant d'enjambées majestueuses et libératrices. Où sommes-nous ? À quelques kilomètres de la ville, trois ou quatre tout au plus. D'ailleurs, sans la brume, nous la distinguerions, là, dans le creux, ne serait-ce que par la citadelle de Vauban. Par bonheur nous ne voyons rien, et c'est préférable pour le moral déjà boiteux.

La montée donc, sur cette vicinale déclassée, suivie, traversée, contournée, par le chemin de grande randonnée 65. Épreuve interminable où, à plusieurs reprises, nous évoquons un possible renoncement, simple retour vers la ville pour, mieux aguerris, recommencer demain. Comme ces femmes rencontrées plus tard à Burgos, qui durent s'y reprendre à trois fois pour franchir ce col et atteindre Roncevaux. Mais, entre deux coups de tabac concrétisés par des pauses, assis dans les fossés, sacs calés contre la route ou le talus, la parole redonne toujours assez d'énergie pour aller de l'avant, ne serait-ce qu'au prochain tournant. Après tout, si nous avons parcouru quatre ou cinq kilomètres, soit un peu plus d'une lieue française*, Compostelle ne devrait plus se trouver qu'à huit cent et quelques kilomètres. Malgré les apparences, cette avancée n'a rien de négligeable !

Répondant à l'appel du gouverneur arabe de Barcelone en rébellion contre l'émir de Cordoue, Charlemagne franchit ce col dans les derniers jours du mois de juin 778. La forêt bordait alors le chemin, chênes et châtaigniers dans un premier temps, hêtres et sapins ensuite. Il ne vit donc pas cette vallée noyée de nuages ni les sommets enneigés des pics de Leizar Atheka et d'Urculu, où ses avant-gardes, victimes d'on ne sait quels pressentiments, hésitaient à aller de l'avant. Il ne vit pas non plus les habitants de ces hameaux, enfuis devant une troupe dont la brutalité n'avait d'égal que le mépris dans lequel elle tenait la paysannerie. Dommage, car peut-être eût-il aimé cette langue rocailleuse, sarcasmes et encouragements mêlés, entrecoupés par les rires de deux hommes rencontrés aux portes d'une étable. Propos sans importance dont la montée élagua rapidement les phrases bientôt limitées à un seul mot : « Santiago. »

---

* La lieue terrestre représentait un peu moins de 4 kilomètres, alors que la lieue marine vaut toujours 3 milles ou 5 555,5 mètres. (*N.d.A.*)

Route d'invasion et de conquête, celle où l'on chante et fait battre tambour. Mais aussi chemin de retraite hasardeuse, de débandade, d'affolements, quand la nuit, amplifiant les terreurs du jour, impose l'éclat des navajas aux yeux des sentinelles. C'est également par cette route qu'une partie de l'armée française reflua d'Espagne en 1813. Cinq ans plus tôt, portée par le grand rêve d'émancipation des peuples hérité de la Révolution, la même armée avait donné à cette route le nom de celui qui, plus prosaïquement, marchant sur le Portugal, rêvait déjà de s'emparer de l'Espagne : Napoléon, qui d'ailleurs passa par Bayonne.

Étonnante, cette manie de restreindre les lieux aux seuls enseignements des Lagarde et Michard. Encore que je ne retienne vraiment que les vignettes, tellement expressives, où l'on voyait Vercingétorix, farouche et chargé de chaînes, refusant de s'agenouiller devant César, Bernard Palissy brûlant ses meubles, Camille Desmoulins haranguant la foule, la mort du tambour Viala, les cuirassiers de Reichshoffen et, bien entendu, Roland sonnant du cor dans la souricière de Roncevaux. À tout prendre, ces images pouvaient tout aussi bien illustrer le cours de morale qui commençait la journée d'école. Je m'étonne même que, devant tant de similitudes, nul n'y ait jamais songé.

Tout cela pour dire que j'aime à me raconter des histoires. En marchant surtout. Moments propices, entre vingt autres, à la grande rêvasserie qui, si elle ne soulage pas totalement le corps de ses plaintes, lui permet souvent de les sous-estimer. N'importe quelle histoire alors, avec, selon l'heure et le lieu, des bouts de rien, ou du panache. C'est ainsi, et le fait d'imaginer les percherons de la cavalerie franque à une portée de pierre m'aide à supporter, mieux que je ne saurais le dire, l'hostilité de plus en plus marquée du chemin.

Chaleur et pentes nous obligent à multiplier les pauses au-delà du raisonnable. D'abord à chaque tournant, puis tous les cent pas, tous les cinquante, tous les vingt. À ce jeu, il nous faudra près de cinq heures pour atteindre le balcon de la Vierge d'Arisson, vaste faux plat où depuis toujours durent se décider les haltes nécessaires à la récupération des forces, juste avant la frontière. Va-et-vient, flux et reflux de l'histoire, des légions de César à l'exode des républicains espagnols de 1939. Combien de troupes s'arrêtèrent en ces lieux ? Et depuis la fonte des neiges, combien de bivouacs près de ces foyers de pierres noircies ?

Passe-temps de bergers ou trophée de chasse, attachées sur un fil en plein vent, une centaine de taupes sèchent, tandis que sur le mur d'un abri, fraîchement peint, le cri des jacquets de Compostelle, « *E ultreia* », ricane de toutes ses lettres. Quatre heures nous séparent encore de Roncevaux, dont deux pour atteindre les mille trois cent cinquante mètres du col de Bentarte, où s'amorce la descente. Préoccupés par les risques d'orage et pressés d'en finir, nous reprenons le chemin sous un soleil de plomb, sans avoir récupéré les moindres forces. N'avons-nous pas rendez-vous avec un tombeau, en cette lointaine Galice où très longtemps s'arrêta le monde connu des hommes ?

Vieux rêve d'enfants attardés, la frontière dont nous attendions je ne sais quel frisson n'existe plus. Seules deux casemates éventrées et quelques barbelés rouillés situent encore l'endroit. C'est ainsi que nous entrons en Espagne, sans autre surveillance que celle d'un couple d'aigles planant sur la carcasse d'un jeune agneau.

D'emblée, la Navarre se présente sous l'aspect le plus engageant qui soit après tant de turpitudes ; celui d'un long chemin de crête ombragé. Peut-on espérer meilleurs auspices d'un pays réputé hostile, voire malveillant à l'étranger qui passe ? Quoi qu'il en soit, l'armistice est mis à profit pour réviser les quelques phrases passe-partout dont nous aurons désormais besoin. « *Buenos días, señora. ¿ Tiene usted una habitación ?* » Une *habitation*, le plus vite possible, oui, là, tout de suite. S'allonger, enfin, non plus sur l'herbe, si parfumée soit-elle, mais dans un lit, et dormir, dormir jusqu'à ce que le corps retrouve ses désirs d'espaces et de mouvements. Dormir, oh, oui ! Plus que manger. Encore que. « *Quisiera comer.* » Et boire, oui, boire. *Beber algo. ¿Qué ?¡ Una cerveza !¡ No !¡ Dos, tres, cuatro !*

Incontournable fantôme de ce chemin, Aymery Picaud écrit, dans son *Guide du pèlerin de Saint-Jacques-de-Compostelle* de 1140, que « celui qui fait l'ascension des Pyrénées, par la route des crêtes, croit pouvoir de sa propre main toucher le ciel ». Exagération d'époque, effets de style, certes, mais comment ne pas penser qu'à gravir si longtemps des pentes aussi raides, il se pourrait que certains jours, par temps de brouillard…

Le passage ici est aussi vieux que la mémoire des hommes. Il date de l'époque où la notion de frontière était aussi inconcevable que les interdits et visas utilisés plus tard par les pouvoirs économiques et politiques afin de mettre un terme à l'éternelle transhumance des tribus. Encore était-ce sous-estimer l'extraordinaire capacité du vieux nomade à envoyer dinguer l'ordre et la règle commune pour aller, comme un fou superbe, vers ces voix qui du fond des temps l'appellent depuis que le monde est monde.

Chevaux, mulets, canons, charrois et autres attelages empruntèrent donc cette voie pendant des siècles, et dans les deux sens. Cette route ou celle qui, plus bas, rejoint Arnéguy. Certains jours, cela dut engendrer une belle pagaille, surtout dans les endroits les plus resserrés, ouverts sur le ravin dans lequel, parfois, roulaient les équipages. Le fait n'est pas si rare, les écrits l'attestent. Le plus connu de ceux-ci concerne la princesse Élisabeth de Valois, future épouse de Philippe II d'Espagne, qui, prise dans une tourmente de neige, vit périr hommes et chevaux de son escorte, après que son carrosse eut basculé dans un précipice. La chronique relate qu'arrivée à Roncevaux elle tint à rencontrer chaque pèlerin, à qui elle accorda une aumône de trois réaux. Cela se passait le 6 janvier 1560. Ce jour-là, quatre cents pèlerins se trouvaient hébergés à l'hospice du monastère.

À environ deux kilomètres du sommet de Bentarte, les ruines d'Elizacharra offrent, en quelques pierres éboulées, la première rencontre spirituelle du chemin. Abri de pèlerin ou chapelle – plus sûrement les deux –, dont le sol ne conserve qu'un tracé de moellons, simple bâtisse entre cache et remise, où l'on se repose et prie avant de poursuivre. Qui commanda sa construction ? Et pourquoi ici, justement ? En remerciement de quel sauvetage un homme décida-t-il d'ériger cet abri pour ses frères du chemin dont il connaissait si bien les peines ? L'histoire ne le dit pas.

Un peu plus bas, de l'autre côté de la route, une cabane de bûcherons perpétue l'accueil. La porte en est ouverte. Il y a une table, des chaises et une cheminée, peut-être des lits dans une deuxième pièce. On peut s'y arrêter, une heure ou pour la nuit, à condition d'être *peregrino* – c'est indiqué à l'intérieur. Autrement non.

Dehors, près d'une fontaine où nous remplissons

nos gourdes, un foyer de pierres maçonnées, avec des bûches autour comme autant de sièges, doit, pour peu que l'on sache y faire, facilement raconter des histoires. Une fois encore il est question d'interrompre, de passer la nuit sur place. Mais Roncevaux ne peut plus être loin, et nous reprenons le chemin vers la vraie et grande déroute qui nous attend, une heure plus tard, au col de Lepoeder. Un raidillon, pas très long, mais un de trop, nous fait jeter les sacs au fossé et nous allonger, à même la caillasse, insouciants de l'orage, de la nuit et du reste : vaincus.

La veille, alors qu'elle nous remettait nos cartes de pèlerins, la représentante de la Société des amis de saint Jacques* avait insisté sur les difficultés de cette étape, sans nous donner la méthode pour les aplanir. D'ailleurs, à moins de nous conseiller l'autocar, je ne vois pas ce qu'elle aurait pu ajouter d'utile. « Ici, voyez-vous, nous sommes en montagne. C'est elle qui commande, pas nous », avait-elle répété à deux ou trois reprises. Comme elle devait le faire régulièrement à ces gens qui, dévorés par le rêve ou la foi, ne l'écoutaient qu'à peine. Qu'y pouvait-elle ? Rien. Et c'est contre ce rien qu'à présent nous luttons de chaque côté de la route, comme si le même fossé ne pouvait à lui seul soulager tant de lassitude.

Peut-on parler de signe ? Ce fut un chant qui me remit sur pied. Pas n'importe lequel, qui plus est, le *Dum Pater Familias*, le chant des pèlerins de Compostelle, qui, depuis plus de huit siècles, marque ce chemin du sceau de la romanité. Quelques notes tout d'abord, autour d'une phrase : « *Primus ex apostolis…* » Puis d'autres et d'autres encore à l'aide desquelles la mélodie se met en place. Dans un esprit désormais aussi étrillé que le corps, ce cantique usé

---

* Société des amis de saint Jacques de Compostelle, BP 14, 75261 Paris Cedex 06.

de sueur et d'intempéries ne pouvait que s'imposer de la manière la plus obsédante qui soit. Ce qu'il fit.

Le *Dum Pater*, donc, mais dans sa version la plus populaire. Celle où tambours, tambourins, flûtes dominent quelques instruments à cordes. Sac ajusté, et de nouveau debout dans la caillasse, j'attends. Quelque part vers le nord l'orage gronde faiblement. Il pleut sur l'autre versant de la montagne et je suis là, l'esprit totalement vide, guettant la troupe dans laquelle je vais me fondre. Bien sûr, d'où je suis je ne les vois pas, mais je situe les premiers de l'autre côté du vallon, là où le chemin est coupé par un ruisseau, alors que pour les plus attardés la chapelle d'Elizacharra est loin d'être atteinte.

Je ne les vois pas mais les devine, étrange cohorte qui va, rien que pour moi, auréolée de poussière, bruyante et désordonnée, frappant le sol des pieds et du bourdon, tels que je les vis et suivis un autre jour, sur le plateau d'Aubrac. C'est le tambour qui impose le rythme, et lorsque les voix s'élèvent, menaçant de le couvrir, les tambourins viennent à sa rescousse, aidés par le choc de tout ce qui peut marquer cadence. Porté, répercuté par le nombre, le vacarme est alors intense et, passé les premiers rangs où la musique ordonne, s'apparente vite à un intense charivari. Si tous ne chantent pas, peu se taisent. Appels, cris, rires, exclamations fusent de toutes parts, interrompant la prière de l'un et les conseils de l'autre. Dans un tel fracas, comment nos voix un peu faibles ne prêteraient-elles pas à sourire ? Et pourtant non. Rien qui vienne troubler ce glorieux désordre où nous avons pris place, entraînés, happés par la bande. Comme quoi l'imagination peut se révéler un puissant cordial aux effets secondaires légèrement hallucinatoires.

C'est ainsi que, braillant à qui mieux mieux quatre ou cinq mots de latin ponctués de *lalalala*, nous gagnâmes El Puerto de Ibaneta, autrement dit le col de Roncevaux. À trois cents mètres en contrebas, les toits de zinc du monastère nous apparaissent alors comme la seule chose vraiment raisonnable de la journée. L'émotion qui nous saisit doit sans doute beaucoup à la fatigue. Délaissant nos compagnons de chimère, nous coupons à vif par la montagne, égrenant d'autres vers...

Âmes des chevaliers, revenez-vous encor?
Est-ce vous qui parlez avec la voix du cor?
Roncevaux! Roncevaux! Dans ta sombre vallée
L'ombre du grand Roland n'est donc pas consolée!
. . . .
Dieu! que le son du cor est triste au fond des bois!

Nous ne vîmes pas ce cor mythique que Jean de Tournai, en route vers Compostelle, dit avoir contemplé en 1488 dans l'église du monastère, ainsi que « le cornet d'Olivier, lesquels sont en ivoire, pareillement l'étrier de l'archevêque Turpin, et deux tombes encloses de treille de fer, dans lesquelles sont ensevelis plusieurs chevaliers, vrais martyrs puisque morts en soutenant la foi catholique ». Trois siècles plus tard, Jean Bonnecaze, pèlerin béarnais, se recueillit à son tour devant « les éperons et l'épée de Roland », avant de prier auprès de la croix « d'environ quinze pieds de haut, dressée sur cette plaine où furent tués les douze pairs de France* ».

Que sont devenues ces reliques? Quel vent de guerre ou de brigandage les dispersa, vers quels secrets et sous quels cieux? Mystère. Aujourd'hui ne subsistent du souvenir de la bataille que deux stèles, pas très heureuses, devant lesquelles des vagues de

* Cité par Pierre Barret et Noël Gurgand, *Priez pour nous à Compostelle*, Hachette, 1978.

touristes se font photographier tandis que les chauffeurs de cars, impatients de poursuivre, klaxonnent. Ici mourut, le 15 août 778, l'arrière-garde de l'armée franque qui, deux mois plus tôt, marchait vers Saragosse. On sait que, alerté par le cor de Roland, Charlemagne revint sur ses pas. Mon livre d'histoire le montrait dressant le poing vers les hauteurs du défilé où ses ennemis ricanaient en brandissant de terribles sabres recourbés. En fait, constatant le carnage, il ne put que faire enterrer les morts dont *Le Guide du pèlerin de Saint-Jacques-de-Compostelle* nous apprend qu'ils n'étaient pas moins de « 40 000 guerriers chrétiens et sarrasins ». Une telle démesure dans le nombre n'est pas neutre. Elle a pour but de frapper l'esprit de ceux qui vont s'engager dans un pays occupé par l'Infidèle, et qui ont davantage besoin de légende que de réalités historiques. Publié aux environs de 1140, quatre siècles après l'événement, ce texte contemporain de *La Chanson de Roland* n'est pas dénué d'arrière-pensées politiques, alors que la fragilité du royaume de Jérusalem fait redouter le pire. Bien entendu, l'ennemi est le même, maure ici, sarrasin là-bas, musulman partout. D'ailleurs, quel peuple, je vous le demande, peut se montrer assez retors pour, refusant le combat de plaine, tendre une embuscade de ce type ? Le crime est signé, souvenez-vous-en ! Le fait que les Maures en question soient des Vascones (Basques de Navarre) ne change rien. Dans l'inconscient collectif, les choses sont aussi claires que tranchées. Cela permet d'entretenir à moindres frais de vieilles rancœurs contre un coupable certifié, bien que commis d'office.

En fait il y a peu de chance que la bataille se soit déroulée ici, alors qu'à quelques kilomètres les cols de l'Astobizcar ou de Lepoeder offrent d'excellents coupe-gorge. Mais, après tout, qu'importe : puisque le souvenir s'incarne dans ces stèles, ne cherchons pas plus loin. Je me demande en revanche pourquoi l'Histoire, la grande, l'officielle, celle que l'on écrit avec une majuscule, a tant besoin de précisions dans les lieux et les dates. Celles-ci, nous le savons depuis longtemps, sont très aléatoires, quand elles ne découlent pas d'invraisemblables compromis mêlés de confusion. Faute de preuves formelles, l'histoire n'est qu'une porte ouverte sur la légende, autrement dit l'extravagant, le non-fondé, domaine accordé une fois pour toutes à l'enfance et dans lequel tout adulte surpris doit être regardé comme quelqu'un de déraisonnable. J'avoue que je suis de ceux-là. Le moindre fait, même réduit à l'état de soupçon, nourrit mon imagination mieux qu'une certitude. La légende et le mythe suffisent à me mettre en route. La preuve : je marche vers Compostelle !

La construction du monastère de Roncesvalles fut décidée en 1132 par l'évêque de Pampelune. Aymery Picaud n'en dit pratiquement rien, sinon qu'« en descendant de la cime on trouve l'hospice et l'église, dans laquelle se trouve le rocher que Roland, ce héros surhumain, fendit d'un triple coup de son épée du haut jusqu'en bas, par le milieu ». Pas un mot sur le chantier qu'il traversa et qui, cependant, ne devait pas manquer d'allure. Dix ans plus tard, l'hospice de Roncevaux était considéré comme l'un des trois plus grands de la chrétienté. Certaines années, on y servit jusqu'à trente mille repas (cent rations par jour) aux pèlerins qui pouvaient y séjourner trois jours. Son rayonnement, comme on le devine, fut immense et atteignit les contrées les plus éloignées de l'Occident et du Moyen-Orient. Pourquoi faut-il qu'aujourd'hui tout soit si terne et désincarné ? Pourquoi les bâtiments aussi tristes que lourds ? L'église trop sombre ? La pénible indifférence des moines pour tout ce qui porte sac ou besace ? Car enfin, je n'ai pas rêvé, aucun de ceux que je viens de rencontrer n'a répondu à mon salut. Le vieux contentieux franco-espagnol toucherait-il les ordres monastiques ? Mauvais augure pour la suite, puisque nous sommes ici pour une bonne trentaine de jours. Le bureau du pèlerinage est plein d'une foule bruyante composée en quasi-totalité de cyclistes, régulièrement rappelés à l'ordre par le secrétaire qui reçoit, questionne et enregistre chaque postulant avant de lui remettre son « *credencial del peregrino* ». Survivance des certificats, attestations, laissez-passer et sauf-conduits, délivrés au cours des siècles par les pouvoirs religieux ou laïcs, cette carte de pèlerin permet à celui qui la possède de se revendiquer comme « vagabond de Dieu », et donc de bénéficier, pour un coût extrêmement réduit, des refuges et gîtes du chemin, ainsi que, dans certaines circonstances, de soins médicaux. C'est également au vu du *credencial*, que le titulaire doit faire estampiller à chaque étape, que lui sera délivrée la *compostella* à son arrivée à Santiago.

En attendant, la joyeuse cohue se voit menacée de se retrouver dehors, où il tombe à présent des cordes. Trop fatigués pour attendre le bon vouloir de cet homme qui, manifestement, prend son temps, trop tard pour visiter le cloître ou le trésor, et comme le refuge regorge de monde, nous nous engouffrons, trempés comme des soupes, dans l'*albergue* la plus proche avec, pour seule arme de salut, un grand éclat de rire. Cette joie marque la fin du doute ; la douche et le lit attendent ; il pleut, nous rions, heureux d'avoir tenu tête aux voix de la capitulation. Petits plaisirs consolateurs, magnifiés parce que l'heure est à l'emphase, joies futiles dont nous usions déjà pour consoler l'enfance.

À présent, nous sommes en Espagne, pas n'importe quelle Espagne, l'une des plus vraies qui soient ;

celle d'un bar enfumé et bruyant où les relents d'oignons frits et de tortillas réveillent nos estomacs engourdis. «*Dos cervezas, por favor.*» Premières bières servies dans des chopes, avec juste ce qu'il faut de mousse pour apprécier l'odeur du houblon, et de la buée sur la panse du verre. Ineffable plaisir que l'on tient à deux mains par méfiance du mouvement des autres, comme si le moindre accroc, la plus petite perte du précieux liquide relevait de l'irréparable. Bonheur de boire, à petites goulées entrecoupées de respirations profondes. Nos yeux brillent de satisfaction. Et qu'importe si le monde s'arrête, à la seconde, dans ce hall où un groupe de touristes hésite à regagner son car sous les trombes d'eau : ma chope est encore à moitié pleine, et nous sommes arrivés !

Deux heures plus tard, l'embellie nous offre notre premier pèlerin. Un homme d'une quarantaine d'années, peu bavard, qui se contente de bredouiller quelques *¡hola !* (salut, bonjour) à nos questions. En apparence, son état n'est ni meilleur ni pire que le nôtre. Qu'a-t-il alors rencontré de si différent pour ne pouvoir retenir ses larmes en débouclant son sac ? Le vrai visage de la fatigue lorsqu'elle devient épuisement* ? À moins que ce ne soient l'effroi ou la grâce qui semblablement terrassent ? Et pourquoi pas tout simplement la joie de se trouver là, adossé contre la pierre, face à ce chemin qui, jour après jour, le fera jacquet, jacquaire, jacquot, jusqu'à ce *finis terrae* où, devenu poussière d'étoile, il prendra place, pour toujours, au sein de la Voie lactée ?

Demain un couple de Français le rencontrera, tôt le matin, à la sortie de Burguette. Il leur dira venir

---

* Ce qui n'a rien d'étonnant lorsque l'on sait, comme nous l'avons appris par la suite, qu'il était parti le matin de Larceveau, à quarante-quatre kilomètres de Roncevaux ! (*N.d.A.*)

de Hollande à raison de quarante kilomètres par jour, avec l'intention de se rendre de Compostelle à Fatima, au Portugal.

En attendant, il pleure, non pas comme on se laisse aller dans le chagrin, mais doucement, très doucement, abandonné. Sans tomber dans les facilités d'un dolorisme ostentatoire auquel certains succombent, il faut reconnaître que les larmes sont très présentes sur ce chemin. Si, comme on s'en doute, la fatigue et les maux trouvent dans cette manifestation une expression naturelle, l'émotion y prend également une très large part. Le chemin de Saint-Jacques, autant par sa longueur que par l'extraordinaire beauté de certains lieux traversés, fragilise l'individu au point de le rendre vulnérable jusqu'à l'irrationnel. Nous sommes ici dans le domaine de la sensibilité collective où, même si le pèlerin va en solitaire, il partage avec d'autres, et dans une communauté d'esprit certaine, un espace et une mémoire sacralisés : le chemin. Et c'est bien lui, et lui seul, qui ordonne et commande, dicte ses volontés à l'individu.

Ce soir, quoi que je fasse, je ne suis pas pèlerin, mais randonneur. Le combat livré à la montagne occupe trop de place dans mon esprit pour qu'il en soit autrement. Combien de jours seront nécessaires pour inverser les choses ? Combien de jours pour que le dépouillement l'emporte sur le besoin de sécurité, la possession ? Pour que les larmes deviennent possibles ? C'est à cela que je pense en regardant l'homme qui écrit à présent, dans un carnet de route, ce que fut sa journée.

Lui disparu, d'autres marcheront vers nous, avec lesquels nous cheminerons une heure, un jour. Parfois plus. Souvent moins. Hommes et femmes, jeunes et vieux, visages et voix burinés, éraillés, images croisées, perdues et retrouvées de loin en loin sur le chemin ou dans une quelconque *mesón del peregrino*.

Combien seront-ils à nous gratifier du *¡hola !* d'usage, auquel certains ajouteront *¡buen viaje !* ou quelques mots sur *Santiago* et son *apóstol*. Des centaines qui, quelles que soient leurs nationalités, useront presque toujours des mêmes rudiments de langue espagnole pour offrir le bonjour et les deux ou trois broutilles qui vont avec. Des centaines et bientôt des milliers, dont nous ne retiendrons que quelques noms, peu d'adresses, des visages figés sur des photographies où la mémoire s'égarera, plus tard, en vaines suppositions. Tous auront le désir, quel qu'en soit le prix à payer pour le corps ou l'esprit, d'atteindre Compostelle. Sans qu'ils le sachent, les paroles de saint Augustin leur montrent la voie, unique, de l'engagement : « Le jour où tu te dis : "Cela suffit !" tu es déjà mort ! Ajoute toujours, avance toujours, marche toujours. Ne reste pas en chemin, ne recule pas, ne sors pas de la route. Qui n'avance pas piétine ! »

Nous sommes tous partis vers un « ailleurs » symbolique et quelque peu initiatique, dans le sens où la transformation de l'être et de sa pensée est sous-jacente à l'idée de pèlerinage, comme elle fut, de façon plus directe, dans certains rituels sociaux tel le compagnonnage.

L'existence peut-elle aisément se comparer à un pèlerinage, ou, plus prosaïquement, l'individu n'est-il qu'un pèlerin sur terre* ? Suffit-il d'user de poncifs pour que le « cheminement » de la vie se traduise dans les faits par un nomadisme que nos règles sociales démentent ? Personnellement, dans ces toutes premières heures de ma quête, j'en doute. Les semaines à venir, avec leur longue traversée du temps et de l'espace, m'apporteront, peut-être, un début de réponse.

---

* Georges BLOND, *L'Homme, ce pèlerin*, Fayard, 1956.

Tandis que je m'interroge, d'autres marchent donc vers nous. Semblables ou différents de ceux que nous venons de quitter, prendront-ils une place dans notre vie, ou ne feront-ils que passer sans autre trace que la rencontre ? Parcelles de sociétés, fragments communautaires, poussières de clans ou de familles, ils seront là, venus de partout et d'ailleurs, tels ces peuples sculptés veillant depuis des siècles dans l'ombre des églises. Marchent ainsi ceux qu'il faudra soutenir et ceux qui soutiendront, ceux de la foi et ceux du doute, ceux du partage et ceux de l'indifférence, les bavards et les réservés, les généreux et les autres, sans oublier quelques glorieux illuminés. Tous passants sublimes que nous attendons dans le jour déclinant de Roncevaux, et dont nous aurons désormais besoin pour vivre au quotidien ce rêve anachronique et fou dans lequel l'Europe se consume depuis plus d'un millénaire : le pèlerinage de Saint-Jacques-de-Compostelle.

C'est amusant comme nos carnets de route, si fidèles par ailleurs, se montrent discrets sur cette journée. Terrible silence du non-dit qui accuse, mieux que de longs discours, le désarroi traversé. Peu de lignes. Aucune photo. Pas de trace. Comme si les mémoires suffisaient.

Partir de Saint-Jean-Pied-de-Port fut incontestablement une erreur. C'est de Navarrenx ou d'Ostabat, situés plus en amont, qu'il fallait le faire afin d'être en jambes avant la montagne. Ou de la ferme Iturburia à Honto, située à six kilomètres du départ. Nous avons vu un couple en sortir ce matin. Reposés par une bonne nuit, ceux-là pouvaient en découdre à leur aise avec les pentes dont la brutalité nous accablait. Peut-être, alors, n'aurions-nous pas eu cette inattention au pic d'Urdanarré, avec ses quatre kilomètres inutiles. Le tout cumulé fit que les sept heures annoncées par le guide finirent par en faire onze. Onze heures de marche pour parcourir vingt-huit kilomètres ! Bien qu'aucun guide n'indique la même distance*, il doit bien nous rester huit cents kilomètres avant de franchir la Puerta del Camino de Saint-Jacques-de-Compostelle. Face à l'immensité, fût-elle relative, les calculs faussent le jugement. Ne pas consigner une déroute est déjà une victoire. Se taire et attendre. Demain sera un autre jour.

Carnet de route, en date du 26 juin, une semaine plus tard : « La vraie, la seule question qui se posait alors n'était pas de l'ordre de moyennes journalières, encore moins d'une date prévisionnelle d'arrivée, mais de savoir si nous étions en mesure de poursuivre, et, dans l'affirmative, jusqu'où et comment. Jamais, depuis trois ans que j'en étudiais l'histoire et les tracés, le chemin ne me sembla aussi décourageant. »

Appels, cris, rires, on s'agite beaucoup et la confusion gagne. L'un remplit la gourde que l'autre vide, un panier d'oranges circule de main en main, revient, presque plein. Sur la place un groupe d'adolescents se prépare à partir vers Santiago. L'événement est important. Cela se sent et se vit jusque chez les enfants endimanchés qui courent, énervés, autour des flaques d'eau en hurlant. Mais ce sont les familles qui crient le plus, parlent, conseillent, sans écouter ni entendre les autres. Il est un peu plus de neuf heures ce dimanche 20 juin 1993, et l'Espagne est devant nous, avec ces hommes et ces femmes qui vont et viennent, gesticulant autour de leur progéniture dont

* De 780 à 850 kilomètres ! En fait, la distance est fonction des choix effectués lorsque plusieurs possibilités s'offrent aux pèlerins. Ceux-ci peuvent également privilégier certains sites, aujourd'hui hors chemin. L'exemple du monastère de Samos dans l'étape Triacastela-Sarria est tout à fait instructif à cet égard. (*N.d.A.*)

ils vont se séparer d'un instant à l'autre, peut-être pour la première fois.

Bien entendu on prend des photos de près, de loin, en criant un prénom – *¡Manuel!* Parfois on marque la pose. Les tenues sont propres et nettes, fraîchement repassées. Rien qui soit laissé au hasard, à l'à-peu près, ni les sacs ni les chaussures. Tout est neuf. Jusqu'au bourdon. Puis, sans que l'on sache pourquoi, tout s'accélère ; les hommes aident à passer les sacs tandis que les femmes parlent à d'autres mères. Combien sont-ils à partir ? Dix ? Douze ? Treize, avec l'adulte qui arrive le dernier et lace ses chaussures, assis sur le banc où nous étions hier. Club sportif ou groupe d'élèves ? La seconde hypothèse est la bonne, et l'homme qui, à présent, donne des ordres n'est autre que leur aumônier. Tout cela, nous le saurons demain. Pour l'instant on nous ignore, sinon ce moine qui vient nous serrer la main en parlant de Rocamadour. Quand nous quittons Roncevaux, d'autres jeunes gens, garçons et filles, arrivent dans de nouvelles voitures.

Si tout se passe bien, dans cinq semaines très exactement, nous assisterons tous à Compostelle aux fêtes de la Saint-Jacques. Celle-ci tombant un dimanche, l'année est déclarée sainte ou jubilaire, temps de grâces spirituelles pendant lequel, aux termes d'une bulle d'Alexandre III en 1179, les pèlerins bénéficient d'indulgences plénières. Important pour la chrétienté, cet événement revêt un caractère particulier en Espagne, qui a fait de l'apôtre son saint patron. C'est l'une des raisons pour lesquelles les Espagnols seront nombreux sur ce chemin, et c'est pourquoi ceux-là, mettant à profit la fin de l'année scolaire, partent.

Carnet de route : « Rencontré nos premiers pèlerins français. Un couple parti en avril de Paris. Elle, vingt-cinq ans ; lui, pas loin du double. Tous deux lourdement chargés. Passés par Vézelay, Le Puy, Conques, Moissac. Peu pressés de mettre un terme à ce voyage qui a toutes les apparences d'une fugue amoureuse. Interview, à même le chemin, par une équipe de télévision française. Questions superficielles et décevantes, réponses banales. À la limite, nos silences semblaient plus intéressants que les paroles. Comment espérer traiter un tel sujet en trois minutes sur le bord d'un talus ? Impression de m'être fait piéger en sacrifiant à la mode de l'information désincarnée, contre laquelle je m'élève si facilement par ailleurs. J'aurais dû refuser cet entretien. Ou alors parler de l'histoire du chemin, de la fascination qu'il exerce, aujourd'hui encore, sur ceux qui s'y risquent. Mais était-ce le sujet ? Je ne le crois pas. Dommage ! il y avait pourtant à dire. Trop, sans doute... »

L'histoire de nouveau. Celle de la multitude jetée sur les routes qui, pour une fois, ne sont pas chemins de fuite ou d'exode. Foule en rupture d'enracinement, retrouvant à l'appel d'une voix supposée la geste nomade. Beau peuple émancipé marchant vers une promesse de vie. Pas n'importe laquelle, il est vrai; celle contenue dans la Parole. C'est à votre passage ici, fantômes illuminés, que je dois d'être là, et c'est de cela que j'aurais dû parler. Ne serait-ce que pour vous rendre l'hommage que je vous dois.

L'histoire toujours, celle que l'on traverse et qui se décline, comme un conte... En ce temps-là vivait, près de la ville d'Iria Flavia, en Galice, un ermite nommé Pélagius, ou Pelayo... Celui-ci serait bien oublié s'il n'avait été, à plusieurs reprises, témoin de manifestations surnaturelles, lueurs nocturnes, musiques et paroles célestes. Intrigué, il se rendit au village de San Félix de Lovio, lieu supposé du prodige. Là, les habitants lui confirmèrent les faits. L'ermite fit alors part de ses interrogations à son évêque,

Théodomir. Les deux hommes se rendirent de nouveau sur place et, fouillant un roncier, mirent au jour un édifice sépulcral de type romain ou païen, comprenant une salle de petite dimension, pavée et décorée de marbre, dans laquelle reposaient trois sarcophages. Les restes humains exhumés furent identifiés par Théodomir comme étant ceux de l'apôtre Jacques et de deux de ses disciples. Aussitôt connue, cette découverte souleva un énorme engouement en Espagne. Spontanément, la foule se mit en marche vers le tombeau où, dit-on, des miracles se produisaient. Avec Pierre, inhumé à Rome, l'Occident venait d'« inventer* » un deuxième apôtre. Et pas n'importe lequel : Jacques le Majeur, fils de Marie Salomé et de Zébédée, frère de Jean l'Évangéliste et l'un des plus fidèles compagnons du Christ. L'histoire ne dit pas ce que devinrent Théodomir et Pélagius. Sans doute le second, véritable « inventeur » de Jacques, regagna-t-il son ermitage où, l'âme en paix, il put contempler chaque nuit que Dieu lui accorda la splendeur du ciel enrichi d'une nouvelle étoile, la plus brillante de toutes, celle du Berger.

Dans une version plus populaire, ce sont des bergers guidés par « une étoile » qui découvrirent, « dans un champ oublié de tous », le sarcophage de pierre contenant la dépouille attribuée à l'apôtre. Champ où, dit-on, aucun animal n'accepta jamais de paître. Voilà qui ajoute au mystère, tout en confirmant le caractère sacré du lieu. Qu'il s'agisse, comme le prouvent les fouilles entreprises sous la cathédrale, d'un cimetière hispano-romain abandonné vers la fin du VIe siècle ne change rien. La légende déjà forgée, et colportée, entretenue, partagée, ne peut que s'incarner en termes de salut dans l'irrépressible besoin

* Dans le sens exact du terme : trouver, découvrir, révéler. (*N.d.A.*)

d'espérance que les hommes placent dans un ciel d'ordinaire peu bavard.

Théodomir et Pélagius disparus, l'apôtre demeura, de plus en plus grand, aimé et glorifié. Nous sommes toujours dans la première moitié du IXe siècle, peut-être dans son premier quart, mais ici encore les dates divergent. Entre 799 et 830. Si cette dernière semble aujourd'hui la plus communément admise, elle n'en est pas moins contestée. À tort, d'ailleurs, puisque, comme l'écrivait au début de ce siècle le chanoine López Ferreiro, « il est triste de reconnaître que le jour où le fait mémorable de la découverte de la dépouille de l'apôtre eut lieu n'apparaît sur aucun calendrier, car on l'ignore. En ce qui concerne l'année, il en va de même ». Aux alentours de 830, le culte de saint Jacques, limité dans un premier temps au seul royaume asturien, gagne une grande partie de la chrétienté. La nouvelle était d'importance, il est vrai, puisqu'elle concernait le corps de l'un des trois apôtres les plus proches du Christ. Que Jacques, dont on dit parfois, sans en posséder la moindre preuve, qu'il vint évangéliser l'Espagne, repose en Occident, dans une terre occupée depuis plus d'un siècle par l'Infidèle, apparut comme une manifestation évidente de la volonté divine. L'Europe se mit donc en marche. Mais avec une telle passion, une telle foi, et pendant si longtemps, qu'aujourd'hui encore, dans la mémoire collective, cette histoire demeure assez profondément inscrite pour éveiller le rêve au seul nom de Compostelle.

Car ce ne sont pas quelques milliers ou dizaines de milliers d'hommes et de femmes qui se mirent en mouvement durant quelques mois, ou quelques années, mais des millions, des dizaines de millions, et pendant plus d'un millénaire. Le nombre et la durée confondent. On peut s'en étonner, s'interroger ou contester, mais les faits sont là, incontournables, consignés dans les archives, visibles dans l'espace géographique, palpables dans la pierre. Ce chemin n'est donc pas une simple voirie, une route comme il en est tant, permettant d'aller et venir avec commodité. La facilité ici n'a pas été retenue comme postulat. Tracé et orientation sont d'un autre ordre, puisque ce ne sont ni les corps ni les biens qui circulent, mais l'esprit.

L'histoire commence donc vers 830. Cent ans plus tard, ce « Champ de l'étoile », où Alphonse II, roi des Asturies, a fait édifier une basilique, attire déjà des centaines de pèlerins venus, pour la plupart, de cet Occident chrétien dont la France se veut le fer de lance. Qui sont-ils ? À quoi ressemblent-ils ? Mystère. De ceux-là nous ignorons presque tout, les temps ne sont pas encore au fichage du nomade. La seule chose que nous sachions, c'est que, rentrés chez eux, ils sont de plus en plus nombreux à témoigner de ce qu'ils ont vu, et cela génère forcément de nouveaux départs. De cette obstination naquit le Camino Primitivo, premier chemin qui, pour échapper aux raids de la cavalerie musulmane, traversait – au prix de quelles difficultés ? – les monts Cantabriques.

Prudente, l'Église écoute, voit et se tait, hésitant à cautionner ce mystérieux tombeau d'où lui parviennent, de temps à autre, des rumeurs de miracle. Il ne lui faudra pas moins d'un siècle de réflexion pour que, sortant de sa réserve, elle reconnaisse à Compostelle la qualité de grand pèlerinage d'Occident, au même titre que Rome et Jérusalem. Entre-temps, Godescalc, évêque du Puy, s'est rendu avec une suite importante sur le tombeau de l'apôtre. Ce voyage est capital, tant pour la somme d'informations qu'il rapporte que pour la voie nouvelle qu'il ouvre plus au sud – le futur Camino Francés sur lequel, à quelques nuances près, nous sommes aujourd'hui.

Merveilleuse Navarre, avec ses villages de tuiles aux murs chaulés, épousant les replis des collines. Navarre de chaque instant, de l'usine et du labour, où les enfants, parfois, se sont appliqués à transformer les murs d'école en fresques pérégrines compliquées et naïves. On y voit trains, avions et bateaux déchargeant leur cargaison de pèlerins, chevelus et barbus, toujours vêtus de la bure, quelques cyclistes aussi, et surtout, mélange de cow-boys et de matamores, des cavaliers chargeant. Bien entendu, montagnes et sapins sont verts, et les maisons fument sous la garde de chiens à la chaîne. Navarre de Pampelune, où le souvenir de Pompée, qui fonda la ville en 74 avant Jésus-Christ, a depuis longtemps déserté la mémoire des hommes. Comme se serait peut-être dispersée l'empreinte des artisans et marchands francs, attirés par l'essor du pèlerinage, si nous ne suivions, aujourd'hui encore, la calle San Saturnino (rue Saint-Sernin), qui conduit à l'église du même nom. Ceux qui vivaient là étaient venus de Toulouse et se firent un devoir, dans une ville hostile, divisée en quartiers clos et antagonistes, de marquer leur différence en honorant, comme ultime souvenir d'un pays dont langue et usages s'estompaient, le saint patron de leurs ancêtres.

Capitale de la Navarre, première ville importante du chemin, l'antique Pompaleo romaine, devenue l'Iruna des rois de Navarre, Pampelune pour les troupes françaises du général d'Armagnac, l'actuelle Pamplona offre autant d'égards que de prévenances aux pèlerins qu'elle accueille par une débauche de verdure et d'eau, juste avant de s'ouvrir sur le calme quartier médiéval de la Navarreria. Plus qu'à Pompée, c'est à Sancho III el Mayor que je pense ici, puisque c'est lui qui, dans les premières années qui suivirent l'an mil, permit l'éclosion de l'art roman espagnol en ouvrant son pays à la réforme de Cluny.

Petit royaume, grand renom, soutenu il est vrai par la gloire de saint Jacques pour lequel Sancho et ses descendants firent construire ces églises, chapelles et prieurés sur lesquels vient régulièrement buter le chemin de Galice.

Il n'est pas rare, dès que l'agglomération traversée présente une certaine importance, que le *camino* se transforme en *calle* ou *avenida de Santiago*. Clin d'œil affectueux à celui qui passe, mais aussi prudence vis-à-vis de ces piétons dont on redoute les possibles colères en cas d'erreur ou de confusion. À cette rengaine du Camino rabâchée sur tous les tons, Pampelune oppose l'alternative poétique, et c'est par la calle del Carmen que les pèlerins atteignent le porche de la cathédrale. Il est possible que la Carmen en cause ne soit que le lointain rappel d'un couvent de Carmes détruit au siècle dernier. Probable, même. Pourtant, c'est le souvenir de la brune cigarière qui s'impose immédiatement à l'esprit de tous. Qui oserait prétendre à plus de délicatesse ?

Le voyage, toujours, avec ses illuminations, ses rencontres blessées, mutilées par les difficultés de compréhension, mais néanmoins rencontres où l'on engrange un regard, des voix, une foule de sensations que l'on voudrait noter dans l'instant tant on les sait fragiles. Entre la plaza del Castillo et les calles Estafeta et Francisco Javier, la vie mène grand train. Ou plus exactement grand bruit. Quelque chose d'aussi surprenant qu'indescriptible, où rien ni personne ne semble vouloir céder la moindre parcelle de son pouvoir à ajouter au boucan des autres. L'orage attendu a sans doute sa part de responsabilité dans ce charivari, mais certainement moindre que la Saint-Jean, qui marque le solstice d'été et la fin de l'année universitaire.

Pampelune entre en fait, avec une délectation visible, dans sa période de vraie vie, celle qui, commencée alors que la quasi-totalité de l'Europe se couche, s'achève à l'heure du laitier. Au même instant, dans toute l'Espagne, habillé de frais et parfois de clinquant, chacun s'apprête à sortir, pour une heure ou pour la nuit, pour voir et être vu, pour apprécier, surtout, à sa juste valeur, la vraie splendeur du jour qui n'est jamais – comme tout le monde le sait – si beau qu'en ses derniers moments.

Dans deux semaines, le 6 juillet très exactement, délaissant ses manières de grande nonchalante, la ville basculera sans la moindre retenue dans les débordements de la San Fermín, célèbre par l'*encierro* où les hommes les plus téméraires, ou les plus fous, défient à la course des taureaux de combat lâchés dans les rues. La fête tiendra son monde éveillé et bruyant jusqu'au 14 juillet où, après un dernier chant collectif, tout rentrera dans l'ordre. Quelques heures plus tard, exténuée plus qu'assouvie, redevenue pour un temps raisonnable, Pampelune abusera de nouveau ses visiteurs par la fraîcheur de ses jardins, alliée au charme suranné de la calle Carmen.

Carnet de route de Gisèle : « Avons quitté Pampelune un peu avant neuf heures en côtoyant les gens qui se rendaient à leur travail. Quand dorment-ils donc ? Matinée grandiose sur les pentes du mont du Perdón au milieu de champs d'orge, de blé, de fleurs sauvages et d'odeurs extraordinairement fortes... »

« *Y desde aqui, todos los caminos a Santiago se hacen uno solo.* » (« Et depuis ici, tous les chemins de Compostelle n'en font qu'un. ») Près d'Ostabat, en Pays basque, une borne marque déjà le point de jonction de trois des quatre itinéraires français de Compostelle : Tours, Vézelay, et Le Puy. Le dernier, venu d'Arles, les rejoint ici, à Puente la Reina où commence El Camino Francés. Le message est gravé dans le socle de la statue d'un saint Jacques pèlerin, érigée à un croisement de routes. Derrière lui le silence et la paix. Quelques clochers d'église où des cigognes veillent sur la ville assoupie. *¡Saludo buena ciudad!* Difficile apprentissage de la traversée des routes. Celle-ci, particulièrement chargée, nécessite plusieurs tentatives. Regard à la statue de fer forgé dont le sourire semble me dire : « Méfie-toi, *peregrino*, aujourd'hui la mort sur ce chemin ressemble très souvent à une automobile. »

Carnet de route : « Quatrième jour de marche. Cent kilomètres nous séparent de Saint-Jean-Pied-de-Port. Étapes à Zubiri et Pampelune chez des particuliers. Les gens rencontrés se montrent chaleureux, attentionnés. Les ruraux, surtout, qui n'hésitent pas à suspendre leur ouvrage pour venir vers nous. Mon espagnol, hélas, limite la conversation. Depuis notre départ, il a plu chaque nuit. Le matin, tout est sec, mais les chemins glissent, entraînant des chutes. Nous n'avons toujours pas récupéré après nos efforts de Roncevaux, Gisèle, surtout, qui s'allonge de plus en plus souvent le long du chemin, et dort. Hier à Pampelune, notre logeuse nous a conseillé d'abandonner… »

À Puente la Reina, nous retrouvons quelques-uns des adolescents de Roncevaux. Les plus fougueux – que nous récupérerons plus loin – marchent vers Cirauqui, tandis que d'autres, plus fragiles, moins préparés, doivent se trouver, avec l'aumônier, au gîte d'Uterga. Une petite matinée de marche les sépare donc les uns des autres. Autrement dit, rien. Mais encore trop pour ceux-ci, désemparés par une si soudaine liberté. Désarroi compréhensible. Certains de leurs amis rencontrés, le matin même, sur les pentes du Perdón, rentrent chez eux, victimes de chaussures trop neuves ou pour des raisons tout aussi navrantes. Ceux-là ne connaîtront pas l'extraordinaire plaisir d'aborder cette ville par une succession de jardins potagers, où le chemin s'égare au milieu d'odeurs de terre travaillée, de légumes, de plantes aromatiques et de fleurs. Insignifiant bonheur, suffisant cependant pour effacer les souvenirs de corrida des bas-côtés de la nationale.

Les riches demeures des vieux quartiers de Puente la Reina disent bien l'opulence qu'apporta le pèlerinage aux cités qui s'installèrent le long du chemin. Celle-ci naquit du pont que doña Elvira Mayor fit construire au XIe siècle, au-dessus du río Arga, et de la garnison templière qui en assura la défense. Attirés par la manne que représentait ce passage obligatoire pour une foule de plus en plus conséquente, artisans et commerçants s'établirent en nombre. Ce sont eux qui firent de ce village « où l'on se noyait en traversant les gués » une ville importante, riche de trois grandes églises – dont celle du Crucifijo, construite par l'ordre du Temple – et d'une demi-douzaine d'hôpitaux.

L'un d'eux, toujours visible à l'entrée de la cité, perpétue, sous une forme différente mais non contradictoire, la règle d'accueil qui le fit naître. Une bien belle demeure, où pierres dorées et tuiles romaines chantent le Sud. Cela s'appelle la Mesón del Peregrino et l'on y reçoit toujours les éclopés du chemin. Éclopés, nous le sommes assez pour, renonçant au gîte paroissial, pousser cette porte et nous retrouver quelques instants plus tard dans la piscine où un bain salutaire puis une table de qualité nous redonnent en quelques heures force et santé. Bien entendu, il est d'autres façons de pérégriner sur ce chemin d'ascèse que celle de se laisser séduire par le confort du premier hôtel de caractère rencontré. Que l'apôtre nous pardonne : cela s'est fait le plus naturellement du monde, sans honte ni remords, dans l'assurance que, si nous voulions l'honorer chez lui, à Compostelle, le jour de sa fête, il fallait bien nous défaire de l'épuisement dans lequel nous nous consumions.

Ce matin, franchissant le pont de la Reine, il m'a semblé que, pour la première fois depuis Saint-Jean-Pied-de-Port, le chemin avait à me dire autre chose que ce que j'entendais, ou croyais entendre. Pas un jour, cependant, où il ne m'eût rappelé sa longue histoire. Profitant de la moindre occasion – traversée d'un village, arrêt dans une église, à l'ombre des chênes ou de la forteresse –, partout et toujours il s'était révélé, expliqué, comme si je ne devais – ni ne pouvais – aller que dans une connaissance parfaite, approfondie et raisonnée de ce qu'il m'enseignait. Mais de quoi parlait-il au juste, ce vieux chemin ? De quelle histoire dévidait-il l'écheveau ? Celle de l'épopée jacobite ? Ou celle de la quête séculaire de l'humanité vers son accomplissement spirituel ? Et au-delà de cette interrogation, à qui donnait-il la parole ? Aux chrétiens ? À tous les chrétiens ? Catholiques, protestants, orthodoxes, anglicans ? Ou bien, usant de je ne sais quel pouvoir discrétionnaire, à seulement certains d'entre eux ? Dans ce cas, que devenaient les autres, passants sublimes de cette draille, qui tous avaient laissé leurs marques dans la pierre ou le nom des villes, musulmans, juifs, agnostiques, libres-penseurs, athées, et francs-maçons ? Autant de questions pour lesquelles il n'existe peut-être d'autres formes de réponse que celle de l'énigme qui, à l'image du tarot, multiplie les possibles comme autant d'arguments. J'allais, donc, élève attentif à ce que m'enseignaient les pierres, tout en découvrant, subjugué, ce qui se passait autour.

En fait, j'apprenais à regarder vivre un pays jusqu'alors inconnu, longtemps négligé par option politique, puis par une sorte de méfiance nourrie de lieux communs et de clichés divers : l'Espagne ! Oui, mais laquelle ? Et qu'y verrais-je à tout prendre, rivé à ce chemin dont je ne connaîtrais jamais l'arrière-pays ? Pas grand-chose, peut-être, mais ce peu avait déjà un nom, une raison d'être, qui, jour après jour, transcenderait ma marche : révélation. Si le mot semble exagéré, il n'en traduit pas moins l'état d'esprit dans lequel je me trouvais en cet apprentissage qu'est la découverte d'un pays et de son peuple. Et pas n'importe quel pays ni n'importe quel peuple !

D'emblée, ce dernier s'était montré chaleureux, attentionné, curieux. Bien sûr, notre présence sur ce chemin justifiait en partie l'accueil. Il faut savoir que, en Espagne, le pèlerin, quel qu'il soit et d'où qu'il vienne, bénéficie d'une sorte de statut qui, le « sacrant » différent des autres, lui accorde certains droits. C'est ainsi. Je le savais pour l'avoir entendu sans trop y croire, avant de bénéficier, moi-même, de ce règlement occulte. Cela se traduit par une multitude de petits riens, de signes, d'attentions, de services spontanés qui facilitent le quotidien et apportent un sérieux réconfort moral. Ainsi ces femmes à la sortie de Zubiri, qui s'inquiètent de nos réserves d'eau, geste souvent répété par les paysans qui, parfois, remplissent – surtout dans la Rioja – les gourdes de vin ; ou encore ce commerçant refusant le paiement de citrons, et cet autre offrant des cerises. Et tout cela vient le plus naturellement du monde, entre celui qui donne et l'autre qui reçoit. Bien sûr, en contrepartie, il est souvent demandé de prier à Compostelle, d'allumer un cierge. Certains écrivent leur nom sur un morceau de papier pour qu'il n'y ait ni erreur ni oubli. Il y a ceux qui parlent, voudraient se faire comprendre. Dans les bars, surtout. Ils disent, parce que l'on finit toujours par décoder les gestes, que dès la sortie du village le chemin sera difficile car très pentu, et chaud surtout dans la carrière qu'il faudra traverser sous le soleil. Mais enfin l'apôtre veille, et tout ira bien. « *Bien... Muy bien...* » Il y a aussi ceux qui ne parlent pas, se contentant de regarder fixement ces étrangers qui passent devant chez eux depuis si longtemps. Ceux et celles qui se signent. Celles et ceux qui interpellent du fond des jardins. Du haut des balcons. Ceux, enfin, qui viennent toucher ces symboles vivants qui, un jour prochain, s'agenouilleront devant le tombeau de l'apôtre. Tout cela existe et aide à vivre la réalité du chemin dont il serait risqué d'oublier qu'il est aussi fait d'embûches.

Tandis que nous franchissons le pont du río Arga, l'orage qui s'éloigne fait danser la rue. Il y a ceux, robes légères, costumes clairs, qui bondissent d'un porche à l'autre, ne se risquant à traverser la voie qu'en tenant au-dessus de leurs têtes serviettes de cuir, sacs à main ou journaux. Certains courent le long des murs en s'abritant comme ils peuvent, alors que, impassibles, d'autres marchent en essayant d'éviter les flaques. Et tout ce monde sautille et fait des gestes, prend des attitudes, offrant à son insu une étrange chorégraphie de sautillements, d'esquives et d'entrechats, à mi-chemin entre le branle et la sarabande. Puente la Reina s'égoutte lentement tandis que nous la quittons en franchissant son très célèbre pont. Devant nous, la montagne sort à peine de la brume. Des hommes âgés nous saluent. « *¡Hola peregrino !* » Qu'attendent-ils à cette heure, adossés au mur de l'église ? L'éclaircie ou l'ouverture d'un bar ?

À trois kilomètres de là, la chapelle Santa María de Eunate attend, elle aussi. Mais, à la différence des hommes, elle sait que le temps n'a qu'une influence relative sur le cours des choses, et que les jours qui passent ont bien moins d'importance que le souvenir qui en demeure. C'est pourquoi elle guette, sans se soucier des mois ni des saisons, l'image fugace et, comme elle, immémoriale des pèlerins. D'ordinaire, ils arrivent par le chemin caillouteux qui descend de la colline, et ne s'arrêtent que devant sa porte, trop souvent close. Derrière les murs, le vide et le silence. Le grand vide et le grand silence même, puisqu'il s'agit de l'une de ces églises-ossuaires qui jalonnaient les routes de pèlerinage, et dont la Capilla Sancti Spiritus de Roncevaux est un autre exemple de la voie jacobite.

Conséquence des rivalités entre cités, amnésie de l'histoire, à l'heure où l'Europe entreprend des travaux gigantesques pour ressusciter des tronçons entiers de la voie initiale, Eunate ne se trouve plus tout à fait sur le Camino Aragonés sans être pour autant intégrée au Camino Francés. On y vient quand même au prix d'un léger détour. Les touristes surtout. Mais ce sont les pèlerins qu'elle attend. Les vrais, ceux qui marchent et qui, parfois, se souvenant des *compañeros* qui reposent sous ses dalles, se découvrent ou s'agenouillent devant elle.

Autrefois, il n'était pas rare que l'on y passe la nuit à prier. Aujourd'hui, à moins d'être piéton et surtout pèlerin, on ne s'y attarde guère. Les guides la citent pourtant comme l'un des monuments les plus originaux du chemin de Saint-Jacques-de-Compostelle. L'un des plus beaux et des plus poignants aussi. De forme octogonale, à faces creusées d'arcs de décharge, entourée d'un cloître-portique d'une rare élégance, elle paraît si légère que, d'où qu'on vienne, elle semble posée, plus qu'enracinée, sur cette plaine de Navarre finissante. C'est un lieu de haute sérénité où la force spirituelle qui se dégage de l'esthétique du bâtiment invite naturellement celui qui s'y attarde à la méditation.

Longtemps considérée chapelle templière, parce que ses plans rappelaient ceux du Saint-Sépulcre de

Jérusalem, Santa María de Eunate fut bien, comme la découverte récente de sépultures et squelettes le confirme*, une chapelle funéraire dont la tour, lanterne des morts, fut supprimée au cours des siècles. Pour peu qu'il puisse franchir la porte, c'est une impression de profond apaisement qui attend le visiteur, comme si l'équilibre des plans octogonaux suffisait non pas à atténuer la réalité du trépas, mais à en sacraliser, une fois pour toutes, le sens. Sentiment conforté par l'élancement des arcs de la voûte, où se lisent les leçons et la maîtrise de l'architecture musulmane. Quelques peupliers, la montagne, tenue éloignée par une plaine où serpente le Camino Aragonés, et l'âpreté des paysages ajoutent à la beauté une profonde et lumineuse sérénité.

Chaque saison doit y avoir son charme, mais, pour ce qui me concerne, c'est en été que j'aimerais arriver à Eunate. Le matin très tôt, escorté de lourds parfums d'herbes, ou le soir, dans les premiers frissons de la terre qui s'endort. C'est du moins ce que je me dis tout en marchant sur le bas-côté de la route, battu, fouetté, assommé par les formidables tourbillons d'air et de pluie envoyés par l'armada de camions qui sillonne la nationale 111. Encore faut-il reconnaître qu'avec quelques chansons, et une forte propension au rêve, il serait possible d'échapper au délire ambiant si certains chauffeurs, tenant à saluer *los peregrinos*, ne klaxonnaient au tout dernier moment, portant le cauchemar à sa plus haute expression. Il est bon de rappeler que le chemin de Compostelle s'apparente aussi à une berme goudronnée, située de part

---

* Un document de 1520 signale : « Encore aujourd'hui, on y voit de nombreux ossements appartenant à ceux qui y furent enterrés. » Archives diocésaines de Pampelune. Cité par dom L.M de LOJENDIO, *Navarre*, Zodiaque, 1967.

et d'autre des nationales et départementales. Le Camino ressemble alors trait pour trait à ce qui l'emprunte : une piste cyclable. Celle-ci devient-elle trop étroite, qu'il est conseillé de descendre dans le fossé ou, lorsque c'est possible, d'aller à travers champs. En fait, l'instinct de conservation jouant à fond, tout cela s'apprend vite et se retient très bien. Ne nous y trompons pas : les chemins de Compostelle sont bordés de tombes, anonymes, sauvages, insoupçonnables à force de nivellement et d'oubli, mais néanmoins présentes !

Réalité du pèlerinage : nous allons symboliquement, jour après jour, vers notre mort. La marche vers l'ouest – le jour déclinant – en est l'un des aspects les plus visibles, mais aussi la mort historique, disparition des traces, retour au magma. La Parole, ici, prend vite un sens qu'on ne lui accorde pas toujours ailleurs. « Tu es poussière et tu retourneras en poussière. » Combien sont-ils à nous accompagner ainsi ? Des dizaines de milliers pour le moins. Sûrement plus si l'on garde à l'esprit qu'entre les XIe et XIVe siècles Compostelle accueillit, certaines années, entre trois cent mille et cinq cent mille pèlerins ! Le plus petit pourcentage de décès, rapporté à un nombre aussi considérable et sur un millénaire – même si un tel engouement ne dura que trois siècles –, atteint tout de suite des chiffres vertigineux. Certes, les récits de morts édifiantes ne manquent pas à l'histoire jacobite. La chronique en regorge, avec Domenico Laffi, un prêtre italien qui, en 1670, donna l'absolution, près de Castrojeriz, à un pèlerin épuisé et dévoré par les sauterelles, ou encore Guillaume X d'Aquitaine*,

* Père d'Aliénor d'Aquitaine. Histoire et légende veulent qu'il ait été d'une force peu commune, capable de dévorer la ration de huit ou dix personnes, et sans doute assez batailleur. Poète, il se

qui rendit le dernier soupir près du tombeau de l'apôtre, le 9 avril 1137, un Vendredi saint. Mais que sait-on vraiment des anonymes ? Des laissés-pour-compte ? Des pousse-cailloux et pieds poudreux ? De la grande masse, en somme. Rien ou pas grand-chose, sinon les causes, toujours les mêmes, maladies, épuisement, rixes, épidémies, noyades, faits qui se trouvent consignés, auxquels il conviendrait d'ajouter la guerre à quelques moments, les intempéries souvent, et, plus dissimulées car moins reluisantes, les attaques de bandes organisées, rapaces par nature et destination, fléaux meurtriers qui, à l'instar des parasites, ne s'évanouirent qu'avec la disparition de leurs victimes.

Beauté des villages que nous gagnons parfois en empruntant un layon ouvert au bulldozer, dans un champ de céréales. Le plus souvent, des panneaux placés aux deux extrémités de la trouée indiquent qu'il s'agit de travaux de réappropriation du Camino Primitivo. L'engouement du Conseil culturel de l'Europe pour le fait jacobite semble atteindre ici le point de non-retour. Était-il si urgent, en effet, de mutiler ces champs sous prétexte de mettre au jour quelques dalles anciennes ? Le mythe du chemin historique, qui n'est pas sans faire également quelques ravages en France, n'a pas fini de m'étonner.

Vieux réflexe de l'interdit. Ce matin, j'ai hésité un instant à m'engager dans l'une de ces brèches où se tenait, bras croisés sur la poitrine, un paysan. Salutation de la main. Réponse du bras qui se lève. Quel agriculteur français, allemand, belge ou italien,

---

serait rendu huit fois à Compostelle, toujours sous un pseudonyme. Cervantès s'en serait inspiré pour le don Gaiferos du *Don Quichotte*. Gérard de Nerval également pour son poème « El Desdichado » : « Je suis le ténébreux, le veuf, l'inconsolé / Le prince d'Aquitaine à la tour abolie... » (*N.d.A.*).

accepterait – la rétribution étant toujours moins conséquente que le labeur effectué – de se voir placé devant une telle spoliation, fût-elle accomplie au nom du saint patron de son pays ?

Trois kilomètres séparent les villages de Maneru et Cirauqui. Le premier se distingue par les façades de ses trente maisons armoriées d'écussons. Le second, perché sur une colline, offre de loin une prestance médiévale du plus bel effet, et de près, un lot de rues en pente et de maisons fraîches disposées comme autant d'embuscades. Belle église du XIIIe devant laquelle nous n'avons que le temps d'apercevoir cet étudiant irakien venu de Toulouse pour relever les traces de la civilisation arabo-musulmane sur les chemins de Compostelle. Heureux de penser que la porte polybolée de San Roman de Cirauqui aura été l'un de ces repères, comme hier celle de Santiago de Puente la Reina.

À la sortie du village, l'ancienne voie romaine devenue route jacobite franchit un affluent du río Salado (le salé), dont l'eau empoisonna les chevaux d'Aymery Picaud, à la grande satisfaction des Navarrais présents qui, selon lui, dépecèrent aussitôt les bêtes.

Difficile d'oublier que la révélation du tombeau de saint Jacques en Galice coïncide avec le sursaut des royaumes chrétiens d'Espagne* contre les musulmans. Ceux-ci, appelés à la rescousse par les derniers rois wisigoths épuisés par trois siècles de rivalités, crimes et guerres claniques, arrivèrent en 711**. Pas

---

* Limités aux premiers temps de la Reconquista à la seule Asturie, rejointe ensuite par la Navarre et l'Aragon. (*N.d.A.*).

** S'achève alors « l'une des périodes les plus sombres de l'histoire de la péninsule. Du moins pour la plus grande part de la population ; esclaves rossés et mutilés, petits paysans humiliés ou

plus de trente mille combattants. Chiffre extrêmement faible pour justifier «l'invasion» dont parle l'histoire. Trente mille hommes parfaitement entraînés, redoutables cavaliers, sans doute moins conquérants que mercenaires. Devenus maîtres du pays, exception faite de la Navarre, qui comprend alors la partie haute de l'actuel Aragon, et les Asturies, jugées trop inhospitalières, ils s'installent, rejoints par d'autres contingents. Doit-on parler de séduction réciproque ? Toujours est-il que les relations entre le vieux peuple hispanique et ces hommes venus de Mauritanie – que l'on appellera donc Maures ou Mauresques – ne sont pas immédiatement conflictuelles. Si la monarchie wisigothique s'effondre sans dommage, l'aristocratie, qui a fortement contribué à cette chute, est la seule à réellement souffrir de la présence musulmane. Le peuple – artisans, commerçants et surtout agriculteurs – voit avec satisfaction revenir un climat de paix et de prospérité, concrétisé par la disparition de l'esclavage. De leur côté, les Arabes, incontestablement fascinés par la beauté de ce pays et les richesses qu'il recèle, entendent revendiquer le droit des armes. Après un siècle d'observations et d'escarmouches entrecoupées de trêves, l'Espagne, redevenue prospère, envisage, aidée et conseillée par le pape et les Francs, de se défaire de la présence musulmane. C'est l'heure de la «Reconquête». Elle part du nord où, justement, le tombeau de l'apôtre qui a évangélisé le pays vient d'être découvert ! Saint Jacques devient donc le symbole actif d'une guerre contre l'Infidèle, en même temps que le ferment d'une unité nationale qui se cherche.

---

dépossédés, juifs traqués et flagellés. La peste a sévi, la faim aussi... Des femmes ont dû tuer leurs nouveau-nés, des hommes se vendre eux-mêmes ou vendre leurs enfants». Pierre BONNASSIE, *Histoire des Espagnols*, Laffont, «Bouquins», 1992.

La lutte « pour la frontière » rejettera rapidement les musulmans au-delà des rives du fleuve Duero, confortant la voie ouverte vers Compostelle par Burgos et León, autrement dit le Camino Francés.

Estella, qu'Aymery Picaud n'hésite pas à qualifier de « Tolède du Nord », doit son nom à une pluie de météorites qui indiqua à des bergers le lieu où était enfouie une statue de la Vierge noire du Puy. Cinq ans plus tard, alors que le XIe siècle s'achève, la « ville des étoiles » accueille sa première colonie franque, rapidement rejointe par une communauté juive. En 1145, sans que l'on sache pourquoi, cette dernière est déplacée vers la montagne, et la synagogue convertie en église paroissiale. Deux nouveaux quartiers francs et un navarrais assurent alors la prospérité de la ville, que l'on envie jusqu'à Pampelune. Cité commerçante, Estella s'enrichit du pèlerinage de Compostelle jusqu'à ce qu'une épidémie de peste entraîne, en 1348, la disparition des trois quarts de la population. Tout ceci est dit et consigné dans les livres. En revanche, le massacre des juifs, auquel les habitants d'Estella se livrèrent vingt ans plus tôt, semble étrangement sorti de la mémoire collective.

La ville conserve quelques très beaux monuments de ce passé prestigieux, dont le Palacio Real, les églises San Miguel et San Pedro de la Rúa. C'est dans le cloître de cette collégiale que mourut, en 1270, pèlerin anonyme, l'évêque de Patras. Il n'est pas rare que les passants déposent sur la dalle de granit quelques fleurs du chemin. C'est une branche de buis fanée qui témoigne, ce soir, de la fidélité jacobite.

Flânerie le long du río Ega, puis, après avoir franchi le puente de la Carcel (pont de la prison), dans les vieilles rues de l'ancien « bourg franc ». Sur la plaza San Martín une scène est dressée, sur laquelle des jeunes gens, bruyamment encouragés par une centaine d'aficionados, tentent, sans jamais réellement s'accorder, de jouer du rock qui, à en juger par les cris du chanteur, aimerait repousser les frontières du hard. Avec quelques heures d'avance, Estella ouvre les festivités de la Saint-Jean. Aujourd'hui, *la música* ; demain, *el fuego* ; après-demain, je ne sais quoi. Il paraît que dans certains villages de la *meseta* toutes les nuits de la semaine du solstice sont prétexte à la fête. Si cela est exact, il faut y voir une sorte de revanche des paysans contre l'hiver et l'ennui ; épisode rituel d'un règlement de comptes d'autant plus beau qu'il ne finira jamais.

C'est le soir, il fait doux, la ville s'éveille. L'heure est à la *palabra*, et les *discursos* vont bon train. Il est possible que certains prolongent l'une et les autres jusqu'à la *medianoche* (minuit), en marchant ainsi, lentement, par couples, familles ou groupes, dans les allées qui bordent la place.

Autres rythmes, autres habitudes : dans les bars, la nuit s'ouvre sur les plats de *tapas* et de *bocadillos* que l'on mange en prenant son temps, accompagnés d'olives et de piments, en buvant de la bière ou du vin. En fait, il ne s'agit là que d'arguments à rester assis autant de temps qu'il le faut raisonnablement, c'est-à-dire des heures. À de rares exceptions, je ne pense pas que les Espagnols fassent des repas de *tapas*. Les étrangers, peut-être. Les pèlerins, sûrement, faute de mieux, dès l'instant où le dîner n'est servi qu'à partir de vingt-deux heures.

Brouhaha ponctué, traversé d'exclamations diverses dont on ne saurait dire, au premier abord, si elles proviennent des consommateurs, de la télévision, ou des deux. Le vacarme est tel que nous devons répéter trois ou quatre fois notre commande avant de nous servir nous-mêmes sous le regard goguenard des habitués du comptoir. Le garçon, grand dégingandé au visage osseux, se moque un peu de nous en regardant ailleurs, ce qui suffit à amuser la galerie, une assemblée d'hommes que, peut-être, la présence de Gisèle émoustille.

Au fil du temps, le va-et-vient entre le bar et la plaza San Martín devient intense. Par moments, il me semble même que les deux espaces n'en font qu'un. La serveuse, trois garçons et le patron suffisent à peine à servir le monde qui se presse, consomme debout, ressort. La patronne, elle, tient la caisse avec la fermeté d'un capitaine corsaire, le clavier crépite, les tickets volent, la monnaie tombe. Cling ! *¡Gracias !* L'humanité tout entière a soif ce soir, à Estella.

Inattention, ni l'un ni l'autre ne l'avons vu. Trop occupés sans doute par la recherche d'une place assise. Et puis, le bruit était tel qu'il fallait vraiment le frôler ou se trouver à l'une de ces tables inaccessibles près de la rue. Il n'est plus très jeune mais conserve beaucoup d'allure. De la fierté aussi, sans doute du dédain pour ceux qui sont là et semblent l'ignorer. Cela se devine à la façon dont il occupe, seul, la banquette de moleskine, alors que l'on se bouscule pour la moindre place vacante. Grand, sec, visage buriné, peau cuivrée, cheveux longs – poivre et sel – serrés par un catogan. Sans doute un peu gitan. En tous les cas très beau. Au début m'a fait penser à Nilda Fernández. En plus âgé. Plus grand aussi. Mais regard identique. Il joue de la guitare, enchaînant des accords compliqués et rapides qu'il rompt en battant les cordes avec les doigts de sa main droite.

Nul ne l'écoute ni ne l'entend, mais qu'il s'arrête un instant et une voix tonne immédiatement au-dessus du vacarme : « *¡Vaya hombre !¡Toca la guitarra !* » (« Allez, l'homme ! Joue de la guitare ! ») À peine s'exécute-t-il, accompagné de deux ou trois *¡Magnifico !* d'encouragement, que chacun, revenant à ses affaires, l'oublie de nouveau.

Sur la place éclairée par des lampadaires bourdonnant d'insectes, les guitares électriques sont toujours de service, mais, l'heure aidant, le rock a cédé sa place au slow. Les allées ont perdu leurs bavardages. Sous les tilleuls, on flirte juste ce qu'il faut pour s'émouvoir. Sur la scène, une chanteuse improvisée attaque *Only You*. C'est déjà la nuit. Une nuit chargée de nuages où nous ne verrons pas la splendeur de la Voie lactée si renommée au-dessus d'Estella. À contrecœur, nous regagnons le couvent de religieuses où nous sommes hébergés.

Carnet de route de Gisèle : « Aujourd'hui, pour la première fois depuis le départ, je ne me sens pas fatiguée… »

Ce matin, pour la dernière fois de notre périple, nous sommes tombés dans le piège du petit déjeuner espagnol annoncé à sept heures trente et servi, après force réclamations, trois quarts d'heure plus tard. Désormais, il conviendra de prévoir, acheter, la veille au soir, fruits, yaourts, permettant de se restaurer légèrement avant le départ fixé aux environs de six heures trente. Partir tôt, marcher à la fraîche, atteindre l'étape avant la chaleur sont à présent des impératifs. Trois jours ont suffi pour revoir notre organisation, alléger les sacs, adapter alimentation et repos, nous montrer vigilants face à la fatigue, éventer les pièges du chemin, racines, trous, ornières. À compter de maintenant, c'est de la chaleur qu'il faudra tenir compte. Car depuis Pampelune, tant dans les paysages que dans l'architecture, la façon d'être des gens et les heures de vie sociale, tout l'annonce comme une fatalité. Pins et cyprès hier, vignes et oliviers demain, la cause des terres sèches est déjà entendue. Jusqu'au vent, dont l'odeur n'est plus tout à fait la même.

Mais où sont les pèlerins ? Annoncés à coups de

dizaines de milliers par les médias (deux millions à Compostelle même) ? Nous n'en voyons que très peu, de loin en loin, sinon nos jeunes Espagnols dont le groupe est à présent fort réduit. Ce matin, en sortant d'Estella, nous avons cru en apercevoir un, mais arrêté devant une affiche annonçant, sous le titre « Retour de la légende », un concert de Bob Dylan aux arènes de Pampelune. Deux minutes d'arrêt, et nous ne l'avons pas revu. Illusion ? Mais alors avec un sac bleu et de très longues jambes. Ce qui serait pour le moins étonnant.

Apprentissage de la distance, de l'espace et de la solitude. Le pèlerinage est par nature acte de détachement, et peut-être plus encore de dépouillement. Cela commence avec l'organisation du sac. Premiers choix, premières séparations d'avec une partie de soi-même. L'individu qui se met en chemin n'a nul besoin de preuves pour exister puisqu'il est déjà dans un autre monde. Un monde où les notions de passé et d'avenir perdent leur valeur intrinsèque face à un présent dominé par les actes primordiaux que sont manger, boire et dormir. C'est de cette rupture et de la perte de repères qu'elle entraîne que naît la « geste pèlerine », cet aller vers la rencontre, de l'autre, du corps saint, de l'esprit, de soi-même. Je me demande si le fait de savoir cela rend les choses plus faciles.

Goudron, chaleur. Je marche en maugréant contre l'heure, les automobilistes, leurs klaxons, et cette ville qui n'en finit pas. En fait, c'est ma présence sur ce chemin qui me rend hargneux. L'impression de m'être fait piéger, de prendre à mon compte cette histoire d'apôtre à laquelle je ne crois pas une seconde, et dont les partis politiques les plus réactionnaires se sont fait les chantres. Par ailleurs, que je le veuille ou non, je sais qu'aux yeux de tous j'incarne l'une des images les moins plaisantes de la religion catholique : celle de la contrition. Difficile de mettre de l'ordre dans tout cela. Même en étant convaincu que ce chemin n'est pas réservé à une famille de pensée, je me sens, par certains côtés, déplacé. Et puis il y a l'Église. La grande, celle qui détient la vérité sur toutes choses et ne manque pas de le faire savoir. J'ai, dans mon sac, la lettre pastorale rédigée par Mgr Antonio María Rouco-Varela, archevêque de Compostelle, en préalable à l'ouverture de l'année sainte. Un document qui, à lui seul, peut justifier ma mauvaise humeur et mes doutes à ahaner, ainsi, sur les routes de Navarre.

Après s'être réjoui du regain d'intérêt que connaît le pèlerinage de Compostelle, et félicité de ses retombées tant spirituelles qu'économiques, sociales, culturelles et politiques en Espagne, l'archevêque s'étonne et s'interroge sur « l'apparition d'interprétations culturalistes du fait compostellan en marge de son contenu spécifiquement chrétien… L'usage qui est fait des mots eux-mêmes de "pèlerins" et de "pèlerinage" est déconcertant. On parle sans aucune gêne de "pèlerins agnostiques" de "pèlerinages ludiques", etc. ». Or, le pèlerinage, ne l'oublions pas, incarne avant tout un moment privilégié pour la conversion ou l'approfondissement de la foi par l'« expérience pénitentielle ». Ceci est parfaitement exact. Encore ne faut-il pas abuser de mots tels que ceux de conversion, pénitence et péché, qui reviennent très souvent sous la plume de l'archevêque. Ce dernier se dit par ailleurs « interpellé par l'urgence particulière qu'est la jeunesse, affligée par la carence d'idéal moral et l'absence de Dieu dans laquelle elle se trouve plongée par la culture dominante ; l'hédonisme, l'argent facile, la drogue, la société du chômage et de la désillusion ont créé chez certains jeunes un véritable désert existentiel ».

Sans doute cette lettre aura-t-elle satisfait le plus grand nombre, et se sera-t-on, le plus souvent, conforté à sa lecture. Mais il y a ceux, dont je suis, qui attendaient peut-être autre chose du message d'ouverture de l'année sainte que ce constat dressé à coups de lieux communs. Où sont le souffle et l'espérance que tout individu est en droit d'attendre ici ? Où sont les mots, capables de museler les doutes et la douleur, d'une humanité malmenée ? Là où j'attendais la parole d'accueil et de certitude, celle de la « bonne nouvelle », ne me parviennent que phrases usées, désincarnées d'avoir trop servi. Qu'est devenue la grande voix prophétique de l'Évangile ?

Bien sûr, je ne suis pas le mieux placé pour la critique, moi dont la culture religieuse est quasiment nulle et l'ignorance, totale pour tout ce qui touche la vie de l'Église. Moi qui, faute de savoirs permettant un raisonnement déductif et maîtrisé, suis contraint de puiser mes arguments dans l'argutie théorique et subjective. Mais je vais à Compostelle sous la forme la plus authentique qui soit, c'est-à-dire à pied, et cela me donne quelques droits. Celui de m'étonner par exemple du silence des autorités religieuses face à l'image ridicule que la publicité donne du pèlerin, support de produits de consommation les plus divers.

Au moment où l'on parle tant de « renouveau du pèlerinage* », peut-être serait-il bon de s'interroger sur ce que la formule recouvre de réalités. En 1992, un pèlerin sur deux déclarait accomplir sa démarche dans un sens purement religieux. À peu près autant avançaient des motifs culturo-religieux et 5 % des intérêts d'ordre essentiellement culturels. Cela permet de supposer que chez la plupart d'entre eux le sentiment religieux est primordial ou très fort. J'avoue que ces chiffres me laissent assez sceptique.

---

* Titre d'un article publié par Monique HÉBRARD dans le numéro de *Panorama* de juillet-août 1993. (*N.d.A.*)

Qu'on le veuille ou non, il existe bien un phénomène de mode du pèlerinage en général, et sur le Camino Francés en particulier. Surtout en ce qui concerne les vététistes qui « font le Saint-Jacques », comme l'année précédente les Alpes-de-Haute-Provence, et l'année suivante le circuit des volcans d'Auvergne. Le goût de l'exploit, la recherche du dépassement de soi, dont nos temps raffolent, comptent certainement pour beaucoup dans cette lubie qui n'est d'ailleurs pas condamnable en soi. À condition qu'on le dise. Or, je ne vois aucune rubrique « sportive » dans les statistiques. Pas plus que ne figurent « vacances » ou « loisirs », deux options qui pourtant existent.

Tout se passe avec ce chemin comme s'il fallait le « récupérer » à tout prix. À trop en parler on se trompe, on dit un peu n'importe quoi et, ce qui est plus grave, en le sachant pertinemment. Cela permet d'ailleurs d'occulter certaines réalités historiques, sociales et religieuses tendant à prouver que le Camino fut, avant tout et très longtemps, un grand symbole d'œcuménisme. Alors, renouveau spirituel ? Après tout, pourquoi pas ? C'est un autre problème, qui m'éloigne de ma grogne contre cette lettre au ton de procès-verbal qui n'en finit pas d'obscurcir ce chemin par ailleurs si lumineux.

La nationale 111 file droit, et on peut la suivre, par facilité, jusqu'au village d'Azqueta. Mais alors on se prive de la découverte, et de la visite, du monastère Santa María la Real de Irache. Et c'est grand dommage. Vers l'an 900, on y recevait déjà des pèlerins. Les documents l'attestent. Plus tard, Estella n'étant encore qu'un hameau, Irache ouvrait son hôpital pour pèlerins. Il arrive d'ailleurs que, lors de travaux de terrassement, on exhume des squelettes pourvus de coquilles. Au XVIIe siècle, ce monastère devint la première université de Navarre.

L'ensemble monumental que l'on visite aujourd'hui est très beau, et malheureusement abandonné, ce qui le rend peut-être encore plus saisissant. Dans la rude montée du Montejurra qui conduit à Irache, une *bodega* (cave à vin) propose aux pèlerins une double fontaine offrant à la soif de celui qui passe eau et vin, selon son choix.

De loin, on ne sait pas très bien de quoi il s'agit. Surtout au début. Au premier regard, cette tache se résume à un trait sombre sur le chemin blanc. La première idée qui vient à l'esprit s'arrête sur un arbre tombé en travers de la chaussée. À moins que ce ne soit un animal. Mais lequel ? Et l'on marche. Il fait chaud. Très chaud, même, et, comme les arbres semblent définitivement absents de ce pays, on se dit que là-bas c'est peut-être un homme. On avance encore et les doutes se muent en certitudes. C'est bien d'un corps qu'il s'agit. Et l'on va de plus en plus vite. Un mort ! Insolation ? Rixe ? Crise cardiaque ? Clichés et légendes, faits divers et fariboles, tout ce qu'on a lu et entendu revient en mémoire. Ce n'est pas encore la panique, mais elle pourrait bien jaillir de ce tohu-bohu où la réalité, dont on se souvient, et l'impossible, auquel on croit, se jouent de la raison comme d'une chiffe.

Interrompant sa sieste, le présumé défunt s'assoit pour nous regarder venir. La scène devient alors comique et théâtrale. Quelque chose de subtil, à mi-chemin entre Mack Sennett et la résurrection de Lazare. Alors on rit de bon cœur. Comme le firent peut-être, mais l'histoire ne le dit pas, ceux qui assistèrent au miracle de Béthanie. Lui aussi, bien sûr, entraîné par l'exemple, y va de son rire, mais sans savoir pourquoi. À moins que notre dégaine… Petit, le teint cuivré, les cheveux noirs tombant sur le cou, coiffé d'un foulard rouge noué à la corsaire. Sans doute un Colombien. C'est du moins ce que je me dis dans un premier temps. Colombien ou Péruvien. À moins que ce ne soit… Enfin, certainement quelqu'un d'Amérique latine, si l'on tient compte des yeux bridés et des cheveux aile de corbeau. Le teint, par contre… En fait un Japonais shintoïste qui, arrivé à Compostelle par avion, remonte le chemin jusqu'au Puy-en-Velay, en marchant vers le soleil levant, ce qu'il répète à deux ou trois reprises dans un français hésitant – « Soleil levant ! » – en désignant l'est du doigt. Quelques mots d'anglais, des bribes d'espagnol, ponctués de silences, limitent rapidement la conversation à des riens. Alors on se sourit, on fait des gestes, entre deux éclats de rire intempestifs. Et c'est ainsi que le temps passe sur ce chemin de terre si blanche que le regard s'y blesse, et que l'on se quitte, pour toujours, en riant une dernière fois.

Bien sûr, j'aurais aimé lui demander le pourquoi de sa démarche, le sens de sa présence ici, sur ce chemin d'Occident. Comme il aurait été intéressant de l'entendre parler de sa foi, de ses rapports au bouddhisme, et du Mandala, ce temple éphémère, tour à tour méditation et approfondissement de l'être, quête spirituelle, espace symbolique vers lequel, vraisemblablement, il marchait. Mais il y avait, une fois encore, ce veto de la langue, et peut-être la solitude qui, assez rapidement, réduit le désir de parole. « Dans moins d'un mois, dit Gisèle, il sera à Conques. » Cela suffit pour que nous nous remettions en marche sur ce ruban de terre qui, aussi loin que porte le regard, semble ne plus devoir finir.

Quand nous posons nos sacs, sous les arcades qui bordent la grand-place de Los Arcos, la ville est déserte. Rien ni personne, peu ou pas de bruit sinon les camions qui passent plus loin sur la nationale, et une famille de cigognes qui claquettent dans le clocher de l'église Santa María. Signalé très modeste, le refuge est fermé jusqu'à dix-sept heures. Poursuivre jusqu'à Torres del Río, à neuf kilomètres, où, soi-disant, un particulier reçoit les pèlerins ? Trop tard. Trop chaud. Selon les renseignements communiqués par la Société des amis de saint Jacques, des prix sont consentis aux pèlerins sur présentation du *credencial* à l'hôtel Ezequiel.

Nous poussons la porte du bar de l'hôtel, lui en sort. Sportif, tout en muscles. Son sac doit bien peser vingt kilos. Semble pressé, descend les marches en sautant de l'une à l'autre. « Plus de chambres ? *¿No hay camas ?* – Je ne sais pas ! » C'est un Belge, de Bruges, parle français avec un fort accent flamand. Vient du Somport. De la place ? Sans doute, mais lui poursuit vers Torres del Río. S'est arrêté pour boire une bière, repart. « *¡Adios ! ¡Buen viaje peregrino !* » C'est Freddy, l'un de nos futurs compagnons, qui, pour l'instant, disparaît au bout de la rue, comme ce matin à la sortie d'Estella.

Bien que nous ne le sachions pas encore, demain, après-demain au plus tard, nous sommes appelés à vivre dans et de ce long chassé-croisé de rencontres, séparations, pertes et retrouvailles. C'est peut-être là que s'incarne, mieux que dans n'importe quel discours, l'esprit de la marche vers Compostelle.

Connue au Moyen Âge sous l'appellation de « Cité des juifs », Los Arcos joua longtemps le rôle de ville frontière entre Navarre et Castille, avant d'être supplantée par Logroño. Octroi, commerce, change et transactions monétaires firent sa richesse. Aujourd'hui, elle périclite doucement, dans le lent écaillement des blasons de ses maisons nobles. Pourtant, l'agriculture semble assez riche. On y cultive des primeurs sur de grandes parcelles de terre parfaitement irriguées et travaillées de façon moderne.

Malgré cela, l'aisance escomptée ne semble pas rejaillir sur la ville – peu importante, il est vrai. Les villages environnants s'en sortent peut-être mieux.

Le soir, sous les arcades de la place, chacun dispose sa chaise et regarde la vie qui passe en parlant, bras croisés sur la poitrine. Il y a surtout des femmes, âgées, la plupart vêtues de sombre. Pour trouver les hommes, il faut aller aux champs ou dans les bars, rarement sous les arcades. Toujours est-il qu'au moindre problème – recherche d'un commerce, d'une boîte aux lettres, difficultés pour pousser la porte de l'église –, il se trouve toujours une petite vieille en noir pour surgir de l'ombre et résoudre votre embarras dans la seconde. Bien sûr, vous êtes pèlerin, et cela se sait. On vous confie donc une intention pour l'apôtre. C'est du moins ce que vous saisissez à l'écoute de quelques phrases rapides où *Santiago* revient plusieurs fois, déformé, fracassé par une voix d'avalanche.

Passé dix-huit heures, l'Espagne s'éveille. Ici comme partout ailleurs, les commerces ouvrent leurs portes, poussent les grilles. Comme il faut penser au lendemain, nous nous rendons à la *tienda de comestibles* (épicerie) pour acheter quelques babioles en traînant un peu, histoire de renouer avec le parler-vrai des fruits et légumes de jardin, l'odeur forte des oignons en bottes, des piments et des poivrons, la fausse discrétion des tomates, l'arrogance des céleris. Autant de menus plaisirs où les souvenirs s'aiguisent. Qu'avons-nous fait dans nos cités de ces parfums de vie ? Pourquoi ont-ils à peu près disparu des étals ? Étrange paradoxe, pour une société qui prône la sensualité à tort et à travers, que cette volonté de réduire à tout prix l'odorat, ce serviteur dévoué et si souvent fidèle de nos voluptés naissantes !

Sur la place de Los Arcos, les bars reçoivent à présent leurs lots d'hommes fatigués. Conducteurs de trente-huit tonnes en short et torse nu, qui, aussitôt servis, sortent s'installer aux terrasses, bientôt rejoints par des agriculteurs à larges chapeaux de paille, et quelques autres. Parmi ceux-ci, nos jeunes Espagnols, à présent très démonstratifs à chacune de nos rencontres. Et Guy, qui arrive de Saint-Pierre de Rome et va vers Compostelle. Deux mille trois cent cinquante kilomètres pour relier les deux apôtres ! La remontée de l'Italie lui a été pénible, rendue éprouvante par l'absence de chemins et l'accueil pour le moins réticent de la population. A dormi à plusieurs reprises sous les ponts. En France, ce fut l'indifférence, au moins jusqu'aux Pyrénées. Depuis, tout va pour le mieux. Brûlé lui aussi par le soleil et tanné d'intempéries, ne se plaint pas, craint au contraire l'après-pèlerinage, le retour aux habitudes, la sédentarisation. Sait de quoi il parle, puisque c'est la troisième fois qu'il se rend à pied à Saint-Jacques. Connaît parfaitement le chemin, ses embûches, la façon de les contourner. Sait où se trouvent refuges et gîtes, le nom des hôteliers, les restaurants les plus économiques. Cheveux et barbe ras, très noirs, yeux bleus qui rient tout le temps. Ne fait pas les cinquante-sept ans annoncés. Celui-là, même parti, disparu, happé par Compostelle où il arrivera une semaine avant nous, celui-là ne nous quittera plus, premier maillon de la chaîne qui se forge à notre insu.

Guy est catholique pratiquant, il a la foi et le dit haut et fort. C'est elle qui le pousse sur ce chemin, comme il le déclarera aux journalistes d'une chaîne de télévision française : « Qu'est-ce qu'elle me pousse, la foi, je suis catho. C'est la prière qui me fait marcher. Je prie le matin, l'après-midi. Ça me donne la frite. J'ai un moral d'assassin. » Ce qu'il ne dit pas, c'est ce qu'elle lui offre en plus, cette foi, une façon d'être au monde faite de tolérance, d'écoute et d'amour des autres. Peut-être ne le sait-il pas lui-même.

Le chemin de nouveau. Matinal, cette fois, puisque la demie de six heures sonne lorsque nous sortons de la ville. Bruits de fuite, froissements d'herbes et de branches. Des lapins se sauvent devant nous sans que nous puissions les voir. Franchissement de l'Odrón, ruisseau sans ambition dont Aimery Picaud, chez qui le fait tourne à l'obsession, dit que l'eau « tue ceux qui la boivent ». Nous empruntons à présent des routes de dessertes agricoles. Chemin historique ? Celui dont Pierre Barret et Jean-Noël Gurgand constataient en 1977 qu'« il est encore inscrit dans la terre, dans la pierre, dans les mémoires. Il arrive que la nationale le recouvre, mais, la plupart du temps, on le trouve là où il était. Mal entretenu, souvent défoncé, peu confortable, coupé par le remembrement et les annexions, il a pourtant de beaux restes et on reconnaît bien, à la façon dont il se creuse ici, se cambre là, que ce fut un grand chemin ». Pense-t-on souvent ici, sur ce chemin qui leur doit tant, à ces deux journalistes écrivains qui, fascinés par l'histoire du pèlerinage de Galice, partirent de Vézelay « pour voir ce qu'il en était » en avril 1977 ? Publier l'année suivante *Priez pour nous à Compostelle* eut, pour les chemins de Saint-Jacques, la même importance que *Chemin faisant* de Jacques Lacarrière* sur le renouveau de la marche en France. Pour ce qui nous concerne le doute n'est pas permis, nous sommes bien sur la vieille draille sacrée. En douterions-nous qu'il suffirait de lever le regard vers les étoiles qui, bien qu'à présent très pâles, indiquent parfaitement le sens de la Voie lactée.

À Torres del Río, la chapelle romane du Santo Sepulcro rappelle celles du Sancti Spiritus de Ronce-

* Éditions Payot, « PBP Voyageurs », n° 97.

vaux, et surtout Santa María de Eunate. Une fois encore, il s'agit d'une église-ossuaire construite au XIIe siècle, monument de grande beauté auquel on attribue, peut-être à cause de cette forme octogonale déjà utilisée à Eunate, mais plus sûrement par le manque d'informations sur son origine, un parfum de mystère que la présence des templiers, comme gardiens des lieux, épaissit autant qu'il se peut. Contrairement aux deux autres, cette église a conservé sa lanterne des morts, la tour où la flamme entretenue jour et nuit en souvenir des défunts servait de phare aux pèlerins égarés. À l'intérieur, beaux chapiteaux sculptés sur la mort et la résurrection du Christ, et, comme à Eunate, voûte d'inspiration musulmane.

Dans la très belle ville fortifiée de Viana, dernière cité de Navarre, nous retrouvons Guy le temps d'un *café con leche* à l'ombre de l'église où est inhumé César Borgia, tué près d'ici en mars 1507. La chaleur est de nouveau très forte, et nous remplissons régulièrement nos gourdes aux *fuentes del peregrino*, nombreuses sur ce chemin aride et généreuses en eau fraîche. Cette eau contre laquelle Aymery Picaud ne cesse de mettre en garde dans son *Liber peregrinationis*.

Nous nous sommes arrêtés ici, l'an dernier, alors que nous nous rendions, en voiture, à Saint-Jacques-de-Compostelle. Depuis des heures il pleuvait à verse. Une pluie lourde aux allures tropicales, dont aucun souffle de vent ne venait contrarier l'obstination. L'eau ruisselant dans les rues se ruait dans les escaliers pour finir en franches cascades sur les boulevards de la basse ville. L'hôtelier nous dit que c'était le quarantième jour de pluie et que tout laissait à penser que le lendemain ne serait guère différent. Ce qui se révéla exact. Contrairement à ce que nous espérions, la nuit n'apporta aucune accalmie.

Lorsque nous quittâmes Viana, un grand nombre de rues étaient coupées par de véritables lacs où les piétons ne se risquaient que chaussés de bottes. Les quotidiens locaux annonçaient, photos à l'appui, des inondations catastrophiques dans les bas quartiers de Burgos.

Castille

Qu'êtes-vous allés contempler au désert ? Un roseau agité par le vent ?... Voir un prophète ?

MATTHIEU, 11, 7, 8, 9.

Carnet de route : « Sommes arrivés à Logroño, où Guy nous attendait au gîte municipal. N'avons pu nous y installer sous prétexte qu'il était treize heures quatre minutes, et que le gîte fermait à treize heures. Traîné dans la ville. Aux terrasses de bars, puis sur les bancs publics, où nous avons tenté de dormir, en vain, la Guardia Civil nous ayant chaque fois fait déguerpir. Nous voici devenus clochards. Sérieux coup au moral… Ce soir, alors que nous rentrions au gîte avec Guy, Ignacio, propriétaire d'une *bodega*, nous a invités à visiter son établissement avant de nous offrir d'excellents vins. Lui aussi nous a parlé de l'*apóstol* et de Santiago, après quoi, et en notre honneur, a mis en marche un piano mécanique devant son personnel rassemblé. Nous sommes quittés en serrant des tas de mains et en répétant sur tous les tons des "*¡Arriba Santiago!*" ponctués de nombreux "*¡Ultreia!*", repris par les autres. Déjà noté quatorze intentions de prières pour Compostelle. Étrange comme ceux qui nous les confient se montrent persuadés de notre présence là-bas, le 25 juillet, pour les fêtes de la Saint-Jacques. Trente jours et plus de six cent cinquante kilomètres nous en séparent pourtant. Comme si le renoncement n'existait pas ! »

La sortie de Logroño est aussi pénible que le seront, plus tard, celles de Burgos et de León. Enfilades de rues et d'avenues à n'en plus finir. Traversée de zones industrielles, pour arriver, après je ne sais combien de détours, à la nationale où les camions toujours aussi délirants nous attendent. Nouveau coup au moral. Mais qu'est-ce qui m'a poussé à partir sur ce chemin ?

À une quinzaine de kilomètres au sud – mais le chemin n'y passe heureusement pas – se dressent les ruines de la forteresse mythique de Clavijo, pièce maîtresse de l'« invention » de Jacques le Majeur en Espagne. La légende veut que ce soit au pied de ce château qu'en 844 l'apôtre, monté sur un cheval blanc, ait prêté main-forte aux troupes chrétiennes mises en difficulté par l'armée de 'Abd al-Rahmān II, et qu'il leur ait accordé, comme on s'en doute, la victoire. Celle-ci, interprétée comme un signe de la volonté divine de voir la chrétienté chasser l'Infidèle d'Espagne, servit de ferment à la Reconquête. Si nul ne se risque aujourd'hui à soutenir la véracité des faits, inspirés d'une bataille qui se déroula quelques kilomètres plus loin près d'un siècle plus tard, force est de reconnaître Clavijo comme l'un des mythes fondateurs de la culture jacobite. Thèse fort bien résumée par l'abbé Georges Bernès dans son *Guide pratique du pèlerin en Espagne* : « De ce jour [la bataille de Clavijo] une idée-force soutient les chrétiens dans leur lutte pour la reconquête, un peu comparable à ce que fut le souvenir de Jeanne d'Arc en France : un ensemble de guerres civiles régionales s'est transformé définitivement en une croisade nationale*. »

Ce jour-là également, saint Jacques devint *matamoros*, tueur de Maures, fonction dans laquelle

* Éditions Randonnées Pyrénéennes.

peintres et sculpteurs le représentèrent aussi longtemps que la Reconquista l'exigea, c'est-à-dire pendant près de six siècles. Chef de guerre commandant la charge, il donne l'exemple et paie de sa personne en faisant rouler les têtes – lui le décapité ! –, tandis que les sabots de son cheval achèvent les mourants. Voilà ce que les yeux voient et les mémoires retiennent. Foin de longs discours, donnant matière à exégèse, l'image suffit, et la même servira, huit siècles plus tard, à glorifier dans la Prague de la Contre-Réforme quelques pontifes sabrant et piétinant le Turc, qui parfois ressemble à s'y méprendre au protestant vaincu. Spectacle édifiant, certes ! Voulu, commandé, encouragé et attendu par les pouvoirs politiques et religieux, d'autant plus navrant qu'une fois de plus l'Église, oublieuse des Évangiles, montre l'exemple. Images falsifiées d'un événement tronqué, monté en épingle (semble-t-il par les moines de San Millán, redoutables experts en communication de masse), ni plus ni moins que l'un de ces « arrangements de l'histoire » dont notre siècle abonde. Rien de grave, s'il ne s'agissait du détournement, à des fins douteuses, d'un apôtre.

On aura compris que le matamore ne m'intéresse pas. Ce n'est pas vers ce Jacques-là que je vais. Mais l'autre, fils de Marie Salomé et de Zébédée, frère aîné de Jean, tous deux témoins, avec Pierre, de la transfiguration du Christ. Celui qui, selon la tradition, évangélisa l'Espagne avant d'être martyrisé sur l'ordre d'Hérode Agrippa, en Judée, en l'an 44. À tort ou à raison, celui-ci me semble bon, souriant, plutôt pacifique, bien que Jésus l'ait surnommé, ainsi que son frère, Boanergès, « fils du tonnerre », sans doute à la suite d'un de ces emportements dont les jeunes gens sont souvent victimes. Qu'importe, entre le sabreur et le hippy, même un peu nerveux, mon choix est fait. Définitif.

Sortir du chemin pour flâner un peu dans la plaine, marcher sur cette terre sèche, pauvre de végétation, sinon quelques touffes d'herbe coupante, rêche, parsemée de chardons. Vignes et céréales sont pourtant abondantes à quelques kilomètres d'ici, et rien, ni traces ni marques de passage d'animaux, ne peut évoquer un quelconque élevage. Un espace agricole abandonné, comme il en est tant désormais en Europe. Le constat tragique de la fin du combat de l'homme, tirant sa subsistance d'une nature rétive. Les défricheurs de l'immense forêt romaine qui recouvrait la Castille seraient étonnés, eux qui gratifiaient le ciel pour la moindre récolte d'orge ou de seigle, de nous entendre parler de plans de jachère.

Vieux pont roman à deux arches, au tablier rompu, pierres éboulées dans le rio réduit au rôle de ruisseau. Serait-ce l'un des ouvrages dont l'étroitesse fit se noyer, au printemps 1367, une partie des grandes compagnies venues de France sous les ordres d'un chef prestigieux, Bertrand Du Guesclin ? C'est ici, sur cette plaine de la Najerilla, à faible distance de Navarette, que le futur connétable de France livra bataille au Prince Noir, allié de Pierre le Cruel, qui le fit prisonnier. Le combat entre troupes mercenaires rivales s'acheva près d'un pont – peut-être celui-ci – défendu par le dernier carré où se battaient, coude à coude, le grand prieur de Saint-Jacques-de-Compostelle et Du Guesclin.

Oliviers, vignobles et céréales bordent à présent le chemin de plus en plus dépouillé et beau. De nouveau, les pieds foulent la grande voie historique que suivit, entre 1213 et 1215, un certain François, venu d'Assise.

À midi, Najera ressemble plus à une étuve qu'à une ville, fût-elle capitale historique de la Rioja. L'ombre y est rare. Pesée au plus juste, avec d'infinies précautions, par un soleil inflexible dont les femmes les plus coquettes, ou les moins occupées, se protègent en usant d'ombrelles colorées.

Hôtel San Fernando, où nous retrouvons Guy pour une longue pause au bar, suivie de la sieste qui nous conduira, comme chaque jour à présent, vers la fraîcheur présumée du soir. À deux ou trois exceptions près, l'organisation de nos journées ne variera plus. Partis tôt, nous atteignons l'étape entre treize et quatorze heures. Recherche d'hébergement, installation et douches nous conduisent à déjeuner aux alentours de quatorze heures trente, heure parfaitement raisonnable dans un pays où les actualités télévisées de la mi-journée sont diffusées à quinze heures. Sieste jusqu'à dix-neuf heures. Visites, achats divers, *tapas* dans un bar. Nous nous couchons assez tôt, vers vingt et une heures trente. Nous marchons donc entre sept et huit heures par jour, pauses comprises, et parcourons une moyenne de vingt-cinq kilomètres.

Jusqu'en 923, Najera fut une ville arabe. Contrairement aux idées reçues, les pèlerins y étaient acceptés et accueillis. Rançonnés aussi, quelquefois, en fonction des aléas de la politique locale. Et parfois, dans les heures les plus graves, interdits de séjour. Reconquise en 923. On y frappa la première monnaie des royaumes chrétiens d'Espagne. Événement beaucoup plus important qu'il n'y paraît à première vue. Car la monnaie n'est pas simple moyen d'échanges mais, aussi et surtout, la preuve tangible de l'existence d'une entité nationale, symbole de la nation reconnue par tous à l'intérieur des frontières et hors de celles-ci. Un fait identitaire. Dès lors, richement dotée par les souverains catholiques, devenue haut lieu du chemin de Saint-Jacques, la ville prospéra en construisant ponts, hospices et hôpitaux pour pèlerins, sans oublier les monastères, dont celui de Santa María la Real, à juste titre le plus renommé.

Je sais que cela n'a pas la moindre importance. Que mes sentiments ne regardent que moi. Que parfois peu de choses séparent l'affection de l'indifférence. Mais c'est ainsi et de façon irréversible, sans doute : je n'aime pas Rodrigo Díaz de Vivar, le Cid Campeador. Pas celui de Corneille dont il m'arrive de me rappeler les phrases d'adolescent attardé, mais l'autre, le vrai, dont les exploits guerriers et chevaleresques sont contenus, comme pour Roland, dans un poème épique, *El Cantar de mio Cid*. Personnage légendaire, héros de la Reconquête, homme d'autant plus glorifié après trépas qu'il fut redouté vivant. Encore un mythe. Un de plus. Un de trop. Ce que l'histoire, toujours amnésique, ne dit pas, c'est que ce Rodrigo Díaz de Vivar, surnommé par les Arabes El Cid Campeador – le seigneur combattant –, ne fut jamais très regardant sur ses alliances, et qu'en fait de Reconquête il œuvra surtout pour son propre compte. Protecteur du royaume musulman de Saragosse, il mourut en 1099 à l'âge de cinquante-cinq ans, seigneur de Valence dont il s'était rendu maître aux dépens de son ancien allié Yussuf. Héros national de la Castille, ce Rodrigo Díaz de Vivar ne résume-t-il pas à lui seul ces temps de confusion où la Reconquête, dont on nous rebat tant les oreilles, dissimule mal les rivalités entre royaumes chrétiens, et les guerres fratricides des califats et émirats ? Reconquête ou Conquête ? Et contre qui* ?

---

* Ce qui permet à Cees Nooteboom d'écrire : « À peine s'étaient-ils alliés contre les Arabes, que les seigneurs de Galice, Asturies et León, aristocrates d'épée, se battirent comme des chiens pour occuper la splendeur des villes arabes. » *Désir d'Espagne*, Actes Sud, 1993.

Ces pensées me viennent en contemplant le gisant de la reine Blanche de Navarre, petit-fille du Cid. Son tombeau, l'un des plus beaux parmi la trentaine que compte le panthéon royal du monastère de Santa María la Real, la représente entourée de ses proches ; elle regarde s'envoler son âme sous la forme d'un enfant escorté par des anges. L'allégorie touche ici au sublime. Doña Blanca mourut en couches.

Carnet de route de Gisèle : « Revu les deux jeunes Suisses, Sarah et Christian, partis de Lyon, rencontrés à Los Arcos. Elle, fille de pasteur. Tous deux sportifs, lourdement chargés et redoutables marcheurs. Entre vingt et vingt-cinq ans. Font ce chemin en promesse de mariage. »

À six heures du matin, les vieilles rues de Najera sont bruyantes d'une jeunesse énervée par le bruit, la bière et l'insomnie. Boîtes de nuit et discothèques libèrent leur monde, trottoirs, chaises des terrasses et parapets de pont sont occupés par les plus fatigués – pas forcément les plus discrets –, tandis que d'autres vont et viennent. Les premiers nous saluent, parfois en se moquant : « *¡Hola peregrino !¡Vagabundo de Dios !¡Pobre tipo !* » Les autres nous ignorent totalement, mais il y a quand même quelques « *¡Hijo de puta !* » (fils de pute !) de bravade. À Pampelune, déjà, dans les quartiers périphériques et sur le campus universitaire, quolibets et bras d'honneur nous ont été adressés. Pas forcément par des jeunes.

Dans son ensemble, la population des villes semble plus indifférente aux pèlerins que ne l'est la campagne. Les grandes villes, surtout – Pampelune, Burgos, León –, mais aussi certaines de moindre importance – Logroño, Ponferrada, Astorga… C'est un fait dont il faut tenir compte jusques et y compris dans les contacts avec le clergé. Non pas que l'habitant des cités soit moins chaleureux, moins aimable, plus méfiant que celui des villages. Loin de là ! Mais les préoccupations sont différentes, le sentiment d'appartenance religieuse plus lointain, quand ce ne sont pas, chez certains hommes plus âgés, les souvenirs de la guerre civile. Et puis, l'existence d'aujourd'hui veut que l'on se presse, se stresse, s'invente des obligations. Alors, ici comme un peu partout, on joue à courir après son ombre, on s'épuise sans voir ni entendre les autres, et l'on se plaint de l'inanité de la vie qui pourtant demanderait un peu plus d'attention.

Six heures et demie, nous quittons Najera en suivant les rues où nous étions hier au soir, autrement dit il y a quelques heures. Voici le restaurant, le monastère Santa María. Je fends des groupes – « *¡Por favor!¡ Perdón!* » –, réponds aux saluts. Nous passons sans un mot dans une atmosphère plus nerveuse que réellement agressive. Et voici, enfin, la ruelle très raide qui mène au chemin et au bois de pins marquant la fin de la ville. Ouf ! Boule incandescente dans un ciel d'encre, le soleil se lève sur la sierra, ciselant les reliefs, les arbres, faisant émerger les fermes de la nuit qui les assiégeait. Chaque matin, désormais, nous nous habituerons à voir nos ombres naître du néant pour fuir devant nous. Nous marchons résolument vers l'ouest.

Dimanche à Santo Domingo de la Calzada. Sur la place de la cathédrale du Salvador il y a beaucoup de monde. Des gens de tous âges, même si les cinquante ans et plus l'emportent en nombre. Et des enfants. Beaucoup d'enfants. Habillés comme l'étaient ceux des familles bourgeoises en France avant guerre. Il y a des notables aussi, que l'on salue de loin, auxquels on serre parfois la main, desquels certains reçoivent l'accolade. Devant l'ancien hôpital, devenu *parador nacional*, sont rangées, comme à la parade mais derrière un cordon rouge, et gardées par des uniformes, des automobiles prestigieuses, Jaguar, Porsche, Mercedes. Dans le mouvement général entre l'hôtel et l'église, des hommes en habit accompagnés de femmes en robe vaporeuse, coiffées de capelines, passent, légèrement absents. Aucun d'eux n'est vraiment beau. Elles, par contre, sont superbes.

Il y a tout ce monde et nous trois, tannés comme des momies, couverts de poussière, incongrus avec nos sacs, bâtons et godillots. Avec nos sillages de sueur, aussi. Guy, que nous avons retrouvé sur les hauteurs de la ville, plaisante. Dit que c'est cela aussi le pèlerinage ; l'arrivée de pouilleux chez les riches. Nous rions de bon cœur en pénétrant dans la cathédrale où la grand-messe vient juste de s'achever.

Sensibilisé aux difficultés rencontrées par les pèlerins lors de la traversée du río Oja, Domingo décida de construire un pont. Ouvrage magnifique dont on franchit toujours, neuf cent cinquante ans plus tard, les vingt-quatre arches majestueuses. Devenu architecte et ingénieur, pour ne pas dire entrepreneur de travaux publics, Domingo se lança dans la construction d'un hôpital, d'une hôtellerie et d'une église, bâtiments autour desquels se développa la ville actuelle. Par la suite, toujours soucieux du confort des pèlerins, il construisit la route reliant Najera à Redecilla del Camino. Son tombeau se trouve dans la cathédrale, mais la plupart de ceux qui la visitent viennent pour le coq et la poule qui perpétuent le souvenir du « pendu dépendu ».

Alors qu'ils se rendaient à Compostelle, un couple venu de Saintes avec leur fils, Hugo, s'arrêta à Santo Domingo de la Calzada. Le jeune homme ayant repoussé les avances d'une servante, celle-ci, pour se venger, dissimula une vaisselle précieuse dans les bagages du pèlerin avant de le dénoncer comme voleur. Le malheureux fut aussitôt pendu devant ses parents, qui n'en continuèrent pas moins leur pèlerinage vers Compostelle. Plusieurs semaines plus tard, de retour à Santo Domingo, ils constatèrent que, malgré les apparences, leur enfant vivait toujours ! Sceptique, le juge chez qui ils se rendirent leur dit en riant qu'il croyait leur fils aussi vivant que les volailles rôties qui se trouvaient sur sa table. À peine avait-il prononcé ces paroles que le coq et la poularde dressés sur le plat se mirent à chanter. Convaincu, le magistrat fit dépendre le jeune homme innocent qui, après avoir beaucoup remercié saint Jacques, reprit la route avec ses parents. Dans une autre version où la famille vient d'Allemagne et le fils s'appelle Hugonell, c'est saint Dominique lui-même qui intervient en faveur du garçon et le sauve en lui tenant les pieds. Les légendes étant par nature universelles, le livre des miracles du *Liber Sancti Jacobi* retient Toulouse comme ville où se seraient produits les faits.

Quoi qu'il en soit, c'est depuis ce jour que l'on peut voir, dans la cathédrale de Santo Domingo de la Calzada, une poule et un coq blancs dans une cage. Étrange spectacle en vérité que celui des foules ébahies devant ces animaux qui, parfois, pour le coq surtout, prennent voix au chapitre. On dit qu'au Moyen Âge les pèlerins tentaient de leur arracher des plumes comme reliques. On dit aussi que certains leur tendaient du pain au bout de leur bourdon. Le fait que l'animal dédaigne ou accepte l'offrande était généralement interprété comme un oracle, et le refus, comme l'annonce d'une prochaine mort de faim pour le pèlerin. Devant de telles pratiques relevant du fétichisme, on comprend qu'il soit désormais interdit de nourrir les volailles, renouvelées, il est bon de le préciser, tous les mois. Herman Künig von Vach, moine allemand qui se rendit à Compostelle en 1495, écrivit un guide dans lequel, s'adressant au futur pèlerin, il dit : « Dans l'hôpital tu trouves à manger et à boire. Tu ne dois pas oublier les poules derrière l'autel. Le fait qu'elles sortirent du four en volant, je sais pertinemment que ce n'est pas faux, car moi-même j'ai vu le trou à partir duquel elles prirent leur envol et le four dans lequel elles furent rôties. » Presque deux siècles plus tard, Domenico Laffi, moine italien, vit lui aussi les volailles. Dans une cage de fer, cette fois, et près de la porte gauche. Les mots ne pouvant servir de preuve, il demanda « des plumes au sacristain, qui nous les donna, et nous les rapportâmes à notre patrie par dévotion ». Mais nul ne s'enquit jamais de ce que devint l'ombrageuse servante. Prit-elle, comme la morale le voudrait, le chemin de repentance conduisant au couvent le plus proche, ou finit-elle ses jours dans la peau d'une épouse respectée et oublieuse de ses fredaines ? L'histoire ne le dit pas, et c'est dommage.

Il est tout juste midi lorsque nous quittons Guy sur la calle Mayor de Santo Domingo. Cela fait maintenant quatre jours que, de bout de chemin en bout de route, nous marchons ensemble. Lui va plus vite et nous quitte parfois pour une heure ou deux, jusqu'au prochain village, un sommet, le repos d'un champ de blé, l'ombre d'un olivier. À l'étape aussi, et nous passons la soirée ensemble. L'homme est attachant. Parle de sa foi, reçue à l'âge adulte, en se moquant un peu de lui-même, mais toujours avec des mots essentiels. Les adieux sont brefs. L'émotion s'accorde mal avec des périphrases. Quelques mots suffisent : « Salut les Bretons… N'oubliez pas le catho… – *¡Buen viaje !¡Adios compañero !* » Et nous entrons dans un bar, sans nous retourner pour ne pas le voir descendre vers le grand pont de Santo Domingo.

Il ne nous faut pas plus d'une heure pour mesurer l'erreur que nous venons de commettre. Le gîte municipal est splendide. Refait à neuf dans un ancien palais et vanté à juste titre comme l'un des plus beaux du chemin. C'est d'ailleurs pour cela qu'on nous le fait visiter. Mais sans nous autoriser à y rester... Pas avant cinq heures ! C'est le règlement ! Même un dimanche. Et le fait de venir de France ne change rien à l'affaire ! Pourquoi nous être arrêtés ici ? Fatigue ? Même pas ! Nous sommes à présent bien entraînés, le moral est excellent, et l'étape de vingt-cinq kilomètres a été facile. Alors ? Alors, bien qu'elle ne commence réellement qu'au-delà de Burgos, nous avançons chaque jour un peu plus sur la *meseta*, ce gigantesque plateau pris en tenaille entre les monts Cantabriques, au nord, et la cordillère Ibérique, au sud, l'une des régions les plus arides d'Europe, dont Miguel de Unamuno écrivait dans *L'Essence de l'Espagne* : « Ce sont des étendues ardentes, découvertes et vastes, sans feuillages et sans ruisseaux, des étendues où une pluie torrentielle de lumière dessine des ombres épaisses sur d'éblouissantes clartés. »

La *meseta* est là, donc, devant nous, avec son cortège de légendes, d'histoires, de faits divers tous plus horribles les uns que les autres. Un lieu qui n'est pas sans rappeler l'Aubrac, dont elle partage d'ailleurs la mauvaise réputation. À ceci près que soleil et criquets remplacent ici la neige de là-bas, loups et bandits restant plus ou moins les mêmes dans l'un et l'autre cas. Sans qu'il y ait le moindre danger, d'autant que la Guardia Civil est très présente sur le chemin, désormais, et pour plusieurs centaines de kilomètres, il faudra tenir compte des villages existants et, près de ceux-ci, localiser de façon très précise les fontaines, éviter de marcher à certaines heures du jour.

Lorsqu'un pèlerin parle de la *meseta*, il emploie le plus souvent le mot « désert ». À juste titre, d'ailleurs, puisque, dans la symbolique chrétienne du pèlerinage de Galice, il s'agit bien d'une traversée du désert, épreuve de dépouillement et de retour sur soi d'où jaillira l'homme nouveau. Ce désert, comme tous les autres, appelle quelques précautions et n'est certainement pas sans influence sur l'inconscient de celui qui s'apprête à le traverser. Nous en sommes là. Douze kilomètres séparent Santo Domingo de Recedilla del Camino, hameau de quelques maisons où parfois les particuliers acceptent d'héberger les pèlerins. Pas grand-chose à tout prendre, à peine trois heures de marche. D'autant que quelques kilomètres plus loin, hors chemin, Castildelgado possède une « pension ». C'est d'ailleurs vers l'un de ces villages que se dirige Guy, tandis que nous restons à Santo Domingo, à l'hôtel del Río, dont le patron ne semble guère priser les pèlerins. La chambre, d'un coût plus que modique il est vrai, broie l'ennui à tous crins. Comme le petit singe en plastique qui tient l'abat-jour de la lampe dont on a retiré l'ampoule.

Qu'importe, les dés sont jetés. La ville est superbe avec ses avenues bordées d'acacias à l'ombre desquels, assis au frais d'une fontaine, il est permis de laisser traîner le regard sur le dimanche qui s'effiloche. Sur la calle Mayor on se promène beaucoup, en famille comme toujours, et comme toujours habillés. Les enfants, une fois encore, sont les plus étonnants. Vêtus comme des princes, sérieux comme des papes, comment font-ils pour garder ce sérieux, eux qui rêvent secrètement de galipettes et de courses effrénées ? Et encore, même engoncés dans des tissus trop chauds, les garçons me semblent mieux lotis que les filles, transformées en poupées vivantes qui, bien sûr, ne peuvent pratiquement bouger sans que l'un des parents intervienne. Voulons-nous photographier une de ces infantes, et le trottoir se transforme aussitôt en théâtre, avec la mère dans le rôle de la mère, la grand-mère dans celui de la duègne, et le père dans le rôle de l'absent. Et tout cela se passe dans le bonheur le plus total, sous le regard complice de la rue, qui s'arrête d'aller et venir le temps qu'il faut. « *Alicia... Mira el fotografo...* »

Le soir, tard, presque à la nuit tombée, les mêmes reprennent leur promenade là où ils l'avaient laissée. Piétinements de fatigue. Les enfants traînent les pieds, rabroués de temps à autre par l'adulte : « *¡Tus zapatos afortunados enfin!* » (« Tes souliers vernis, enfin ! ») Sur la *rambla*, un groupe de touristes bardés de coquilles Saint-Jacques monte dans un car en criant des « *¡Viva Santiago!* » avec un ridicule appliqué de jeunes démobilisés. Ceux-là rouleront toute la nuit et rentreront demain soir, après-demain au plus tard, après avoir visité Compostelle au pas de charge, et peut-être avoir assisté à l'office des pèlerins de onze heures, autrement dit sans avoir la moindre idée, faute d'avoir vu et ressenti, de ce qu'est le pèlerinage. C'est ainsi, et de l'organisateur du voyage au client, tout le monde y trouvera son compte. Il en est de même pour Lourdes, Rome ou Fatima. L'important n'est-il pas de pouvoir dire que l'on est allé... Oui, et l'année jubilaire, qui plus est... C'était en... Attendez donc un peu.

Lorsque nous regagnons notre chambre obscure, les façades de grès de Santo Domingo de la Calzada se teintent d'un rose qui, à mesure que la nuit tombe, se durcit jusqu'à frôler, sur certaines d'entre elles, de vagues reflets rougeâtres. La mémoire des pierres se souviendrait-elle encore des bûchers que l'Inquisition dressa ici, et sur lesquels plusieurs centaines d'habitants de Durango périrent sans que saint ni apôtre leur portent le moindre secours ?

Carnet de route de Gisèle : « Montées, descentes. Pas un village qui ne soit sur un piton. Les femmes me disent des choses que je ne comprends pas.

À chaque fontaine nous remplissons nos gourdes. Combien de litres d'eau buvons-nous chaque jour ? Les paysages sont toujours très beaux, colorés, la terre surtout, très rouge Beaucoup de vignes et du bon vin. »

Dans les premiers temps de la Reconquista, la désertification des territoires que nous traversons joua en faveur des chrétiens qui repoussèrent, sans trop de difficulté, les musulmans au-delà du río Duero. Restait le plus difficile : consolider les positions acquises par la construction de forteresses – lesquelles servirent la plupart du temps dans les guerres entre royaumes chrétiens –, de villes, de ponts, de voiries. Tout cela supposait du monde, hommes et femmes, jeunes de préférence, dans ces régions qui n'en avaient jamais compté beaucoup. Terre et privilèges furent donc accordés à ceux qui, tentés par l'aventure, s'installaient. La nouvelle connue, ils vinrent, nombreux, d'Italie, d'Allemagne et surtout de France, attirés par un bien-être qu'ils savaient impossible chez eux. Ils vinrent. Travaillèrent. Et firent souche. C'est alors, seulement, que la Reconquête prit son véritable sens et que l'apôtre accorda ses premiers bienfaits matériels à l'Espagne.

Réduire le chemin de Compostelle à un simple itinéraire de pèlerinage est une erreur. Il fut beaucoup plus que cela et joua le rôle d'un formidable outil d'information et de persuasion sur ceux qui le fréquentèrent. Notamment aux XIe et XIIe siècles, quand chaque ville traversée était un vaste chantier de construction. Comment ne pas croire que les pèlerins, parmi lesquels bon nombre d'artisans et marchands, aient été séduits par la vision de villages jaillissant des plaines céréalières, de part et d'autre d'un pont, près de la commanderie ou de l'hôpital ? Bien sûr, le pays était rude, et le caractère des autochtones encore plus, mais était-ce mieux là d'où ils venaient ? Rentrés chez eux, ils racontèrent ce qu'ils avaient vu, mais à la façon des voyageurs, en enjolivant juste ce qu'il faut pour capter l'attention. Ils parlèrent du pays, de l'apôtre, et de ceux qu'ils avaient rencontrés, Jacques comme eux, mais installés à demeure dans ce pays où la vie, tout compte fait, semblait plus facile. Jamais nous ne saurons combien, à les écouter, décidèrent de prendre le bourdon, avec la très secrète envie de s'arrêter en route. Un nombre certainement conséquent, auquel il convient d'ajouter les volontaires, laïcs et religieux, ainsi que les ordres militaires qui mirent en place un réseau d'accueil efficace et puissant. Ainsi se peupla cette partie déshéritée de l'Espagne et, pour la première fois de son histoire, l'Europe se fondit le long d'un chemin.

Temps frais, grisaille, la pluie est peut-être devant nous. Nous marchons d'un bon pas, seuls, dans une campagne silencieuse. Ces départs entre chien et loup m'impressionnent toujours. L'authenticité du jour qui naît, peut-être, ou le silence. Il est rare, en effet, que nous rencontrions âme qui vive. Même les paysans, si matinaux chez nous, semblent ici peu pressés de sortir d'un lit vraisemblablement gagné assez tard. En dehors des villes importantes, la vie sociale ne commence, en Espagne, qu'entre neuf heures et demie et dix heures, avec l'ouverture des bars. Une semaine a suffi pour exercer nos oreilles au bruit des rideaux métalliques qui se lèvent. Ceux des bars et cafés ont un je-ne-sais-quoi d'assez particulier pour n'être confondus avec aucun autre. Sorte de fracas déglingué, toujours perçu comme l'un des grands moments de la journée.

Ce matin, dans un village, le seul et unique bar était ouvert, en embuscade, peu avant neuf heures. Au comptoir une femme, la quarantaine, coiffure et visage en désordre, mal réveillée, écoutait Édith Piaf chanter *Les Amants d'un jour*. Scène étonnante : elle rangeait des piles de tasses et de verres sur les étagères en reprenant le refrain de façon très approximative : « Moi j'essuie les verres au fond du café… » Au moment de régler elle hésite, se dirige vers la caisse, revient.

« *¿Peregrinos franceses ?*
– *¡Si, señora !*
– *En tal caso, nada, gratuito.* »

Longtemps les villes que nous traversons furent organisées en quartiers, où l'on vivait en communauté de langue et de coutume. Aux premiers problèmes on élevait des murs de séparation. À moins que l'un des clans ne préférât se retirer de l'autre côté du fleuve. Car intolérance et méfiance ont également fait le voyage, et la haine sème très vite ses petits, encouragée par l'injustice, dont la concession de privilèges différents est somme toute la plus flagrante.

En fait, cette immigration que l'Église souhaitait idéologique devint rapidement, passé les temps « pionniers », matérialiste à souhait. Comment, d'ailleurs, aurait-il pu en être autrement avec un tel brassage de nationalités, de cultures et de langues, sans les idéaux fondateurs capables d'engendrer une fédération ? Le fait de vivre sous la même autorité de droit, avec une monnaie commune et dans une langue vernaculaire, ne suffit pas à unifier l'âme de territoires fraîchement conquis. Il faut autre chose, de plus grand, d'incontestable, un creuset d'intégration dans lequel la nation se forge et se reconnaisse. Celui-ci existait. Son rayonnement s'étendait sur l'Europe, et au-delà. C'était l'Église catholique, seul et unique ferment d'une unité nationale qui ne s'accomplirait qu'avec les Rois Catholiques. Où pouvait-on mieux se reconnaître que dans les valeurs d'une foi partagée, et qui plus est dans une même langue, le latin ?

On est donc catholique dans ces villes qui se peuplent, à moins d'être mudéjar (musulman sous domination chrétienne) ou juif. Contrairement aux précédents, ces derniers sont nombreux et possèdent leur quartier dans chaque ville. Ils sont venus du fond de l'histoire, d'Égypte, de Grèce, de Syrie et de Judée, après qu'Hadrien eut ordonné la destruction du Temple de Jérusalem. Certaines familles étaient là avant les Wisigoths, avant les Vandales, même. Peut-être depuis toujours. Aujourd'hui, rien ne distingue les quartiers juifs des autres. Ne seraient les livres, la trace écrite, j'en arriverais à penser qu'ils n'ont jamais vécu ici… Dis-moi, Samuel, où sont tes souvenirs d'Espagne ? Qu'est devenue la synagogue ? Et la splendeur des siècles séfarades ?

Au menu du jour, *asfalto y camión* pour au moins quinze à vingt kilomètres. C'est-à-dire plus de la moitié d'une étape qui, pour atténuer l'erreur de la veille, devra forcément dépasser trente kilomètres. Le tronçon intact de la *calzada* s'achève à l'entrée du village de Redecilla del Camino. Ensuite, la nationale 120, sœur jumelle de la 111, de sinistre mémoire. L'impérialisme du goudron n'a rien d'étonnant dans ces riches plaines de la Rioja qui, depuis longtemps, ont englouti le chemin. L'intérêt porte à l'amnésie, et l'Europe aura beau faire, ce n'est pas demain que les bulldozers entameront vignobles et primeurs pour ressusciter le Camino Viejo, comme on le fait, plus haut, dans les terres à blé de Navarre. Macadam et vent fou, sirocco porteur de grains de sable contre lesquels nous allons en courbant la tête, comme il sied à tout pèlerin qui se respecte et prie en marchant. Rude exercice qui n'atténue en rien notre bonne humeur. La splendeur des paysages y est certainement pour beaucoup, mais aussi cette étonnante condition physique qui s'impose à mesure que le temps passe.

Explorateurs et montagnards, randonneurs et vagabonds l'affirment : dès l'instant où elle s'inscrit dans la durée, la marche sécrète une sorte d'euphorie. Physiologiquement, cela s'explique par l'élimination massive de toxines, la perte de poids, une meilleure circulation sanguine. Certes. Mais il y a aussi l'environnement dans lequel évolue le marcheur, les rapports pas toujours faciles avec la nature, les autres, ou leur absence, les rencontres, la solitude. À cela s'ajoute une certaine révélation de soi-même dans le bonheur ou la détresse, face aux provocations de la fatigue. C'est de tout cela que se compose un cheminement accompli. Et si je choisis ce mot parmi tant d'autres, c'est qu'à mes yeux il définit parfaitement ce que devrait toujours être pour un individu cette confrontation avec l'espace et le temps qu'est la marche. Depuis Puente la Reina, nous cheminons donc dans une sorte d'allégresse qui, pour être franc, m'apparaît inespérée à mesure que nous allons. Allégresse, oui ! Cela ne veut pas dire que tout va pour le mieux dans ma tête. Que j'ai réglé mes comptes avec moi-même. Suis en ordre. Certes non ! Je fulmine toujours autant contre la lettre pastorale que je relis de temps à autre, comme si j'en avais besoin pour avancer ; je m'indigne de certains faits historiques jusqu'à ce que, rassasié, j'exulte.

Pourtant, il y en avait eu des conseils ! Mises en garde, recommandations de toutes sortes n'avaient pas manqué. Le plus souvent de la part de gens qui, pour les mieux informés, avaient « entendu parler », auxquels s'ajoutaient ceux qui ne connaissent de l'Espagne que cette *meseta* « où l'été les serpents crèvent de chaleur ». Le plus généralement, ceux-là déconseillaient, rejoints par quelques-uns qui iraient bien à Saint-Jacques mais renâclaient au motif que « c'est quand même une histoire de curés ! ». Et puis les autres, les proches, peut-être inquiets, qui avaient sorti des cartes et, surtout, n'avaient rien dit. Et le plus étonnant de tous, cet homme, dans mon bureau, qui me parla comme personne ne l'avait fait du symbolisme de cette Voie lactée où, selon lui, j'étais appelé à « recevoir des coups ». Je crois même me souvenir qu'il parla de « jetons » : « Vous l'ignorez encore, mais vous ne partez que pour cela. Et vous allez en recevoir, forcément, puisque la rencontre avec vous-même ne peut passer que par là ! Retenez bien ce que je vous dis. Vous verrez, nous en reparlerons ! » Dans l'instant, trop absorbé par l'urgence du départ, je n'avais rien retenu. Mais aujourd'hui j'y pense. Où sont-ils, ces coups à recevoir ? Au détour de quel chemin, le long de quel fossé, pendant quel orage ? À moins que ce ne soit une rencontre…

À Redecilla, nous aurions aimé voir la tombe – réduite à une simple dalle, mais quand même – du pèlerin français mort ici au XVIe siècle et que, faute de moyens financiers, on inhuma dans l'église. On ne sait rien de lui, ni son nom, ni son âge, ni d'où il venait. Pas même la date exacte de sa mort. Les seules traces qu'il ait laissées sont un prénom, Jean, et le fait qu'il n'avait pas le moindre sou sur lui, et que ses vêtements mis en vente ne trouvèrent pas preneur. C'était donc un pauvre parmi les pauvres, quelqu'un de promis à la fosse commune. Comme il n'avait rien, la municipalité l'abandonna à l'église qui l'enterra sous ses dalles. Cette histoire me touche beaucoup par sa morale qui veut que le plus pauvre dans la vie devienne riche par sa mort. Richesse spirituelle, s'entend, puisqu'il fut placé pour toujours dans la maison de Dieu, à quelques pas de sa présence, près du saint sacrement. Quel puissant ne rêva d'acheter, au plus haut prix, un tel emplacement? J'aime ce gueux inconnu, symbole du chemin, que les *peregrinos* viennent honorer ici. Non pour son trépas, mais pour cette porte qu'il ouvre à tous les dépenaillés, laissés-pour-compte, vagabonds et marginaux de la terre. Ces cohortes d'ombres dont il fut, et pour qui la parole « Heureux les pauvres… » prit enfin un sens dans ce village de Castille.

Ce matin, j'ai longtemps cheminé en pensant à l'abbé Pierre. Celui-là me plaît avec ses indignations et sa manière d'être dans le siècle. Celui-là n'est pas dupe des insuffisances et de l'égoïsme de notre société. À l'entendre ou le lire, je pense souvent à la grande voix de Bernanos après la Seconde Guerre mondiale : « Qu'allez-vous faire de cette victoire ? » Qu'en avons-nous fait, effectivement.

Nouvel exemple de peuplement du chemin : Villafranca Montes de Oca. Cette ville, comme son nom l'indique, reçut une importante colonie franque chargée de repeupler les monts de la Oca (de l'oie), dont la traversée fut très longtemps rendue périlleuse par la présence de bandits et de loups. On y signale un hôpital de pèlerins dès l'an 884, remplacé au XIVe siècle par l'hôpital de la Reina, toujours visible. Devenu un gros bourg coupé par la nationale, Villafranca, où un dicton veut qu'il y ait plus de lits que de draps, tombe en décrépitude. Dans l'auberge où nous nous risquons à quelques *tapas*, le vin est aigre et la femme âgée qui nous sert, sourde comme un pot. Dehors, le tapage va bon train. D'autant que, la montée du col commençant dès le virage situé à l'entrée du village, la plupart des camions, pris entre l'accélérateur et le frein, hurlent une sorte de plainte d'animal blessé qui abolit rapidement toute velléité de paroles. Amusant clin d'œil : nous logeons à la Pensión El Pájaro (de l'oiseau), une grande et vieille bâtisse qui pourrait bien avoir été un hospice de pèlerins, mais la cour sert de parking à une meute impressionnante de trente-huit tonnes dont nous redoutons un peu les prochains roucoulements.

Sur le mur de notre chambre, le saint patron de l'Espagne sabre les Maures avec ardeur. En finira-t-on jamais de ces images de haine à bon marché ? Clavijo, morne plaine… Encore que soixante-dix ans après la terrible bataille et à quelques kilomètres du lieu où elle se serait déroulée, le monastère San Martín, dont il ne reste que des ruines, recevait savants chrétiens et musulmans. C'est là, dans cet endroit oublié de tous, que l'Europe découvrit les chiffres arabes et l'usage du zéro. La révolution des mathématiques qui suivit entraîna l'accélération du savoir et des connaissances de l'humanité. À bien y réfléchir, je ne serais pas surpris d'apprendre qu'au temps de sa jeunesse le Camino passait devant ce monastère de Albelda de Iruega et que certains pèlerins s'y sont arrêtés plus longtemps que ne l'autorisait la règle.

Carnet de route de Gisèle : « Sommes partis du gîte un peu avant six heures. Villafranca dormait, et nous avons attaqué le col dans un silence impressionnant. Rude montée de plus de quatre cents mètres. Fraîcheur de l'aube et givre par endroits. Sur le plateau, très belle forêt où nous apercevons des chevreuils. Arrivés aux alentours de neuf heures au monastère de San Juan de Ortega, où le *padre* nous offre à déjeuner. Première fois que nous mangeons du beurre depuis la frontière. »

Extraordinaire beauté du jour qui se lève sur ce lieu mythique. Les récits abondent en combats, embuscades, attaques en tous genres, entre les bandes qui occupèrent très longtemps ces épaisses forêts de chênes et les militaires qui les réduisirent. Premières victimes, bien que peu fortunées : les pèlerins. Détroussés par les uns, soupçonnés par les autres, molestés par tous, ils désertèrent peu à peu ce passage. Pour rétablir le relatif bien-être des villages, il fallut du temps et des moyens. Les meilleures troupes furent engagées, mais l'immensité du site et la difficulté, pour des régiments constitués, à se déplacer sous couvert firent que les monts de Oca ne retrouvèrent leur tranquillité qu'à la fin du XVIIe siècle. Politique et guerres de Religion auront alors, beaucoup plus efficacement que les bandes, vidé le chemin de ses jacquets. C'est en ces lieux que Laffi, notre moine bolognais, s'est perdu et n'a survécu « qu'en se nourrissant de champignons ». Les bandits se font déjà rares, et lui s'en sortira à bon compte. Comme ce chanoine Roch, venu de Rouen, qui, lié à un arbre et abandonné, ne dut sa survie qu'à son état ecclésiastique, et son salut à un groupe de passants. Mais pour deux miraculés « certifiés », combien de centaines d'obscurs trucidés jetés aux loups ou dans le fond des ravins ?

Au sommet du col, un monument aux morts de la guerre civile rappelle que de très durs combats se livrèrent ici. Dans quelques jours, à Villadongas del Paramos, sous le porche de l'église, la liste alphabétique des morts du village retiendra mon attention. Litanies de Juan, Enrique, Julio, Antonio... La jeune femme à qui je demanderai à quel « camp » ils appartenaient me répondra dans un français hésitant : « Au camp espagnol ! Aujourd'hui, la différence n'a pas lieu d'être. Mais regardez le nombre ! » C'est justement ce que j'étais en train de faire.

« D'où arrivez-vous ainsi ? De Villafranca ! À quelle heure êtes-vous donc partis ? Vous devez avoir faim. Entrez. » Voilà, tout est dit. Nous débouclons nos sacs et le suivons jusqu'à la vaste cuisine où il nous fait asseoir. Lui, c'est le padre Maroquín, l'une des « figures » du chemin. Peut-être même LA figure. Il vit seul dans le grand monastère désaffecté de San Juan de Ortega, sur les flancs des monts du Oca. Certains pèlerins restent pour l'aider un jour ou deux, d'autres reviennent le temps des vacances et se font alors *hospitaleros*, autrement quelqu'un vient du hameau, à moins que ce ne soit de Villafria, mais exceptionnellement. Aujourd'hui, par exemple, c'est une voisine qui fait le ménage. Enfin, le ménage, c'est beaucoup dire tellement tout ici est grand, immense. Et il y a tant de pèlerins qui s'arrêtent. Le hameau comprend une auberge et deux maisons. Même pas un village, à peine un lieu-dit. Un endroit où nul ne viendrait se perdre s'il n'y avait cette église romane, magnifique de force et d'élégance, à l'intérieur de laquelle repose le corps de saint Jean de Ortega, disciple de saint Dominique de la Calzada, et continuateur de son œuvre. Lui aussi construisit routes, chapelles et hôpitaux. C'est lui qui traça et ouvrit, en l'élargissant au maximum par mesure de sécurité, le tronçon du Camino que nous venons d'emprunter pour traverser les monts. Lui qui, de retour de Jérusalem, décida de consacrer sa vie aux pèlerins et fit de cet endroit livré aux orties (*urtica*, *ortega*, ortie) ce haut lieu du chemin de Compostelle.

Le père Maroquín parle français, comme sans doute l'italien et deux ou trois autres langues. En attendant que le café passe, il chantonne *La Vie en rose* en nous faisant des clins d'œil complices. Gâteaux secs, confiture, pain, beurre. Gisèle s'extasie, refait une autre tartine en s'excusant. Comment résister au beurre quand on est breton ? « Mangez,

mangez, le plus dur est devant vous.» Nous mangeons égoïstement en pensant que le ravitaillement ici ne doit pas être aisé. Guy était là hier soir. Ayant su qu'il arrivait de Rome, les autres pèlerins l'ont fêté. Regrets d'avoir manqué cette soirée. À l'instant où nous allons partir arrivent des cyclistes espagnols, des jeunes surtout, qui souhaitent déjeuner. À cette heure l'auberge est fermée. «*¡A la ciudad entonces!*» («À la ville, alors!») leur répond le padre. Ils repartent, un peu déçus, sans être entrés dans l'église. Je fais remarquer que la prochaine ville, Villafria, est à plus de vingt kilomètres. Il le sait mais réserve ses provisions aux piétons. Les seuls à ses yeux qui méritent le nom de pèlerins. «En vélo, conclut-il en nous serrant la main, c'est de la rigolade, comme on dit à Paris.»

De nouveau la forêt de Oca et le chemin de San Juan, que nous quitterons pratiquement dans la banlieue de Burgos. L'an dernier, non pas sur ce sentier qui devait être impraticable, mais sur la petite route goudronnée qui serpente un kilomètre plus bas, nous avons croisé, sous une pluie battante, une femme allant seule vers Compostelle. Il avait déjà tellement plu que la chaussée n'était plus qu'un ruisseau boueux dans lequel je roulais avec précaution. Elle, y marchait d'un bon pas, impassible, heureuse, comme son visage rayonnant nous le fit constater. Nous nous arrêtâmes pour laisser le passage, elle nous sourit et disparut. Il n'y eut plus que le bruit de la pluie sur la carrosserie et le ruisseau jaunâtre devant nous. C'est alors que Gisèle dit: «Qu'est-ce que je fais dans cette voiture alors que ma place est sur le chemin? Aujourd'hui j'ai honte!» Difficile d'oublier ces mots, la cape rouge et les cheveux blancs encadrant un sourire… C'était ici, il y a juste un an.

Deux, trois, quatre heures de marche solitaire. Soliloque. Hier soir, nous avons longuement parlé de nos parents respectifs. Des morts, surtout. Comme si nous voulions qu'ils sachent que nous étions en marche vers Compostelle, ville dont ils avaient forcément entendu parler, et peut-être même lu l'histoire, avec ce mystérieux apôtre. Où ils n'étaient jamais allés, eux pour qui le mot « frontière » n'eut jamais qu'une consonance militaire. C'est à ceux-là plus qu'aux vivants que j'aurais voulu me confier. Car eux seuls, dont l'âme pérégrine à jamais, me semblaient en mesure de comprendre l'exaltation mêlée d'angoisse qu'est le pèlerinage. Cette marche vers l'Ailleurs. Un sentiment trouble, dont certains auteurs ont déjà parlé, difficilement transmissible car de l'ordre de l'intime.

Qu'auraient pensé mes père et mère de me savoir sur ce chemin ? Moi, ce fils qui, toujours, à l'égal de son père, ignora l'Église quand il ne s'en moquait pas. Et ma mère, morte si jeune, ne se réjouirait-elle pas de cette démarche qu'aucun parmi les siens, pourtant catholiques pratiquants, ne fit jamais ? À moins qu'il n'y ait très longtemps. Mais cela se saurait, car les familles entretiennent farouchement ce genre de souvenirs en les teintant au besoin d'un peu de mystère.

Les voici donc, présents sur ce plateau, semblables à ce qu'ils sont depuis cette seconde qui les immobilisa dans un âge dont ils ne virent pas la fin, éternellement jeunes, comme le *Dum Pater Familias* fredonné par Gisèle.

Ce chemin est un piège. J'en suis convaincu depuis le premier jour. Depuis ce départ du Puy-en-Velay, le 17 juin 1990. Un leurre qui a fonctionné à répétition comme tous les pièges, pourvu qu'ils soient de qualité, et qui, quatre ans plus tard, s'en s'être jamais émoussé, justifie que nous en soyons toujours captifs.

Et l'an prochain, lorsque l'oiseau aura éventé, en partie, les secrets du miroir, reviendra-t-il ?

Aux forêts de chênes succède une sorte de désert, terre rougeâtre où poussent des plantes grasses rampantes et quelques épineux. Tout au moins lorsque l'épaisseur de la terre le permet, car partout la pierre affleure, et ce n'est rien de dire que le minéral l'emporte sur le végétal. En témoignent ces chardons secs, calcinés, poussière en attente de vent. Rien. Du moins en apparence. En fait, un monde en gestation si, comme je le présume, le vide ne conclut pas un cycle mais annonce une évolution différente. Autrement dit, l'absence est habitée, comme une écorce vide.

De loin en loin, des croix plantées sur des montsjoie de pierres d'environ un mètre de haut jalonnent le chemin. Certaines, rafistolées avec du fil de fer, de la corde. Sans doute sont-elles là depuis longtemps. Sinon celles-ci, d'autres, mais aux mêmes emplacements. Sur ce plateau où l'horizon renonce à s'accorder des limites, elles servent de phares et de balises. Leurs présences rassurent et, dans certains cas, sauvent certainement. L'hiver, surtout, ou par temps de pluie, de brouillard, sans oublier le soir en automne, ou à l'heure du loup. Elles ne sont pas bien grandes. Mais dans un premier temps c'est sur elles que le regard s'arrime et se rassure. Après, cela tient du jeu, et l'on va de l'une à l'autre, sur des kilomètres. Plus loin, il y en a d'autres, beaucoup plus grandes, dans les dix mètres de haut, en bois noir, dressées comme des mâts de navires sur cette mer de solitude. Celles-ci nous ramènent en Aubrac, où l'on en voit d'identiques, la clarté du ciel en moins.

Depuis que Guy nous a quittés, nous n'avons rencontré personne. Une fois encore, que sont devenus les pèlerins annoncés ? Quelle forêt, quel plateau les engloutirent-ils au point de n'en plus laisser de trace ?

Sur quels chemins s'effacèrent-ils ? Trois jours que nous allons ainsi, et pour combien de temps encore ?

C'est par Villafria, ancien village converti en zone industrielle aux immeubles noircis et délabrés, que nous atteignons Burgos.

Avec un couple de Hollandais, nous sommes les seuls étrangers dans l'immense salle de restaurant pleine à craquer. Sachant que nous allons à Compostelle, la serveuse nous sert à deux reprises, multipliant les clins d'œil complices, la *sopa del peregrino*, bouillon de viande avec vermicelle, auquel sont ajoutés œufs, chorizo, pois, choux, haricots et carottes. Spécialité maison dont la recette doit évoluer en fonction de l'inspiration du chef et de ce qu'il a sous la main. Cela dit, je me dois de préciser que, loin d'être l'étouffe-chrétien supposé, cette soupe est excellente et parfaitement adaptée à l'exercice prolongé ou aux travaux de force. Double ration, également, d'*arroz valenciana*, autrement dit de paella. De quoi aller se coucher sans délai. Ce que nous faisons d'ailleurs, escortés des signes de tête d'une bonne partie de la salle, informée par notre amie de ce que nous étions *peregrinos franceses*.

Nous connaissons assez Burgos, capitale de la Vieille-Castille, pour ne pas nous y arrêter plus qu'il ne faut. C'est-à-dire le temps d'une visite à la cathédrale, devant laquelle s'arrête et repart le chemin. Comme il n'est pas huit heures trente et que les portes n'ouvrent qu'à neuf heures, nous attendons en buvant des *cafés con leche* au bar Chimène, où les Rodrigue jettent par terre leurs mégots de cigarettes, allumettes et emballages de toutes sortes, comme le veut la coutume en Espagne. Bars, hôtels, restaurants, magasins de mode, librairies, de Chimène à Rodrigue en passant par don Diego, Burgos la hautaine, gardienne des traditions, la ville dont Franco fit sa capitale de 1936 à 1938, Burgos la belle conservatrice n'hésite pas à se commettre, sous couvert de bonnes manières, avec les gloires locales, fussent-elles par instants douteuses. Et c'est ainsi que l'on flâne de la cafeteria Don Diego au Mesón del Cid, accompagnés, le long de rues calmes et ombragées, par le souvenir fracassant du Campeador. Un pressing se targue même du nom de l'épouse du héros.

Dans la cathédrale où nous faisons justifier nos *credencials*, le prêtre qui nous reçoit répète tant et plus : « *Vayan ustedes con Dios, amigos míos, el camino es muy largo.* » (« Allez avec Dieu, mes amis, le chemin est long. ») À l'entendre, je prends conscience que nous n'avons parcouru que trois cents kilomètres !

Dans la capilla del Santísimo Cristo nous revoyons, toujours aussi surpris, ce Christ dont Théophile Gautier disait en 1840 : « Rien n'est plus lugubre et plus inquiétant à voir que ce long fantôme crucifié, avec son faux air de vie et son immobilité morte ; la peau, d'un ton rance et bistré, est rayée de longs filets de sang... Il ne faut pas un grand effort d'imagination pour ajouter foi à la légende qui raconte que ce crucifix miraculeux saigne tous les vendredis*. »

Comme si cela ne suffisait pas à le rendre assez morbide, on a jugé bon de le vêtir d'une sorte de longue jupe que l'on change, dit-on, tous les jours. À l'entrée de la *capilla mayor*, la pierre tombale du Cid et de son épouse retient l'attention de la foule.

Lorsque nous sortons de la cathédrale, la ville s'éveille à peine. La statue de Charles III veille toujours sur la belle place José Antonio décrite par Gautier, mais les paysans qu'il dit avoir vus sous les

* Théophile GAUTIER, *Voyage en Espagne*, Gallimard, « Livre de Poche », 1981.

arcades et sur la place ont disparu, emportés par le siècle. Le spectacle y a certainement beaucoup perdu en couleurs : « Les guenilles castillanes se produisent là dans toute leur splendeur. Le moindre mendiant est drapé noblement dans son manteau comme un empereur romain dans sa pourpre... Tout cela est si râpé, si sec, si inflammable, qu'on les trouve imprudents de fumer et de battre briquet*. »

Quand il nous a vus le long du río Arlanzón, il est descendu de bicyclette pour nous parler, puis nous accompagner quelques instants. La cinquantaine, pas très grand, enveloppé, bavard. Dit, dans un français approximatif, qu'à chaque fois qu'il rencontre des pèlerins, il s'arrête pour les saluer, et si possible faire un bout de chemin avec eux. Comme aujourd'hui. Parle des monastères de Montserrat, Santo Domingo de Silos et de Samos, où se perpétue la tradition du chant grégorien. Si je comprends bien, lui-même chante dans une chorale. Est même allé en stage à Samos. Demande si nous nous y arrêterons. Je ne le crois pas. À moins que... Mais le passage par la montagne, bien que plus difficile, est plus court. Il est d'accord, mais je le sens déçu. Il se tait. Doit ressasser, étonné que l'on puisse éviter, sous prétexte de distance, un tel lieu. Parle enfin de Saint-Jacques où il est allé plusieurs fois en voyage organisé avec sa paroisse. C'est autre chose que ce que nous faisons. Effectivement. Au pont, il nous quitte en nous serrant la main avec chaleur et en répétant de prier pour lui à Compostelle. Surtout de ne pas l'oublier. Surtout pas. « *¿Prometido ?* » Promis ! Pour le rassurer, je note ostensiblement sur mon carnet. Il enfourche alors son vélo et s'éloigne en faisant des signes et en criant à deux ou trois

---

* *Ibid.*

reprises : « *¡Viva Santiago !* » Gisèle est déjà loin lorsque je me décide à allonger le pas le long de cette rivière où Thérèse d'Avila, prisonnière de son carrosse emporté par une crue, manqua de se noyer.

L'étape sera rude et nous le savons. Quarante kilomètres séparent Burgos de Castrojeriz, et nous en avons déjà parcouru cinq depuis Villafria. Nous entrons dans la *meseta* où, passé quatorze heures, il sera difficile de marcher. La prudence veut donc que nous nous arrêtions à Hornillos del Camino, c'est-à-dire à la moitié de ce que nous avions prévu. À Tardajos, où nous déjeunons copieusement d'un plat d'écrevisses, l'orage s'annonce dans l'agressivité des mouches, la chaleur et le manque d'air. Nous repartons aussi vite que possible vers Hornillos, que nous atteignons deux heures plus tard sous les premières grosses gouttes.

Hornillos del Camino est l'un des villages typiques qui ponctuent la *meseta* : longue rue bordée de maisons de terre, sans étages, séparées par des granges ou des cours vides de tout habitant. À première vue un *pueblo* de western ravagé par la sécheresse, ou dans l'attente de l'attaque imminente d'une bande d'Apaches. Un zeste d'Amérique latine sur un peu d'Afrique, dépaysement assuré par les nuages de poussière et nids-de-poule où les pieds se tordent. Avant de dénicher le gîte, il faut trouver quelqu'un capable de nous en indiquer la direction. Ce n'est pas une mince affaire, mais avec un peu de patience on y arrive.

Première place à droite, juste devant l'église, le chantier, là ! Eh oui, l'ancien hôpital pour pèlerins qui servait de *refugio* est actuellement réduit à sa plus simple expression. L'année prochaine, en revanche… et de plus il sera très beau. Pour me prouver ce qu'il dit, le contremaître tient à me montrer les plans.

Attention, cet hôpital était classé monument historique. Comme le cimetière, d'ailleurs, où ont été retrouvés des squelettes de pèlerins. *¡Madre de Dios!* Mais l'homme ne peut me montrer le cimetière que son matériel recouvre complètement. Rien de grave. Même historique, nous nous en passerons facilement. Une chambre, par contre? « *¿Habitación cama? – No lo sé.* » L'église ? Pourquoi pas. Mais c'est le curé qui a la clef. Et il vit à une vingtaine de kilomètres. La mairie ? Oui, mais le maire est absent. Une école, alors ? Il n'y en a plus. Les enfants vont à Castrojeriz. Un particulier? Ici, il n'y a que des femmes. Des vieilles, qui plus est. Les hommes sont dans les villes ou dans la Rioja, à travailler aux primeurs. Toutefois il croit tenir la solution : au bar qui vient d'ouvrir en haut du village, il y a peut-être une grange. Remerciements, poignées de main. Heureusement, celui-là parlait un peu français.

Au bar on veut bien nous servir à boire ou à manger, mais il n'y a ni lit ni grange. Rien. Une heure passe en discussions stériles. Dehors il pleut. Une pluie qui ne tiendra sans doute pas longtemps, mais nous ôte néanmoins toute possibilité de dormir à la belle étoile. Enfin, l'une des deux jeunes femmes qui tiennent ce bar propose de nous emmener en voiture jusqu'à la nationale, distante d'une quinzaine de kilomètres. Il y a un hôtel qui vend aussi du carburant, et comme il lui en faut…

Sur la petite route qui conduit vers cette heureuse solution, nous découvrons le trajet que nous ferons demain matin pour revenir à Hornillos. Entre trois et quatre heures de marche. Rien de grave. Plus ennuyeux, l'hôtel est complet. C'est du moins ce que nous assure le patron, en formulant quelques « *¡Ay!* » (« Hélas ») totalement dénués de conviction. Celui-là ment comme un arracheur de dents, mais aussi quel cadeau nous lui proposons, dites… Deux pouilleux dont il n'est même pas certain qu'ils auront de quoi s'offrir le repas du soir ! « *¡Completo !¡De acuerdo, gracias !* »

Seulement cette fois, non seulement nous n'avons pas de chambre, mais nous sommes au diable Vauvert. Il faut pourtant repartir, reprendre sacs et bâtons, s'enfoncer dans ce paysage hostile où l'orage revient. Bon ! Ce doit être cela aussi le pèlerinage ! En avant, donc. Paradoxalement, le moral n'est pas atteint. Après tout, si nous sommes là, nous n'en devons compte qu'à nous-mêmes. Avec le recul, je me demande si cette situation nouvelle n'a pas apporté du sel à ce périple un peu trop ordonné. Mais, alors que nous traversons la nationale en courant, deux, trois, quatre coups de klaxon… Le salut d'un automobiliste aux *peregrinos* ? Non ! Notre conductrice qui rentre chez elle ! Retour à la case départ, et comme un bonheur n'arrive jamais seul, la jeune femme nous dépose cinq kilomètres au-delà d'Hormillos. « *¡Gracias señorita, gracias Santiago !¡E Ultreia !* »

À présent, nous n'avons plus d'autre choix que celui d'avancer, d'aller vers Hontanas où, pour peu que l'orage disparaisse, nous pourrons dormir à la belle étoile dans les ruines de San Antón.

Marcher, marcher, marcher, sans prendre le temps de s'émerveiller, de contempler comme il le mérite l'admirable paysage dans lequel nous nous trouvons. Il fait chaud, lourd, mais l'absence de soleil est un élément positif. Par contre, la fatigue se fait sentir et, de temps à autre, de grosses gouttes de pluie s'écrasent dans la poussière. Montée, descente, montée, ruines du couvent San Antón. S'arrêter ? Repartir ? Continuer ! Cette fois c'est à Castrojeriz qu'il faut arriver. Dix kilomètres supplémentaires, deux heures. Sachant combien la parole pourrait se révéler dangereuse, nous marchons de nouveau éloignés l'un de l'autre. Seul le désir d'atteindre le but muselle la fatigue.

Nous nous arrêtons enfin, un peu avant dix-huit heures, devant le gîte. Celui-ci est déjà complet, et les trois hôtels du village refusent du monde. Cette fois, c'en est trop. Assommés de fatigue et de contrariété, nous restons là, incapables d'envisager d'autre solution que de nous installer sous le porche de l'église. Pourquoi pas ? D'autres l'ont fait et n'en sont pas morts. Je dis même que cela nous donnera l'occasion d'approcher enfin le véritable esprit du pèlerinage ! Mais la plaisanterie passée, je pense à la nuit blanche assurée, à l'étape à venir – vingt-cinq kilomètres minimum.

Comme il est dit que la Castille tout entière se sentirait déshonorée d'avoir abandonné des *peregrinos*, María, la propriétaire du bar où nous sommes, prend les choses en main. Et nous nous laissons faire. Elle va et vient de porte en porte, appelle dans la rue où les fenêtres s'ouvrent, revient, nous sourit – « *¡un momento !* » –, interroge les consommateurs du bar. Lorsqu'un nom est cité, elle repart, tenant son châle sur la tête, pour se protéger de la pluie. Cette fois c'est bon ! Une bergerie, si nous acceptons de coucher dans la paille. « *¿De acuerdo ? – ¡De acuerdo !¡Gracias !* » Ouf ! Avant de nous conduire, il faut qu'elle serve à boire. Nous attendons, rassurés. Jusqu'à ce que l'orage oblige le berger à rentrer ses bêtes. Toute cohabitation étant impossible, nous revenons une fois de plus à la case départ. Oh ! Santiago, à quoi joues-tu ?

Nullement découragée, c'est au téléphone que María cherche à présent un particulier qui accepterait de nous prêter n'importe quoi pourvu d'un toit. Pour le reste, nous nous contenterons facilement du rustique le plus élémentaire. Elle le sait, d'ailleurs, pour en avoir déjà tant secouru de ces *vagabundos de Dios* ! Et encore, aujourd'hui ce n'est rien, deux personnes en juillet ! Mais quand ils sont dix, ou plus, en automne, que le gîte est plein, et les hôtels fermés !

« *¿Si ? – ¡Si !¡Venid !* » Comme il pleut de plus en plus, il faut courir. Gisèle se lance, ne voit pas la fin du trottoir et, emportée par le poids du sac, tombe, d'un bloc, tête en avant. Le choc contre le ciment de la rue est extrêmement violent.

À présent elle gît, bras écartés, les mains, qui n'ont pas eu le temps d'amortir le coup, ouvertes, bien à plat, corps légèrement de travers, le côté gauche du visage plaqué au sol. Assommée. Combien de temps suis-je resté ainsi sans comprendre ce qui se passait ? Des secondes ? Des minutes ? Des secondes plutôt, mais tellement démesurées ! Ce serait bien banal de dire que tout se déroulait comme dans un rêve, un film, dont je me sentais exclu, où je n'avais pas ma place. Banal. Et pourtant ! Et puis le concret, la vie immédiate... Ces gens qui sortent de chez eux, s'agitent, parlent beaucoup – voix âpres, brûlées – et me ramènent à la réalité. Il y a surtout María, qui relève Gisèle, déboucle le sac, la retourne tandis qu'une autre me tend ses lunettes. À ce moment seulement je comprends ce qui vient de se passer. Je m'approche, m'agenouille, parle. Elle répond. Pas de plaie ouverte. Ni saignement de nez. Je pense fracture interne. Pourquoi ? Il pleut toujours et nous sommes là, tous agenouillés au milieu de la rue. Maintenant elle parle. Dit qu'elle a mal, mais l'a échappé belle, « que c'est encore un coup du trottoir et qu'avec tout ça elle va avoir un coquard ». Elle rit un peu, avant de pleurer, beaucoup. Une femme lui passe une serviette mouillée sur le visage, une autre lui tient la main. Mon Dieu, que ces gens sont disponibles aux autres ! Mon Dieu, que j'ai eu peur !

La suite. Une voiture vient nous chercher pour

nous conduire chez des paysans. Dans l'escalier, une petite fille veut à tout prix embrasser *los peregrinos*. Elle est brune, avec des yeux très noirs. Les mêmes que ceux de la mère. Celle-ci soigne l'énorme bosse de Gisèle avec des riens et beaucoup d'affection. À présent la pluie tombe à verse, comme cet après-midi à Hornillos, et nous attendons, dans cette chambre inespérée, que nos corps trouvent un compromis avec les nerfs qui les nouent.

Dans mon sac, une lettre, remise – offerte – par des amis la veille de notre départ. Sur l'enveloppe : « À n'ouvrir qu'à Compostelle, en cas d'abandon, ou si le moral l'exige. » Ce soir ? Non ! Malgré les aléas de la journée, rien ne le justifie vraiment, sinon l'envie de lire, entendre les voix. Oui, entendre, car, dès l'instant où elle concerne des relations affectives, la lettre s'écrit, malgré les apparences du signe tracé, par la voix de celui qui rédige. On ne peut donc lire sans une certaine écoute. Pas ce soir, demain peut-être, si nous devons renoncer… À Roncevaux, déjà, la tentation fut grande, et pourtant moindre qu'après Estella et ma grogne contre l'Église. Ce jour-là, leur présence m'aurait été certainement très utile. Demain, peut-être. Ou après-demain, car le chemin est long et fourmille d'embûches, et de mauvais coups. Ceux dont justement me parlait cet homme, dans mon bureau. « Ces coups vers lesquels nous partions, et dont il y aurait à dire. Ensuite… »

Dormir ou manger ? Entre deux désirs de même force, toujours choisir le plus pressant : manger. Heureuse initiative, sur la place du village nous retrouvons Guy en compagnie de Freddy, que nous avions croisé à Los Arcos, et de Françoise, dont nous connaissons l'existence par le cahier des gîtes où elle signe « Françoise la Bretonne ». Au restaurant où nous traînons un peu, chacun parle de ses misères. Tous sont tombés. Plus ou moins durement. Françoise, dans la descente de Logrõno, s'est ouvert un genou. La plaie est profonde, douloureuse aussi, surtout le matin, dans les premiers kilomètres. Les chutes les plus dangereuses se produisent toujours à l'arrivée, lorsque l'attention se relâche. C'est un phénomène dont il faut se méfier, d'autant qu'ici trottoirs et chaussées présentent des inégalités extrêmement trompeuses pour le pied. L'hématome de Gisèle couvre actuellement la partie gauche de son visage qui va du haut du front jusqu'à la base de la pommette. L'arcade sourcilière très enflée est violacée, l'œil totalement fermé. Poursuivre ? La réponse se tient de l'autre côté de la nuit. Attendre. Et surtout dormir.

Castrojeriz frappe par son aspect délabré et la ruine de nombreuses habitations. C'est un gros bourg de maisons de terre, comme très souvent dans cette partie de la *meseta*, dominé par une forteresse également ruinée, le tout situé sur une plaine aride soumise aux vents de poussière. Malgré cette détresse qui ne manque pas d'impressionner le voyageur, la ville est intéressante par bien des aspects, notamment sa situation sur cette colline couronnée par son château, le dessin de ses rues, ainsi que le nombre impressionnant d'édifices que les siècles y ont construits. Castrojeriz, qui chez les pèlerins français resta longtemps « Quatre Souris » et pour Laffi « Castel Soriz », fut wisigothe, puis arabe, avant de devenir, sous l'autorité castillane, une importante étape du chemin de Compostelle. Passage obligé avec ses hôtelleries, quatre hôpitaux et trois églises, la cité associa sa prospérité au pèlerinage. Le déclin de l'un entraîna la ruine de l'autre.

Jeudi 1er juillet 1993, treizième jour de marche. Un peu d'hésitation au moment du départ. S'accorder une journée de repos ? Le visage de Gisèle est tuméfié, l'œil gauche très enflé. C'est elle qui décide de poursuivre jusqu'à Fromista, distant de vingt-quatre kilomètres. Six heures où vont s'enchaîner une suite de plateaux céréaliers sans autre difficulté que la chaleur. Ce que l'on nomme ici toujours abusivement le désert apparaît comme un tableau impressionniste, éclatant de luminosité aux dominantes jaune doré, où brun et safran portent, de loin en loin, une estocade parfois légèrement outrancière. Un univers mouvant qui s'ouvre, comme le fit la mer Rouge sous les pas de l'exode, sur le blanc cassé des caillasses du chemin. Pris à témoin, le ciel se contente d'être bleu, traversé de deux ou trois écharpes blanches de nuages d'altitude. Tout cela est superbe et rendu impressionnant par les distances où porte le regard. C'est peut-être ici que Laffi vit « le chemin toujours couvert de ces maudites sauterelles qui dévorent non seulement les fruits et l'herbe, mais aussi les vignes et même les arbres. On est bouleversé de voir comment meurent de faim non seulement les hommes, mais aussi les bêtes, qui ne trouvent pas de nourriture, car ce sont ces insectes qui les mangent ». On se souvient que c'est un peu avant d'atteindre Castrojeriz que le même Laffi donna l'absolution à un pèlerin moribond, dévoré par les criquets. Nous sommes ici parmi les plus beaux paysages du chemin, ceux du renoncement et de la jubilation, du chant poussé à pleine voix, des pleurs inexplicables, et des pires insultes que l'on puisse adresser au ciel, décidément trop lointain pour daigner la moindre réplique.

Vingt minutes de montée assez raide nous conduisent, aux environs de neuf cents mètres, sur le plateau de Mostelares, qui domine la ville vers l'ouest. La vue y est splendide. Pause photos avec un groupe d'Espagnols partis de Burgos. Trois hommes, quatre femmes. Deux couples, les autres célibataires. Tous font partie de la même chorale et demeurent à Burgos. De vingt-cinq ans pour la plus jeune à trente-sept pour l'aîné, ils marchent « à l'espagnole », partent tard – sauf aujourd'hui – mais nous-mêmes n'avons quitté notre pension que passé sept heures –, font la sieste aux heures les plus chaudes, arrivent le soir tard à l'étape, et, bien entendu, ne se lèvent guère avant neuf heures. Plus un jour désormais où nous ne les retrouvions jusqu'à Compostelle. Pas un jour où nous ne plaisantions, n'échangions bonbons, fruits ou boisson, avant que le chemin nous conduise au partage des mots de réconfort, au geste qui entraîne, à l'offrande de la pommade ou du mercurochrome.

À chaque endroit délicat, Gisèle, qui marche avec les difficultés d'un état borgne, doit tenir son œil ouvert entre les pouce et index de sa main gauche. Ce qui ne manque pas de susciter l'admiration de nos *compañeros* et ma crainte d'une nouvelle chute. Toute notion de rapidité est à présent exclue sur ce Camino Viejo où les monts-joie balisent de nouveau l'espace, surmontées la plupart du temps par des croix semblables à celles rencontrées sur les monts de Oca.

Dérive dans l'utilisation d'un mythe ou expression foncière de la haine ? À quelques kilomètres sur notre droite, un village porte le nom de Castrillo Matajudios. Ce « tueur de juifs » et le « tueur de Maures » ne font évidemment qu'une seule et même personne : Jacques le Majeur. Gênant pour l'Église, qui fit longtemps semblant de ne pas comprendre l'allusion, ce nom devint si intolérable pour la municipalité, alors que l'Espagne s'ouvrait au monde, qu'elle se résolut à débaptiser le village au profit de Castrillo de la Mota, en rappel des grottes et tumulus nombreux dans la région. Expérience infructueuse qui conduisit le même conseil municipal à décider que désormais Castrillo serait de Cabezón, en souvenir du musicien de Philippe II, né dans le village. Mais la mémoire des hommes n'obéit pas toujours aux arrêtés, et vingt ans plus tard Castrillo continue toujours de s'appeler, y compris sur les cartes routières, Matajudios. C'est ainsi, et rien ne laisse espérer qu'il en soit bientôt autrement.

Aujourd'hui, le Camino ignore Castrillo, qu'il contourne pudiquement par les sommets. Mais jusqu'à la fin du XVe siècle, qui marqua l'expulsion des juifs d'Espagne, que pensaient les pèlerins allant vers Compostelle et découvrant que leur apôtre, décidément bien violent, leur désignait un nouvel ennemi ? Ces juifs vivant comme des bêtes dans les *motas*, caves, grottes, cavernes, monticules et souterrains entourant le village. L'année 1492 ne marque pas seulement la séparation du royaume espagnol d'avec les juifs et les musulmans demeurant sur son sol, mais correspond également à la découverte du Nouveau Monde. Faute d'ennemis héréditaires à pourfendre à domicile, l'apôtre franchira l'océan pour devenir Mataindios.

León

Et ils ont confessé qu'ils étaient étrangers
et voyageurs sur la terre.

PAUL, Épître aux Hébreux, 11, 13.

D'un côté Itero del Castillo, dernier village de Castille, de l'autre Itero de La Vega, premier bourg du León. Entre les deux, le río Puiserga, qu'enjambe le puente Fitero – ou Itero –, pont roman d'une dizaine d'arches, lieu d'octroi, poste frontière, symbole d'échanges et d'invasion. L'histoire ici ne fut pas simple et continue de se compliquer en querelles autonomistes. Sommes-nous encore en Castille ? En Castille y León ? Ou dans le León ? Ce dernier existe-t-il en tant qu'entité ou n'est-il que vue de l'esprit d'une certaine intelligentsia ? Ni l'envie ni le temps de chercher à comprendre. La vie la plus simple me semble déjà assez compliquée pour que ce genre de revendications n'atteignent en rien ma philosophie de chemineau qui, devant les tas de détritus encombrant de plus en plus souvent les bas-côtés de la route, pense que la nature est certainement plus en danger que Castillans et Léonards.

Quelle que soit la bannière, nous sommes en *tierra de campos* (terre de champs), dont Aymery Picaud vanta mérites et richesses avant de conclure : « Cependant, il lui manque des arbres… » La cause est entendue, huit siècles plus tard nous sommes à même enseigne.

Le canal de Castille nous conduit à Fromista. Quatre kilomètres de berges aussi plates que monotones où le soleil s'en donne à cœur joie. Gisèle chante comme chaque jour ritournelles et chansons d'enfance entrecoupées d'hymnes militaires. Ceux-ci indiquent généralement que le moral a besoin d'être fortifié, appel à la résistance, en quelque sorte. Ainsi *Le Régiment de Sambre-et-Meuse* annonce-t-il l'irrépressible sursaut nécessaire pour le franchissement d'un col ou d'une montée, alors que *L'Hymne de la deuxième DB* marque plutôt une nouvelle victoire sur ce foutu chemin.

Aujourd'hui, c'est l'éternel *Passant par Paris* dont, bien que je l'écoute si souvent depuis des années, je n'ai jamais pu retenir les strophes…

Passant par Paris, vidant la bouteille, [bis]
Un de mes amis me dit à l'oreille :
Bon, bon, bon,
Le bon vin m'endort, l'amour me réveille.
Le bon vin m'endort, l'amour me réveille encore.
Un de mes amis me dit à l'oreille : *[bis]*
Jean prends garde à toi, l'on courtise ta belle,
Bon, bon, bon…

À l'entendre, je mesure surtout l'énergie et la volonté dont elle est capable. Un fait que je n'ignore pas, et qui pourtant chaque fois m'étonne. Passé l'écluse du canal, la calle de los Franceses nous conduit au cœur de Fromista. Sur le pas de sa porte, un homme ventripotent met sa montre en conformité avec l'heure du clocher « *¡Hola peregrinos ! ¿Como estàn ustedes ?* » (« Salut, pèlerins ! Comment allez-vous ? ») – « *Bien, señor, muy bien. ¿Y usted ?* » (« Bien, très bien, et vous ? ») Lui n'allait pas mal non plus, sinon quelques douleurs, qu'il décrivit en se tenant les reins. Sa femme, qui justement arrivait avec son panier de provisions, allait elle aussi très bien. Tous deux regardèrent Gisèle en silence. Comment leur dire, avec mes quelques mots de contrebande, que malgré les apparences tout allait mieux, mieux que bien ?

Carnet de route de Gisèle : « Retrouvé ce vieux pont Fitero que nous avons traversé en voiture l'an dernier sans penser que nous nous reverrions si vite. Sommes arrivés à Fromista vers une heure. Hébergement à la fonda Marisa où nous retrouvons Guy et Freddy. Ai dormi pratiquement jusqu'au soir. Et la nuit ensuite… »

Lors du passage de Laffi à Fromista, les habitants de la ville consacraient leurs nuits à tuer les sauterelles à l'aide de bâtons : « Comme elles tombent par terre à cause du froid, on les écrase car, si on ne le faisait pas, il serait nécessaire d'abandonner le lieux… » Guerre d'usure où l'insecte semble dominer la situation, puisque le même déclare plus loin que la ville souffre d'un grand manque de tout, blé, vin, fruits, à cause de ces maudites sauterelles ou criquets, et du soleil. À l'époque, Fromista comptait encore deux grands hôpitaux et un cimetière, régulièrement remplis par les pèlerins. Aujourd'hui, la ville est renommée pour son église San Martín, l'un des chefs-d'œuvre romans du chemin, unique vestige d'un monastère bénédictin construit en 1066. Le prestige de San Martín, l'éclatante beauté de ses chapiteaux, le nombre et la qualité des trois cent quinze corbeaux qui portent les avants-toits, éclipsent peut-être à tort San Pedro, qui, pour être gothique, n'en est pas moins touchante, reléguée dans une sorte de désaffection près d'un carrefour du centre-ville, à portée de camions.

Pluie du matin. La pluie comme une bénédiction,

après ces jours de chaleur torride. Bonheur de la sentir sur nos visages, nos bras, imprégner nos vêtements. Car, trop heureux de l'aubaine, nous marchons sans cape et, s'il y avait la moindre flaque sur le chemin, je suis bien persuadé que l'un ou l'autre sauterait dedans à pieds joints. Redevenus enfants, nous rions de tout et de rien, énervés peut-être bien par cet air épicé d'odeurs sauvages, respiré à pleins poumons. La terre elle aussi s'impatiente et s'ébroue, et les arbres si petits là-bas, sur l'horizon, également. Comme les animaux, absents à première vue, mais… Et pourquoi pas les pierres ? Et le grand témoin de tout cela, celui qui annonce et régit la cérémonie du réveil de la nature ; l'air nous dit que quelque part, pas bien loin, la garrigue revit. Nouvelle d'importance qui suffit bien à justifier le plaisir des habits mouillés, les gouttes qui traversent, les rigoles qui serpentent le long du cou, du dos, en tirant des cris de surprise. Arrivera ce qui doit arriver. Pourquoi se priver d'un plaisir si naïf et si rare ?

En fait il n'arrive rien, et moins de trois quarts d'heure plus tard le soleil de nouveau présent sèche terre et pèlerins en quelques minutes. Mais qu'importe, même de courte durée la joie fut assez intense pour que le jour en soit heureux. Et le pèlerinage dans tout cela ? Justement, nous y sommes. En plein cœur, même, car à quoi ressemblerait une quête dénuée d'émerveillements ? D'accumulation de ces petits riens qui réapprennent le plaisir à l'état pur ? Si, comme je le crois, la grâce existe, elle n'est jamais aussi visible que dans ces secondes fugaces où le temps s'arrête pour nous offrir le monde dans le vol de l'insecte, la beauté des gestes, la vérité d'un regard. Toutes choses dont ce chemin abonde et qui sont, ne l'oublions pas, la charpente même du pèlerinage, cette marche-démarche vers l'harmonie et la splendeur.

Longue route goudronnée, rectiligne et triste à souhait. Sur les bas-côtés, dans l'herbe folle des fossés et des talus, coquelicots et bleuets apportent un peu de vie sur cette plaine désespérante où même les camions ne se risquent pas. Comment vit-on ici, et de quoi ? Demain nous rencontrerons un Suisse qui, au cours d'un précédent pèlerinage, a été surpris, sur cette portion de route, par un ouragan d'une telle violence qu'il s'est cru un moment perdu. Épuisé d'avoir lutté en vain contre les éléments, il a fini par se jeter dans un fossé où il a attendu grâce ou trépas, avec, disait-il, un même détachement. Sans doute aurais-je éprouvé quelques doutes sur la véracité des faits si je n'avais connu les lieux. Mais comment douter ici, dans cet univers où le vent a depuis longtemps ruiné le moindre muret, de la réalité de cette « main gigantesque » capable de clouer un homme sur place et de le vider de sa force en quelques instants ?

En fait, quelle que soit sa destination, la démarche pèlerine comporte un risque de non-retour, connu et accepté du postulant, point très important qu'Alphonse Dupront, historien des psychologies collectives occidentales, notamment celles des croisades et des pèlerinages, appelle l'« aller-pèlerin » : « Aller, c'est la pulsion première… d'une tension qui n'implique pas consciemment le retour, même si celui-ci demeure implicite et prévu dans l'aventure entreprise. C'est ce qui donne au pèlerinage, dans la conscience collective, la gravité et la solennité du départ*. »

À présent, de nouveaux visages, en majorité espagnols, rejoignent la cohorte. Pèlerins ? La réponse

* Alphonse DUPRONT, *Du Sacré. Croisades et pèlerinages. Images et langages*, Gallimard, « Bibliothèque des Histoires », 1987.

est tellement délicate que l'Église elle-même, pourtant concernée au premier chef, se garde bien de pousser trop loin les investigations concernant les motivations profondes de ceux qui vont à Compostelle. On ne peut que regretter cette sorte d'accommodement permettant de faire dire n'importe quoi aux chiffres. Ceux-ci sont-ils par ailleurs si importants ? Sommes-nous rendus à ce point qu'il faille tout dénombrer, classifier et « statistiquer » pour obtenir un semblant de sérieux ? Bien sûr, on me rétorquera que tout cela est utile, indispensable même à l'« organisation » du chemin, ne serait-ce que pour la construction de gîtes, et qu'aujourd'hui tout s'ordonne, se « gère », que le risque se « maîtrise » et que, tout compte fait, sortie des catalogues de vacances, l'aventure n'est guère admissible. D'accord ! À la rigueur, j'accepte sans rire ces élucubrations dont je devrais raisonnablement me méfier puisqu'elles tendent toutes à quadriller ma vie, à la restreindre en usant d'un vocabulaire abstrait. Enfin, bon ! S'ils sont utiles, ces chiffres, qu'on les prenne. Mais ne les publions pas ! Qu'on ne tire plus de bilan ni de courbes d'activité comme il doit bien s'en tracer quelque part à l'évêché de Galice. Ou alors, et c'est peut-être ce que j'attends, moi l'agnostique, que l'on se montre très pointilleux dans l'attribution du titre de pèlerin. Que l'on purge, trie, mette de l'ordre, ne retenant comme pèlerins que ceux dont les motivations sont d'ordre réellement spirituel. Reste à savoir si l'époque est capable d'une telle intransigeance. Personnellement, j'en doute.

Depuis Burgos, chaque jour nous apporte de nouveaux compagnons. Quelques couples, entre deux âges, des groupes, parfois « assistés » par un véhicule transportant les sacs, et des adolescents, scouts ou colons, encadrés de moniteurs à peine plus âgés qu'eux, quelques rares cavaliers et des cyclistes.

Beaucoup de cyclistes, parmi lesquels de nombreux vététistes indifférents aux problèmes de cohabitation qu'ils font naître. Il est vrai que l'étroitesse de certains passages rend son partage difficile, surtout pour le marcheur qui cède toujours la place. Si la situation n'est pas vraiment conflictuelle, il arrive qu'elle réveille chez le piéton ce vieil antagonisme, vécu par toutes les armées du monde, entre fantassins et cavaliers.

La plupart du temps, les vététistes sont jeunes, sportifs, tournés vers la performance et plutôt bruyants. Bien entendu, ils vont en bandes et, plus rapides, atteignent les gîtes d'étape avant tout le monde. Cela ne leur donne aucun avantage sur les marcheurs qui bénéficient d'un droit de priorité, mais énerve néanmoins ces derniers. Tout cela fait que les relations toujours un peu houleuses peuvent, dans la seconde, devenir franchement difficiles et font voler assez bas, en cet endroit où on ne les attend guère, injures, bras d'honneur et menaces. C'est ainsi. Même ici. Sorti des théories et discours lénifiants, l'ange ne peut jamais totalement réduire la bête veillant farouchement sur son territoire. Désolant ? Certes pas ! Je trouve même sain et salutaire qu'il en soit ainsi sur ce chemin que l'on a quand même trop tendance à décrire dans le style sulpicien. Cela montre que même dans ses moments d'approfondissement personnel – encore faudrait-il être certain que ce que l'on nomme ici pèlerinage s'inscrive réellement dans cette démarche – l'homme reste bien ce petit-fils de Caïn inapte à demeurer longtemps solidaire et fraternel. Et alors ! Qui l'ignorait ? Ou alors, pourquoi la haine et la violence ? Pourquoi les guerres ?

D'ailleurs, le phénomène n'est pas nouveau et l'histoire du chemin de Compostelle abonde en vols, coups et malhonnêtetés de toutes sortes aussi bien chez ceux qui vivent au bord du chemin que chez les pèlerins les mieux intentionnés. Ainsi, pour ce qui touche à l'argent, que dire des passeurs qui fixaient le prix de leur service au milieu du fleuve et n'hésitaient pas à se débarrasser des payeurs récalcitrants ? Des ordres religieux qui inventaient une relique pour attirer les pèlerins de haut rang supposés généreux ? Des nobles qui, faisant fi des recommandations papales, imposaient octroi et péage aux jacquets ? Des aubergistes sans scrupule et des pèlerins qui se volaient entre eux ? Si les rixes n'étaient pas rares, les crimes délibérés semblaient l'exception. Sauf chez les coquillards, dont c'était quand même la raison d'être. Que dire enfin de celui qui abandonnait à son sort le compagnon malade ou épuisé* ? Ici la mort est certaine et souvent consignée, la notion de crime rarement retenue. Le chemin est si long, et si éprouvant !

Au bar de Villalcazar de Sirga nous retrouvons nos compagnons de la veille. Détente autour de l'éternel *café con leche* et visite du village, construit à côté d'une commanderie de templiers dont il ne reste que l'impressionnante église, Santa María la Blanca. La taille et la beauté de la construction témoignent de la puissance de l'ordre sur ce chemin où ses cavaliers portaient aide et assistance aux pèlerins. Il est recommandé au passant d'aller faire ses dévotions, dans la chapelle de Santiago, à la Vierge blanche, statue mariale des templiers dont les miracles inspirèrent certains *Cántigas* d'Alphonse le Sage. Elle est là, assise dans l'ombre d'un pilier, l'Enfant Jésus – décapité – sur ses genoux. Combien, avant de se lancer dans la partie la plus rude du chemin, sont venus se

---

* Tel Jean Bonnecaze, abandonné, malade, par ses compagnons à Viana. Ce qui ne l'empêchera pas d'arriver avant eux à Saint-Jacques ! (*N.d.A.*)

placer sous sa protection ? Et combien, au retour, pensèrent à la remercier ? Église-forteresse ou forteresse-église ? Que sait-on des sièges soutenus, de l'angoisse des populations rassemblées ici, dans l'attente de l'assaut, apeurées, confondues en prières et chants de repentance couverts par les ordres donnés à ceux qui vont et viennent, l'arme à la main ? Imagination débridée ? Peut-être moins qu'il n'y paraît. Ou alors, pourquoi l'épaisseur de ces murs percés de meurtrières ? Et ce puits, creusé dans l'église, qui en dit long sur la crainte que fait peser la soif sur ce pays sans eau.

À Carrión de los Condes, Julio Iglesias ne chante pas : il est boucher. Comme le fut avant lui son père, et comme le sera peut-être plus tard son fils. Ici, rien ne s'oppose à première vue aux dynasties de ce type. L'héritage des mâles est acquis à la naissance, mêmes nom, prénom, et profession. La boucherie date de 1936, c'est écrit sur le fronton. L'année du déclenchement de la guerre civile. Quel symbole ! Lorsque nous sommes passés devant chez lui, Julio discutait sur le pas de sa porte sans trop s'inquiéter de la clientèle qui, elle-même, palabrait. C'est un jovial, comme souvent les bouchers. Un homme avec qui je serais bien allé boire une *cerveza* au bar du coin.

Carrión, qui compta jusqu'à dix mille habitants (moins de trois mille aujourd'hui), joua un rôle important dans l'esprit de reconquête. C'est d'ici, en effet, que serait parti le refus de livrer, comme un traité lui en faisait obligation, un contingent de jeunes filles à l'occupant musulman. Cette contestation, qui ne pouvait qu'entraîner la guerre, rencontra, dit-on, une forte adhésion populaire et servit de pierre angulaire à l'esprit de résistance, puis, les dés lancés, de reconquête. Ce même refus de payer le « tribut des vierges» aurait entraîné en 844 la bataille de Clavijo, où, comme on le sait, l'apôtre intervint aux côtés des chrétiens. Reste que cette servitude, sous l'aspect «institutionnel» qui nous est présenté, m'apparaît assez confuse, et pour tout dire douteuse : pourquoi cette obligation alors qu'il n'y a ni occupation au sens réel du terme, ni hostilités déclarées, et que les chrétiens ne semblent pas être soumis ? Que dire par ailleurs de l'imprécision qui, pour un même lieu, concerne de quatre à dix «vierges», lorsqu'elles ne sont pas cent ? Mais après tout, qu'importe les embrouillaminis, puisque l'histoire s'en est contentée. L'important étant de faire feu de tout bois ; la virginité bafouée, avec tout ce qu'elle suppose de fantasmes, ne pouvait que servir la cause. Ce qu'elle fit assurément mieux que n'importe quel sergent recruteur.

Il semble également que les filles du Cid, à peine mariées aux comtes de Carrión, subirent de la part de ceux-ci «mille outrages» avant d'être abandonnées, «dépouillées de leurs biens et atours». Ce qui, on s'en doute, justifia la colère du Campeador, qui ne put venger son honneur qu'en expédiant ses gendres dans l'autre monde. À croire que les hommes n'en auront jamais fini de s'arroger droits et principes sur tout ce qui touche, de près ou de loin, à la virginité des femmes.

La salle du gîte paroissial où nous sommes est petite et fraîche, rustique, avec tout ce que cela suppose d'authenticité. On ne devrait y être admis qu'après dix-sept heures, mais, charme de mes compagnons, présence de Françoise et Gisèle, visage meurtri de celle-ci, Margarita, sœur du curé de la paroisse, nous laisse déposer nos sacs, comme plus tard elle nous permettra de venir nous reposer. Une fois de plus le port est atteint, l'abri certifié. Aujourd'hui encore la question du gîte est résolue. Demain sera un autre jour. Cela n'a l'air de rien mais chaque matin, à l'heure du départ, la première question qui se pose à nous est de savoir où nous dormirons le soir ; le problème de l'eau et la crainte d'erreur d'orientation sur certains passages arrivent toujours ensuite. Temps et argent n'ont plus les mêmes valeurs. Quelques jours auraient donc suffi à nous couper de nos habitudes, nous faire perdre nos statuts sociaux, accepter promiscuité, inconfort et complications de toutes sortes avec le sourire ? Cela ne durera pas et tous le savent, mais, en attendant, cela se vit, s'apprend et se retient comme une leçon d'humilité. Chacun de nous va avec pour seuls biens ce que contiennent son sac et sa gourde. C'est-à-dire, si l'on veut rester prudent, le moins possible dans l'un et le plein de l'autre. À ce jeu du pas-grand-chose, le nivellement social est vite atteint, et les relations facilitées. Bien entendu, tout le monde possède de l'argent, une carte bancaire. Rien n'empêche d'aller à Compostelle en fréquentant chaque soir un hôtel quatre étoiles, encore que ceux-ci soient plutôt rares dans la *meseta*. Mais en était-il autrement au Moyen Âge ? Peut-on un instant croire à l'imagerie populaire où rois, nobles et puissants marchent vers l'apôtre dans un dénuement extrême ? Le temps est par ailleurs révolu, où les pèlerins quêtaient leur pain sur le chemin. Aujourd'hui nul ne s'y risquerait. Avec raison. Le dépouillement, qui reste incontestablement la grande leçon de ce chemin, et de tout pèlerinage, tient davantage à la réflexion que l'on porte sur son existence qu'au rejet des biens matériels. Même si obligatoirement les deux questions se rejoignent.

Chaque mur est doté de trois lits superposés. Nous sommes donc douze. Comme les apôtres. Drôles d'apôtres en vérité, disciples de pacotille qui commencent, quoi qu'ils en disent, à renâcler un peu et vont – péché suprême ! – accompagnés de femmes. L'image fait pouffer Guy. Doucement, car certains dorment déjà. Notamment un Espagnol âgé d'une soixantaine d'années que nous avons trouvé ici lors de notre arrivée, victime d'une insolation. La salle ouvre sur un jardin où trois gros chats dorment sous les haricots à rame. Pour la première fois depuis notre départ, nous parlons de la maison, confiée à nos amis, et du noiraud, chat errant, fixé à demeure comme le sont les nomades, définitivement… Peut-être ?

Il n'est sans doute pas vingt heures. Tout le monde est couché, lumière éteinte. Respirations de sommeil qui en disent long sur la journée. Je ne dors pas, pense au chemin, à cette chute de Gisèle heureusement sans gravité, aux quarante kilomètres de l'étape de demain, à notre présence, ici. Dans le jardin, Margarita parle et plaisante avec une voisine. Je les entends rire avec cet éclat particulier des âmes en paix. Je devine aussi les vols d'hirondelles. Les situe, par leurs cris, entre le clocher et le toit du presbytère. C'est un soir d'été très ordinaire dans cette région d'Espagne oubliée du temps. Un soir comme il y en a trois cent soixante et quelques chaque année, avec pour seule différence l'intransigeance d'une saison.

Bruit de serrure. Presque rien. Juste le frottement métallique de la clenche, que l'on lève avec précaution… La porte qui relie le gîte à l'église s'ouvre. Dans le rectangle de lumière, la silhouette du curé de la paroisse se découpe. Il entre dans la pièce, s'arrête près des premiers lits, bénit un à un chaque pèlerin. Va vers ceux du fond où la porte du jardin, laissée ouverte, l'éclaire de côté. Même scène. Il chuchote une prière. Et de nouveau la marche hésitante entre la table et les sacs qui traînent à terre, l'arrêt, la prière, et cette main qui se lève et traverse l'espace. Mon émotion est telle que je pense un moment m'asseoir dans le lit, montrer que je ne dors pas, parler, dire que… Pourtant, lorsqu'il vient vers nous, je ferme les yeux comme un enfant menteur. Je l'entends murmurer, devine le geste, suis les pas vers la porte qui se referme. La scène me ramène à ce matin de juin 1990 où, sur le versant français du même chemin, entre Espalion et Estaing, un couple de retraités s'était signé à notre passage. Me voici donc de nouveau adoubé pèlerin à mon corps défendant, et de nouveau, venue du puits de silence où je la croyais endormie depuis le premier jour, le premier pas, cette voix qui interroge : POURQUOI ? Pourquoi pèlerin, moi qui refuse, par respect du symbole, de porter coquille ?

Aujourd'hui encore je n'ai rien dit, rien arrêté et, pour la deuxième fois, mon silence a cautionné l'apparence. En fait, je me suis menti à moi-même plus qu'à cet homme qui doit opérer chaque soir de la sorte, autant par discrétion que par déférence pour ses hôtes. Où et comment trouver à présent le sommeil ? Par quel subterfuge désarmer l'émotion, domestiquer les nerfs ? Une heure puis deux sonnent au clocher avant que je ne m'endorme. Depuis longtemps les voix se sont tues dans le jardin ; seules les hirondelles s'entêtent à prolonger le jour. L'un ou l'autre de mes compagnons a-t-il vu, comme moi ?

Aucun des quatre Français en tout cas. Sur la route qui nous éloigne de Carrión, je parle une fois encore de cette scène vécue dans une sorte de clandestinité, lorsque trois paysans, âgés de cinquante à soixante ans, s'arrêtent pour nous laisser le passage. Vêtus de pantalons de toile rayée et de chemises épaisses échancrées sur des tricots de corps en flanelle, ils ressemblent trait pour trait aux agriculteurs bretons que j'ai connus dans les années d'après-guerre. J'aimerais les photographier figés ainsi sur ce chemin étroit, mais l'appareil est dans un sac. Nous nous saluons de *¡hola!* et de signes traditionnels. Le plus âgé ôte son chapeau de paille et le porte à sa poitrine. Dans la seconde les deux autres en font autant. Pour être différente de celle d'hier soir, cette scène n'en est pas moins intense. La même émotion m'envahit. À la porte de quel monde, de quelle société suis-je arrivé ? Sur quelles valeurs, quels savoirs ou connaissance des autres et de moi-même ouvrira-t-elle peut-être un jour ? Et nous passons, gratifiés, honorés du respect de ces hommes de labeur, salués comme autrefois on saluait certaines fonctions, les régiments et les morts. Serions-nous devenus des symboles ?

Guy nous a quittés. Définitivement, cette fois. Il est parti du gîte un peu après six heures. Il ne faisait pas jour, et assez froid. Je l'ai accompagné, jusqu'à la fontaine de la place, puis il a disparu, absorbé par la pénombre. *Calzada* de quinze kilomètres. Dans son guide, l'abbé Bernès note qu'« à la saison des moissons on peut y rencontrer, à côté des moissonneuses modernes, un paysan ou sa famille assis sur le trillo, herse aux dents de silex que la mule tire en tournant sur l'aire à dépiquer ». Rien vu de tout cela, mais nous sommes le 3 juillet, et le blé n'est pas encore tout à fait mûr. Dans une quinzaine. Peut-être. Nous devrions être alors en Galice. À moins de cent kilomètres de Compostelle… Pour le reste, l'abbé recommande judicieusement de marcher tôt le matin afin d'éviter le risque d'insolation et ne manque pas de souligner que « ces grands horizons sont propices à la méditation ». À le relire, l'expression me semble faible. Mais les mots ayant leur limite, comment décrire l'infini ?

Carnet de route de Gisèle : « Paysages plats et tragiques de Castille. Cette fois, nous sommes bien dans la *meseta*. Le chemin que nous suivons, chemin de Saint-Jacques, est une ancienne voie romaine. Longue route de terre et de pierres roulantes sous le pied. Que ceci doit être éprouvant sous la chaleur ou la pluie ! Aujourd'hui, il fait beau, avec un vent frais venant de l'est. Nous marchons assez vite et sans trop de peine. De loin en loin, quelques pèlerins qui, aussitôt aperçus, disparaissent, mangés par l'horizon. Un horizon que nous ne faisons qu'imaginer, tant cela est immense. Beaucoup de fleurs à dominante bleue dans les champs de céréales... »

Drôle d'histoire quand même que celle de ces jeunes gens qui, abandonnant leur activité, suivirent, dans l'instant, l'inconnu qui leur parlait. Au nombre de quatre. Deux fois deux frères. Simon – que l'on appellera Pierre par la suite –, André, Jacques et Jean. Les deux derniers sont fils de Marie Salomé et de Zébédée. Eux et leur père réparaient des filets lorsqu'il les aborda. Quelques mots suffirent. A-t-on jamais pensé au désarroi des parents ? Car enfin, autant de bras jeunes et robustes venant à manquer de façon si soudaine ne sont pas sans entraîner des conséquences. Connaissant la fin de l'histoire, nous tenons pour négligeable cette rupture, qui ressemble par certains côtés à une fugue. Mais eux, dans l'ignorance de ce qui allait advenir ? Je pense surtout à Zébédée, dont nous ne savons rien, sinon qu'il était pêcheur sur le lac de Tibériade, qui non seulement perdit ses fils, mais encore Marie Salomé, sa femme, partie elle aussi à la suite de ce dénommé Jésus. Qui dira la douleur de Zébédée ? Dans leurs évangiles, Marc et Matthieu disent à peu près la même chose sur cette rencontre. La version de Luc diffère de peu. Quant à Jean, s'il traite des deux premiers compagnons du Christ, il passe sous silence les fils de

Zébédée, c'est-à-dire lui et son frère. Drôle d'histoire, vers laquelle, que je le veuille ou non, je marche.

La rue principale de Calzadilla de la Cueza se confond avec le Camino. Entre l'entrée et la sortie du village, une centaine de maisons blanchies à la chaux, réparties de part et d'autre de la chaussée cimentée, elle-même traversée dans son dernier tiers par une petite route de terre qui se perd dans les champs. Les plaines céréalières qui s'étendent à perte de vue constituent l'un des greniers à blé de l'Espagne. Ici l'on vit de l'agriculture de père en fils depuis des siècles ; l'élevage, de plus en plus réduit, ne concerne que le mouton dont nous rencontrons parfois les troupeaux.

Effet de sa blancheur, uniformité du plateau, Calzadilla se voit de loin. De très loin même. À des kilomètres, sur lesquels la marche a si peu de prise qu'il nous semble parfois nous éloigner du but. Bien entendu, tous en plaisantent, parlent de mirage en haussant les épaules, mais combien se privent de consulter leur guide ? Enfin le village est là, tapi à l'abri d'un très léger monticule, aussi surprenant dans sa réalité qu'il fut énigmatique au temps de l'approche. À la porte du bar, entouré d'un groupe d'hommes attentionnés, un cheval blanc comme les murs attend son cavalier. La fascination de l'animal joue à plein sur ces paysans séparés depuis longtemps des leurs. Le regret se lit dans les yeux. Des mains se tendent. On caresse, flatte, se rassure de retrouver intactes les vieilles sensations. Les mots sont rares. Lorsque le cavalier s'approche, le cercle s'écarte, reportant l'admiration de l'un sur l'autre sans la fixer vraiment.

Cette scène n'est pas la première du genre. Je me souviens que le troisième jour de notre périple nous sommes restés un long moment à contempler, dans un village de Navarre, un homme d'une trentaine d'années initiant ses deux fils à l'équitation. Le plus âgé n'avait guère plus de douze ans, le plus jeune peut-être six. Le père, remarquable cavalier, ne ménageait ni l'un ni l'autre, galopant près d'eux, les obligeant parfois à des mouvements brusques, volte-face et sauts de côté dont on pouvait craindre, compte tenu du jeune âge de l'un des apprentis, les pires conséquences. Cette scène avait pour cadre la place centrale du village, grand rectangle herbeux entouré de platanes. À peine nous étions-nous défaits de nos sacs que trois, quatre, puis dix personnes, hommes et femmes de toutes conditions, vinrent nous tenir compagnie, commentant sans réserve ce qu'ils voyaient et que nous trouvions si beau. Eux, qui pour la plupart n'avaient sans doute enfourché que des mules, critiquaient à mots couverts et en se poussant du coude. L'autre le savait, devinait les rires, hochements de tête et murmures désapprobateurs, s'en amusait peut-être. À moins que, plus sûrement, il n'en tînt pas compte. Comment savoir où commençait et prenait fin ce jeu de la séduction, quand le même exercice se reproduisait régulièrement, au même endroit et devant le même public ? Croyant suivre une leçon d'équitation, nous assistions en fait aux démêlés d'une très ancienne querelle de caste.

D'autres rencontres de ce type suivront, qui toutes révéleront l'attachement des Espagnols pour les chevaux. Il n'est pas rare en effet de voir, au passage d'un cavalier, les gens sortir de chez eux et l'escorter. Attitude typiquement rurale ? Certes, mais le phénomène touche aussi les villes, si j'en juge par ces trois pèlerins cavaliers qui traversent Pampelune en milieu d'après-midi, suivis d'un flot d'automobilistes peu pressés. Et ce policier arrêtant les feux de croisement, afin de leur rendre le passage plus aisé. Ces manifestations vont au-delà du geste de courtoisie. Elles disent, mieux que les mots ne sauraient le faire, la part du souvenir dans l'inconscient collectif, la reconnaissance d'un fait, l'omniprésence de l'homme à cheval dans la construction du pays.

Je ne sais si l'on naît Espagnol ou si on le devient, mais à les regarder vivre je pense qu'un grand nombre restent *caballeros* dans l'âme, privilégiant le sens de « chevalier » sur celui de « cavalier ». Rien de surprenant, d'ailleurs, dans ce pays qui a offert à la littérature universelle l'un de ses héros les plus mythiques : le chevalier à la triste figure, Don Quichotte de la Manche !

Ce cavalier-ci quitte le village en faisant tinter, par un trot de circonstance, les fers de sa monture. Arrivé vers les dernières maisons, il salue sans se retourner en faisant d'amples signes avec son chapeau brandi au-dessus de sa tête, avant de disparaître au galop dans l'horizon mobile des blés.

Ne touchez pas l'épaule
Du cavalier qui passe,
Il se retournerait
*Et ce serait la nuit**...

À première vue, les quarante kilomètres du jour pèseraient trop lourd pour ne pas les tronçonner un peu. Ou alors, la galère assurée ! Cela se sent, et se pressent, d'emblée. Généralement, une heure de marche suffit au pèlerin pour connaître sa condition physique. Pour le moral, qui peut à tout moment passer du beau fixe au trente-sixième dessous, c'est une autre paire de manches. Aujourd'hui, par exemple, sur cette *calzada* où le kilomètre ne se contente

* Jules Supervielle, « L'allée », *Les Amis inconnus*, Gallimard, 1934.

certainement pas des mille mètres de rigueur, l'étape est sans aucun doute plus longue et monotone que difficile. Mais celles de demain et d'après-demain s'annoncent encore plus désolantes. Alors !

Alors, comme assez souvent au moment du départ, quand privée de son content de sommeil la bête renâcle, nous avons décidé de couper le trajet en restant à Calzadilla de la Cueza. La vie dans ce village perdu vaut certainement la peine d'être partagée avec la population, ne serait-ce qu'un soir. Le problème, c'est qu'il est à peine dix heures du matin lorsque nous nous attablons dans l'unique bar, où nous retrouvons Françoise et Freddy. Que faire de la journée ? L'intérêt d'un séjour est peut-être réel à condition d'occuper son temps. Comment et avec qui ? Faute de réponse, nous poursuivons, reportant nos velléités sur Terradillos, distant de neuf kilomètres d'immensités blondes.

Plus rapides, Françoise et Freddy sont déjà loin lorsque Gisèle trouve, maintenue sur le chemin par des cailloux, une feuille de papier où un message est écrit à notre intention :

Amitiés en Saint-Jacques
à ses amis bretons
et belge,
Gisèle
Françoise
Freddy
Jean-Claude.
¡Muy Buen Viaje !
Que Dieu vous garde !
GUY.

Une fois encore l'émotion taraude les nerfs. Sans doute ne faudrait-il pas grand-chose, un prétexte de rien du tout, une broutille, pour que les larmes viennent. Mais chacun fait en sorte qu'il n'en soit rien, en relisant, jusqu'à les connaître par cœur, ces mots de fraternité. Comme je l'ai déjà dit, Guy marche vers Compostelle pour la troisième fois, et toujours dans l'esprit de l'Évangile. Pas un jour où il ne répète ce commandement dont il a fait, lui le converti de fraîche date, sa règle de vie :

« Aimez-vous les uns les autres. » Bien sûr, je l'ai plaisanté, titillé sur le conservatisme de l'Église en général, et de l'Espagne en particulier ; bien entendu, je lui ai dit mes doutes d'agnostique sur la capacité de l'Église catholique actuelle à répondre aux attentes du prochain siècle. Vingt fois je lui ai montré le fossé existant au quotidien entre la hiérarchie, figée, absente des réalités, et la grandeur du sacerdoce des curés de village, des moines rencontrés. Aux critiques il oppose l'Évangile : « Tout est là. Tout le reste est de la marque des hommes. Le pouvoir et sa sclérose n'ôtent rien aux paroles du Christ. Essentielles ! Tu comprends ? » Je comprenais et finissais toujours par lui répondre « *¡Si, si señor !¡Amaos los unos a los otros !* »

Terradillos de los Templarios est un très humble village de quelques maisons de terre et de paille, certaines blanchies à la chaux, d'autres non. L'ensemble donne cette impression de laisser-aller général qui accompagne souvent la pauvreté, et n'est en fait que marque de découragement. La région est pourtant riche, comme le sont toutes les plaines céréalières. Sans doute ne vivent ici que des *segadores*, ces journaliers que l'on appelle toujours « faucheurs » en souvenir du temps où les hommes moissonnaient à l'outil de coupe, paysans dépourvus de terre, à peine métayers, riches de rien, pauvres de tout. Les propriétaires, eux, doivent résider à Fromista ou Sahagún.

Les plus fortunés à León. À moins que la terre appartienne à une multinationale, auquel cas…

Terradillos fut-il construit par les templiers ? On le dit. Pourquoi pas ? Leur présence est tellement probante tout au long du chemin, et notamment sur la *meseta* dont ils protégeaient la traversée, qu'il n'y a rien de surprenant à ce qu'ils se soient installés sur ce plateau céréalier. Car, bien que ce ne soit pas l'aspect le mieux connu de l'ordre, il ne faut jamais oublier sa vocation agricole. Aujourd'hui, il y a Guillermo pour nous accueillir, bras ouverts, sur le pas de la porte du Refugio de los Templarios, où flotte la bannière blanche frappée de la croix de sang.

La règle de l'ordre attend son pèlerin sur chaque lit de la chambre au confort monacal. Document de plusieurs pages écrit en langues espagnole, allemande, anglaise et italienne. Mais, oubli ou rancœur, pas en français. Guillermo, le maître des lieux, a environ quarante ans. Petit, râblé, barbu avec des cheveux frisés bruns tombant sur la nuque, il a, comme on dit, « une gueule » et s'occupe de ce refuge avec une femme qui lui ressemble beaucoup. Peut-être sa sœur. Elle fait la cuisine, le ménage, et tient une petite épicerie, mercerie, dépôt de pain, de bonbonnes de gaz et de bien d'autres choses. Magasin qui n'ouvre qu'une heure par jour, où nous aurons du mal à trouver un approvisionnement compatible avec nos besoins.

Désordre et laisser-aller se retrouvent jusque dans l'église, sombre capharnaüm poussiéreux où ne subsiste, des heures fastes du chemin, qu'un crucifix du XIIIe siècle. Sur la place, deux ou trois enfants jouent au ballon sous le regard des mères, assises à l'ombre du mur du cimetière. Il fait beau et doux. Le vent d'ouest déplace la poussière à l'autre bout du village, d'où elle reviendra avec la même patience suspendue, sans doute dès demain. Ce soir, la vie se donne encore des airs, mais en octobre, quand les cigognes auront déserté le clocher et que la nuit s'étirera au-delà du raisonnable, à quoi rêveront ces enfants ?

Avec Romero, arrivé sur le tard, nous ne serons que cinq à passer la nuit ici. Guillermo ne fera pas fortune aujourd'hui, pas plus que demain, ni sans doute jamais. Il n'est d'ailleurs pas là pour faire recette mais pour servir, comme le mur de la cage d'escalier le proclame en lettres rouges. Pour l'instant il écoute, avec respect et attention, Romero lui parler du chemin. Celui-là n'a pas d'âge. Cinquante ? Soixante ans ? Selon les jours et l'heure chacun le crédite de plus ou moins, faute de l'interroger. Nous l'avons rencontré à Castrojeriz, où il aidait au gîte. De taille moyenne, sec et noueux, largement dégarni de cheveux mais doté d'une magnifique barbe poivre et sel broussailleuse à souhait qui lui tombe sur la poitrine, il va vers Compostelle vêtu d'une bure de moine, ceint d'une cordelière franciscaine et muni d'un rosaire à gros grains. C'est sans doute pour cela que nous l'avons affectueusement surnommé le « moinillon ». Possédant peu de moyens, il vit de pas grand-chose, parfois d'une *tortilla* calée entre deux grandes tranches de pain, de fruits ou de soupes, le tout offert par les gérants de gîte ou les pèlerins. S'il accepte assez facilement des premiers, il refuse le plus souvent aux seconds, et je l'ai vu se mettre en colère devant l'insistance d'une femme. Ce soir il est seul, mais il marche d'ordinaire en compagnie d'un homme à peu près du même âge, ombrageux au possible. Tous deux s'entendent et s'apprécient pourtant, et lorsque son compagnon, qui rencontre pas mal de difficultés, doit rester se reposer une journée dans un gîte, Romero fait en sorte de demeurer lui aussi. La tâche est difficile, car le règlement compostellan ne permet pas au jacquet de s'arrêter plus de trois jours consécutifs, sous peine de devoir interrompre son pèlerinage.

Cette règle date du Moyen Âge et libère en principe les structures d'accueil d'une population tentée par un hébergement à bon compte. Si en France, où les gîtes sont payants, nul ne régente la durée du séjour, en Espagne l'accueil paroissial ou privé est généralement gratuit. Ou laissé à l'appréciation de chacun. La tentation existe de pérégriner sans bourse délier et appelle une certaine vigilance des « gardiens de la loi » que sont les *hospitaleros*.

Lorsqu'il perd son compagnon de route, Romero – par ailleurs redoutable marcheur – traîne un peu, coupe les étapes, ralentit sa progression, cherche à s'embaucher ici ou là. Ce qu'il vient de réussir avec Guillermo pour la journée de demain. À peine l'entretien s'achève-t-il que le « moinillon » ôte sa bure et esquisse une sorte de flamenco rythmé en frappant dans ses mains. La poussière monte. il chante, danse, redouble certains pas et, lorsque la sœur de notre hôte se joint à son chant, se métamorphose en je ne sais quel hidalgo. De la tonnelle où nous sommes, nous le voyons disparaître peu à peu dans un nuage de poussière, jusqu'à ce que tout s'achève sur quelques *¡Olé!* surprenants dans une mélodie aussi tragique. Il faudra près d'une heure pour que l'air se défasse totalement de son odeur de terre.

Ainsi celui que je gratifie régulièrement de *padre* n'est sans doute que Romero, mystique illuminé, pour qui la foi ne peut-être que grandiloquente. À moins que ce ne soit un mystificateur. L'un de ces jacquets de contrebande comme le chemin en fit naître des centaines à la charnière des XIVe et XVe siècles. Faussaire ? Évadé ? Père de famille nombreuse en rupture de ban ? Ou un homme, tout simplement ? Un homme dont la vie, si j'en juge par ses rides et ses traits fatigués, n'a pas dû être facile tous les jours.

Quelqu'un qui marche vers Saint-Jacques-de-Compostelle en chantant des cantiques à la Vierge, comme d'autres ont recours aux comptines ou aux refrains bataillonnaires.

Sahagún, à peine neuf heures du matin. Le miracle veut qu'un hôtel-restaurant soit ouvert. Nous entrons. Étonnement du garçon qui, manifestement, a du mal à se réveiller. Il est vrai que les nuits espagnoles sont tellement courtes ! Dire que nous lui faisons plaisir en nous asseyant serait exagéré. Les vrais clients, les sérieux, ceux de l'apéritif et des *tapas*, n'arriveront que dans trois heures, et encore – pour les plus matinaux. Alors ces pèlerins, à une heure pareille, un dimanche, qui plus est, et qui insistent ! L'air avec lequel il nous sert en dit long sur son humeur. D'autant que nous voulons des brioches qu'il va chercher aux cuisines, situées au diable Vauvert.

Il ne faisait pas jour lorsque nous sommes sortis de Terradillos. Selon Gisèle, il était sept heures moins le quart quand nous avons traversé le río Templarios. Plus tard, Moratinos et San Nicolás del Real Camino, veillés par quelques chiens indifférents, dormaient du lourd sommeil des villages. Il faisait alors assez frais et nous avons avancé vite sur cette plaine lumineuse. Me lasserai-je un jour de voir se lever l'aube ? L'été surtout, lorsque le ciel se perd en camaïeux si fragiles qu'il faut parfois lutter pour ne pas se laisser aller à l'émotion. Au moment du départ du gîte, Guillermo m'a donné l'accolade en parlant de l'apôtre. Là aussi il a fallu se retenir.

Trois ou quatre mots, une plaisanterie ont suffi pour dérider le serveur de l'hôtel. Maintenant il nous dévisage, encaisse et repasse de l'autre côté du bar, où, avec force signes, il signale le coquart de Gisèle. Mimiques, grimaces. Tous se retournent. Sourient. Que racontent-ils ? Que je l'ai battue ? Aujourd'hui justement cela va mieux. La joue est toujours tuméfiée, l'hématome tournant au vert clair mêlé de bleu-mauve, mais la douleur est partie et, surtout, l'œil est totalement ouvert.

Passé Calzada del Coto, à six kilomètres à l'ouest de Sahagún, commence le Real Camino Francés (le chemin des rois français), longue piste rectiligne de trente-deux kilomètres au long de laquelle, année sainte oblige, on vient de planter de pauvres arbres dont un grand nombre sont déjà secs, et le reste ne tardera pas à capituler. Qui, dans cette *meseta* volontairement désertifiée au profit d'une agriculture intensive, a eu l'idée géniale de vouer ainsi de jeunes plants à la fossilisation ? Un fonctionnaire de l'Europe comme certains l'affirment, ou le président de la junte ? Quel que soit l'homme, le résultat est d'ores et déjà garanti et visible, à condition, bien sûr, de venir constater les dégâts. Ce qui n'est pas acquis.

Ce chemin des rois francs ou français – étaient déclarés Francs tous ceux qui venaient d'outre-Pyrénées – se double en parallèle de la Calzada de los Peregrinos, ancienne voie Trajane, réputée encore plus désertique. Pour ce qui nous concerne, nous cheminerons dans le souvenir des rois qui furent peut-être moins nombreux à passer ici que la légende l'insinue. Cela dit, tout le monde est au moins d'accord sur un point : nous sommes dans un des hauts lieux du pèlerinage ! « L'une des plus belles étapes du parcours, une des plus envoûtantes », selon Yan L. Crispel, cité dans son guide par l'abbé Bernès qui, lui, se montre plus lyrique : « Pèlerin, prépare-toi à souffrir : si tu dois mériter ton pèlerinage, c'est ici le lieu ! » Il fait chaud, c'est vrai, mais le soleil est dissimulé par des nuages que l'absence de vent rend assez rassurants. C'est notre chance du jour.

Depuis cent kilomètres, et pour cent cinquante

encore, nous traversons le «désert», lieu mythique et passage obligé – quelle que soit la religion – du pèlerinage. Ce terme, ici plus symbolique que réel, marque le point culminant de l'accomplissement spirituel du pèlerin dans sa recherche à devenir « autre ». C'est de cette rupture sublimée que naîtra l'« homme nouveau», celui qui, purifié par les épreuves et la fatigue, riche de la connaissance des autres et de soi-même, accédera à la sagesse, affermira sa foi. Il est certain que les paysages tragiques et désolés de la *meseta*, le silence et la solitude qui y règnent contribuent fortement à dramatiser le combat de l'homme avec l'espace qu'il traverse. Je ne crois pas pour autant, comme certains le prétendent, que l'on devienne pèlerin dans la *meseta*. On l'est, me semble-t-il, bien avant. Dans le projet lui-même, à la seconde où la décision de partir s'impose, et peut-être plus encore lorsqu'elle devient irréversible. Instant trop fugace pour que l'on s'en souvienne ensuite, mais qui pourtant commande le reste. Plus tard, bien sûr, quand le regard des autres nous fait différent, nous consacre «étranger», on cherche à se rappeler ce qui, à un moment donné, décida de ce choix. Car ce *peregrinus*, cet « étranger-voyageur » qui pérégrine en allant « de champ en champ », est avant tout un étranger qui «parcourt», traverse l'espace. Un nomade, en quelque sorte, en quête de l'« autre », confrère en chemins, sédentaire qui reçoit, et, peut-être encore plus, l'autre lui-même. Beaucoup d'auteurs comparent – et parfois assimilent – le pèlerinage à une initiation. La thèse est séduisante puisque, effectivement, on y retrouve les mêmes composantes : traversée d'épreuves, acquisition d'un savoir, modification de la personnalité. Je me demande toutefois si ces «rites de passage» ne concernent pas plutôt le voyage lui-même, et surtout le cheminement pédestre, dès l'instant où il s'inscrit dans une durée. Quoi qu'il en soit, initiation ou non, on ne sort pas d'un pèlerinage à Compostelle identique à ce qu'on était précédemment. Et la *meseta* y est certainement pour quelque chose !

Une fois de plus, je m'étonne d'être là. Moins en tant qu'individu traversant à pied un pays que dans l'image incarnée du pèlerin. Plus que son vécu, c'est le sens de cette démarche qui me surprend. Car enfin, jour après jour, je marche vers un fait dont je conteste par ailleurs l'authenticité : la présence du corps de l'apôtre dans le sarcophage de Compostelle. Décapité sur ordre d'Hérode Agrippa Ier lors des fêtes de la pâque juive de l'an 44. Selon la tradition, le corps de Jacques, inhumé dans un sarcophage de marbre, se serait échoué, à l'issue d'un voyage maritime de sept jours, près du port romain d'Iria Flavia, actuel Padrón, en Galice. Miraculeux voyage placé sous les auspices de la Providence, où la pierre, plus légère que liège, tient tête aux rudesses de la mer. Nous sommes ici dans le surnaturel, qui fit si longtemps rêver l'humanité, acquise à l'extraordinaire divin. Est-ce blasphémer que de ne pas croire à cette histoire ? Je n'y crois pas ! Moi qui viens d'un autre Finistère où, selon le dire des conteurs, abordèrent plus de vaisseaux de pierre qu'il n'y a de jours dans l'année.

Dans deux heures nous atteindrons Bercianos del Real Camino. Pour l'instant, nous marchons à une centaine de mètres l'un de l'autre, comme nous le faisons d'ordinaire, par méfiance pour tout ce qui roule sur le bord des nationales. Aujourd'hui comme hier, avant-hier et demain, ce risque n'existe pas. Mais le silence est-il moins redoutable ?

La terre ici n'a pas d'âge. Naturellement ocre et sans rides, elle éprouve pour ceux qui la cultivent un tel attachement qu'elle les suit jusque dans leurs maisons. On la chasse bien un peu, mais son obstination est telle, qu'elle finit par se faire accepter, comme ces animaux domestiques tolérés un peu partout, sauf sur les meubles. Parfois, lorsque les vents d'ouest soufflent en tempête, l'entrée des maisons, des étables et même des granges lui est refusée. On se calfeutre, une heure, un jour ou plus, en attendant la pluie qui la ramènera, en longs ruisseaux boueux, vers les champs ou le chemin. Terre volage retournée au domaine, qui, au premier soleil, reviendra patienter sur le pas des portes, les carreaux de la fenêtre.

À l'état naturel, la poussière est partout, sur les épis de blé, les fleurs, dans l'air. Passé un jour ou deux, on la mange, boit et respire sans trop en faire de cas. Pour le reste, elle se glisse, s'insinue et pénètre partout, jusqu'au bout des chaussettes, entre les doigts de pieds ! D'ailleurs, il n'est pas un endroit qui ne soit un peu rougeâtre. C'est peut-être l'une des raisons pour lesquelles les paysans de la *meseta* s'acharnent à badigeonner leurs habitations à la chaux. Combat aux enjeux précaires, dont ils savent qu'ils devront sans cesse renouveler la mise contre un adversaire qui a le temps pour lui. Au XIIe siècle, déjà, la poussière de Castille figurait au nombre des calamités rencontrées sur ce chemin.

Joie sauvage, égoïste, solitaire ; je m'arrête de plus en plus souvent et me retourne pour contempler ce que je viens de traverser et ne reverrai plus. Cet espace définitivement clos, déjà retourné et son ordonnancement immémorial. Je m'arrête et aspire, bouche ouverte, bras en croix, comme on le fait pour retrouver un souffle défaillant. L'air chaud sent les céréales et la terre. La terre, c'est elle qui m'intéresse. C'est d'elle que je veux m'imprégner. Je connais son goût pour en avoir mangé, comme tous les enfants, un jour de désœuvrement ou de curiosité subite. Aujourd'hui, je veux aller plus loin, posséder ses forces, me régénérer avec ce dont elle se nourrit, l'arbre et le brin d'herbe, l'insecte et l'animal. C'est pourquoi je l'accapare, l'absorbe à longues goulées, m'en repais, faute de pouvoir l'étreindre. Comme elle le fera, elle, un jour ou l'autre. Pour le moment, c'est moi qui tiens le rôle de l'ogre, qui impose mes désirs et ma loi. Comme la poussière dans les *pueblos*.

Je m'arrête et regarde ce paysage qu'aucune photographie ne pourra jamais restituer. Je m'étonne aussi de tant m'émerveiller, chaque jour, depuis si longtemps. Dire que ce chemin est beau revient à formuler des lieux communs. Nous en sommes pourtant tous réduits à cela. Par pudeur autant que par crainte de tomber dans l'outrance. Parce que les mots ont leur limite aussi, nous disons « c'est beau » ou « vraiment très beau », et le silence s'installe. Ce matin, seul, je peux parler. Dire, et même crier, gueuler – parce que c'est le seul mot qui convienne – mes éblouissements. Et lorsque je me tais ou que je reprends le chemin, il me semble que du lointain, là où le regard ne porte qu'à peine, montent un reste de poussière et le son des fifres et des tambours scandant le *Dum Pater Familias*. Illusions nées du tremblement de l'air surchauffé ? Peut-être, mais il y a ces ombres près de la mienne. Celles qui s'imposent fatalement sur ce chemin, et davantage encore dans ces paysages : les ombres du souvenir.

Nous ignorons pratiquement tout d'eux. Individuellement s'entend. Pour la masse, on imagine, on brode, on suppute. Leur nombre même n'a jamais été certain. Des millions pour le moins, puisque dans les années fastes Compostelle en accueillait entre trois cent mille et cinq cent mille. La masse se conçoit facilement, elle impressionne, laisse des traces. L'individu, non. À moins de posséder un titre, pape, roi, cardinal, prince, sinon voleur ou assassin de grande volée. Pour le reste, on suppose, crédite à tort pour

Charlemagne, à raison pour François d'Assise, dans le doute pour Nicolas Flamel, aussi mystérieux ici que dans la vie courante. Des autres ne demeurent que quelques noms, des dates. Mais si peu. Ainsi nous savons que Guillaume Manier, tailleur, Antoine Delaplace dit Delorme, Jean Hermand, Antoine Baudry dit La Couture accomplirent leur pèlerinage en 1726, Jean Bonnecaze et les trois frères Laplace, Gomer, Pétrique et Pierre, en 1748*. Ceux-là sont gens du peuple, cette cohorte qui rendit le chemin mythique et dont on sait si peu de choses, sinon qu'ils étaient pour la plupart « gens de rien » et partirent le plus souvent « à la grâce de Dieu », sans idée de l'endroit où se situait Compostelle. Pour en savoir un peu plus, il faut qu'ils aient testé ou consigné leurs dernières volontés chez le curé de la paroisse. Démarches au demeurant assez rares chez les plus humbles. Ces testaments, dont l'élaboration s'inscrit dans la démarche de dépouillement du pèlerinage, s'attardent surtout sur les lieux de sépulture à respecter en cas de décès. L'église de la paroisse où se produirait le trépas est le plus souvent choisie, ainsi que le carré des « nationaux » dans le cimetière. Souhaits rarement respectés, l'inhumation se faisant pratiquement toujours sur place, au bord du chemin, au mieux dans le cimetière – ou la fosse commune – de l'hôpital le plus proche. Parfois le jacquet recommande de distribuer ses vêtements aux pauvres, réservant l'argent au clergé pour la célébration de messes destinées au salut de son âme. Pour le reste, ils traversent l'histoire sans laisser d'écrits, faute de savoir. Si nous croyons si bien les connaître, c'est à l'imagerie relayée par la statuaire que nous le devons, autrement rien. Et pourtant, comme ils nous semblent familiers ! Comme leurs silhouettes font partie de notre musée

* Cité par BARRET et GURGAND, *op. cit.*

imaginaire ! Coiffés de chapeaux à large bord redressés sur le devant, vêtus de longs manteaux de feutre – pèlerines –, munis de leurs insignes symboliques, la gourde (le salut), le bourdon (bâton d'espérance) et la coquille (écuelle de charité), ils vont en bandes, et c'est bien ainsi que nous les voyons en songe : immuables, quel que soit le siècle !

Parmi toutes les représentations de pèlerins proposées sur ce chemin, j'aime beaucoup celle qui orne le sarcophage de san Millán au monastère de Suso. On y voit, sculptés dans la pierre, deux petits jacquets à genoux, priant devant le corps du saint. Tous deux barbus et chevelus, vêtus de robes courtes, de braies et chaussés de sandales à lanières. Ils portent également besaces et sont munis – armés ? – de bourdons à longues pointes métalliques. Ceux-là viennent de la montagne et craignent l'attaque. Mais le plus intéressant reste le premier, un homme au visage sans yeux qui tient un chien en laisse. C'est un aveugle qui se rend sur le tombeau de l'apôtre en vénérant, de sanctuaire en sanctuaire, les reliques et corps saints du chemin. Sans doute espérait-il un miracle de ce saint anachorète, et cela l'aida-t-il à franchir les monts bien nommés de la Demanda. Nous ignorons la suite et ce qu'il devint. Pourtant le voici, tel que le sculpteur le vit en prières, vers les années 1130. Immortel.

C'est avec ces deux-là ou leurs semblables que je marche depuis la première heure du premier jour. Gisèle aussi, et nous en parlons chaque jour. C'est dire la force de leur présence. En fait, il est impossible de leur échapper. C'est leur revanche à eux, les oubliés, les anonymes, de nous tirer ainsi par la manche, d'occuper nos pensées. Leur revanche et leur gloire. La semaine dernière, nous avons rencontré un couple qui, chaque jour, priait pour les âmes de ceux qui les avaient précédés sur ce chemin. Demain, l'an prochain, dans un siècle, d'autres prieront-ils pour nous ? Pour moi ? J'en plaisante souvent avec nos compagnons, mais cette pensée m'émeut toujours un peu.

Bercianos del Real Camino Francés, où Gisèle m'attend, ressemble à ces villages fantômes de l'Ouest américain. Fenêtres et portes fermées, aucun signe de vie, le silence qui, dans les westerns, précède le dénouement. Rue bordée comme toujours de maisons de torchis, mais ici toutes ne sont pas peintes et cela ajoute au délabrement ambiant. Nous allons, guidés par la seule trace de civilisation vivante : les pancartes de signalisation du bar. Notre arrivée dans celui-ci suspend immédiatement les conversations. Superbes instantanés qu'aucun appareil ne captera, visages à demi plongés dans la pénombre – une seule fenêtre –, gestes momentanément arrêtés, regards étonnés. Le temps que les yeux s'habituent, distinguent, tout a déjà repris place. Deux tables disposées dans le sens de la longueur de la pièce, des bancs et le zinc près de la porte constituent l'essentiel du lieu. Et puis il y a la vie qui s'est tue un instant, des hommes assis, debout, appuyés, mains dans les poches, une quarantaine, au moins. Ce sont ceux du village, tous paysans, qui nous écoutent commander nos cafés et se poussent à la première table pour nous faire un peu de place. Pas de très jeunes, du moins en apparence, pas de moins de quarante ans, beaucoup de plus de soixante. Ouvriers ? Propriétaires ? Les deux sans doute, mais, pour ceux qui possèdent, la propriété ne peut ressembler qu'à des miettes. Les grandes surfaces sont à d'autres. Nous prenons place. Nos cafés se traduisent par deux verres de vin blanc, plus frais que bon. On nous parle, mais l'accent est tel que je ne déchiffre rien d'autre que : « *Santiago… Apóstol… Francia… Arriba…* » Nous intriguons un peu.

Gisèle surtout, seule femme de l'assemblée, et *peregrina* qui plus est. Les visages sont très beaux. Des visages d'hommes de labeur, où l'existence a inscrit ses traces. La plupart ont dû connaître la guerre civile, au moins dans leur jeune âge, à travers les privations, la peur, le deuil familial. Aujourd'hui ils sont aussi pauvres que l'étaient leurs parents, l'espérance en moins. Ici comme en France, au Portugal, en Italie, en Grèce ou ailleurs, l'agriculture traditionnelle est morte depuis longtemps. Depuis le jour où elle n'a pu nourrir son homme sans qu'une quelconque subvention vienne apporter l'appoint.

Nous sommes fatigués et cela se voit assez pour qu'on nous parle d'un gîte communal récemment ouvert à la sortie du village. Nous nous y rendons accompagnés d'un homme qui parle un peu français. En fait de Mesón del Peregrino annoncée, nous découvrons une sorte d'étable désaffectée, couverte de fagots et de paille, dotée de quelques matelas posés sur la terre battue, le tout sans eau ni électricité. Pris dans une tempête de neige et totalement harassés, je ne dis pas, mais aujourd'hui, à sept kilomètres d'El Burgo Ranero, non. Nous quittons donc notre compagnon décontenancé. Sans doute pensait-il que nous resterions, inaugurant ce gîte ouvert depuis trois mois et dans lequel aucun pèlerin ne s'est encore arrêté. Aujourd'hui, avec le recul, je regrette cette décision qui nous a faits encore plus étrangers que nous n'étions. Je me souviens du silence de cet homme qui tenait une bouteille où était fichée, source d'éclairage du gîte, une bougie. Je revois son air désemparé, le regard interrogatif, j'entends le « Pourquoi ? » non prononcé. Et j'ai honte. Honte de ce refus qu'aucune *disculpa* ne suffira jamais à effacer. Honte d'avoir privilégié le bien-être relatif d'une *habitación* de rencontre à l'inconfort chaleureux d'un *pueblo*. Dernières images de Bercianos, le long cortège de femmes et d'enfants descendant la colline où se tient l'église del Salvador. Nous sommes dimanche. Les cloches sonnaient également, il y a quinze jours, lorsque nous quittions Roncevaux.

Sahagún fut longtemps considérée comme le Cluny espagnol. On y comptait de nombreux moines venus de Bourgogne comme la reine Constance, épouse d'Alphonse VI. À deux reprises au moins Sahagún fut détruite par les troupes musulmanes, et l'on peut voir à la sortie de la ville, le long du río Cea, le lieu présumé d'une bataille de Charlemagne* contre Aigolando, dans laquelle seraient morts quarante mille chrétiens**. Si, comme on le dit, les Maures furent vaincus, leurs descendants mudéjars n'en participèrent pas moins à la construction des églises de San Tirso et San Lorenzo, merveilles romanes à tours carrées, élevées en briques comme le sanctuaire de la Peregrina.

Si l'essor de Sahagún est lié à la présence de la cour d'Aragon au XIe siècle, le chemin de Saint-Jacques joua aussi son rôle en peuplant la cité. Neuf nations différentes sont recensées dans ses murs aux alentours de 1090, Allemands, Anglais, Bourguignons, Bretons, Lombards, Normands, Provençaux, Toulousains, sans compter les Espagnols de souche,

---

* Purement fictifs, le pèlerinage de Charlemagne à Compostelle et ses nombreux combats le long du chemin permettent d'associer l'empereur d'Occident à la Reconquête, et d'entretenir un légendaire où la papauté occupe une place bien usurpée pour ce qui concerne le IXe siècle. Cette présence de Charlemagne sur le Camino Francés est à rapprocher du « Songe de Charlemagne » tel que le représente une enluminure des *Grandes Chroniques de France*, où saint Jacques apparaît à l'empereur endormi pour lui demander de délivrer son tombeau de la présence des Maures. (*N.d.A.*)

** Ce chiffre est à rapprocher de celui des morts de Roncevaux. Le même ! (*N.d.A.*)

dont une importante communauté juive et quelques mudéjars.

Brassage d'idées, union des sangs, associations, même en temps de désaccord quand on en venait aux armes, l'Autre ne fut jamais totalement l'Étranger. De cette abondance de biens et de différences naquit une Espagne puissante aux alliances recherchées. Sept siècles suffirent pour que la péninsule loqueteuse soit considérée comme une nation de premier ordre. Sept cents ans sont un délai bien court lorsque l'on vient de rien. Il y avait là de quoi se satisfaire. Sans plus. Mais, comme parfois chez les individus les plus modestes, le triomphe fit perdre la tête. On se prit au sérieux, on inventa règles, règlements et étiquettes de toutes sortes, et pour toutes circonstances. La royauté s'engonça dans des vêtements sans âge, tandis que la noblesse, toujours en veine d'imitation, oubliait la désinvolture qui la rendait unique. Avec le règne des Rois Catholiques, la fièvre atteignit des sommets de confusion incarnés dans un homme, Torquemada.

Issu d'une famille de *conversos**, il fait partie de ces fanatiques pour qui le salut de l'humanité passe obligatoirement par la purification du feu ou de l'épée. D'autres l'avaient précédé dans ce rôle, lui-même fera des émules. Frère prêcheur devenu confesseur d'Isabelle et de Ferdinand d'Aragon, Thomas Torquemada, nommé grand inquisiteur d'Espagne par le pape, fait poursuivre et arrêter des milliers de suspects dont au moins deux mille juifs**,

* Juifs convertis au christianisme ; devenus nombreux en Espagne après le synode de Zamora (1312) et les persécutions de 1391, c'est contre eux que, dans un premier temps, vont fonctionner les tribunaux de l'Inquisition. Parmi les plus célèbres d'entre eux, citons saint Jean de la Croix, sainte Thérèse d'Avila, Cervantès. (*N.d.A.*)

** Chiffre certainement très en dessous de la vérité, si l'on pense qu'entre 1481 et 1488, 700 condamnés monteront sur le marranes* et morisques** seront exécutés. Entré au conseil du roi, il obtient, malgré l'opposition d'une partie de la noblesse, l'expulsion des juifs en 1492. Ainsi, cette date, qui marque la fin de la Reconquête avec la reddition de Grenade et la découverte du Nouveau Monde, annonce également la ruine prochaine du royaume. Nul ne se doute, en effet, qu'en perdant ses élites intellectuelles le pays, où des fortunes considérables s'établissent chaque jour, va rapidement s'appauvrir. Personne ne s'en doute ? Si ! Isabelle elle-même, qui, dans une lettre adressée à son ambassadeur auprès du souverain pontife, déclare : « J'ai causé de grandes catastrophes et dépeuplé des villes, des pays, des provinces et des royaumes, mais je l'ai fait pour l'amour du Christ et de sa Sainte Mère. Ce sont des menteurs et des calomniateurs, ceux qui prétendent que j'ai agi par goût du lucre, car je n'ai jamais eu en main un maravédis des biens confisqués aux juifs***. »

Torquemada mourut en 1494 à Avila. L'Inquisition lui survivra jusqu'en 1834, date à laquelle elle sera officiellement abolie par la monarchie espagnole. Entre-temps, le rêve de tolérance instauré par des siècles de cohabitation entre les religions du Livre, expérience unique en Occident, aura complètement déserté les mémoires. On ne dit pas si Torquemada fut pleuré ou regretté. Vivant, il avait fait trop peur pour qu'il en soit ainsi. Mais on célébra longtemps des messes pour le salut de son âme, qui en avait effectivement besoin.

---

bûcher dans la seule ville de Séville. *Cf.* Eliahou CAPSALI, *Chronique de l'expulsion*, Éditions du Cerf, 1994.

* Terme insultant (cochon, porc) utilisé contre les juifs d'origine portugaise et les convertis. (*N.d.A.*)

** Musulman converti au christianisme. (*N.d.A.*)

*** Cité par Cees NOOTEBOOM, *op. cit.*

Carnet de route : « Pas un jour où le vieux chemin ne me confie un peu de son histoire. Il parle, révèle, enseigne… Élève attentif, j'écoute. Subjugué. Qu'a-t-il encore à me dire ? Que va-t-il me demander ? »

Plus de place au gîte El Burgo Ranero. Mansilla est à dix-huit kilomètres. Nous en avons parcouru trente-deux. Pas question de poursuivre. Une fois encore, c'est une *fonda* qui nous retient, petite maison de terre ocre, avec un laurier-rose à la porte et une femme âgée qui nous reçoit avec un sourire entendu : « *¡Pobres peregrinos, con este calor !* » Plus tard, nous apprendrons qu'elle est veuve, mais pour l'heure nous cédons aux délices de la trilogie quotidienne : douche, déjeuner, sieste. La soupe et les calamars sont délicieux, le vin aussi. Lorsque nous avons fini, elle nous en ressert, avant d'aller s'asseoir à l'autre bout de la pièce, près de la fenêtre où elle doit passer ses journées à contempler le vide de la *calle mayor*. La maison semble vouée au culte de Jean-Paul II. Rien que dans la pièce où nous sommes, quatre grands portraits encadrés bénissent les hôtes de passage, trois autres photographiques – cartes postales, cette fois – et deux petites statuettes complètent la présence papale, sans oublier l'affiche dans l'escalier. Plus modeste, saint Jacques ne bénéficie que de deux représentations, alors que, tout fringant militaire qu'il soit, le *nieto* (petit-fils) n'a droit qu'à une seule photographie sur laquelle il rit, satisfait, dans sa tenue de camouflage avec laquelle il doit en imposer aux filles. Sans risque d'erreur, il est permis de penser qu'une grande partie de l'univers de cette femme se trouve disposée sur ce buffet, bonheur fragile qu'elle doit souvent faire partager aux hôtes de passage. Avant de remettre le cadre du petit-fils à sa place, elle l'embrasse affectueusement, l'essuie avec sa manche, l'embrasse de nouveau. À l'opposé du soldat se tient le grand-père, son mari, un homme à l'aspect sévère, sans âge, avec des moustaches épaisses relevées en pointes. La photo est passée, jaunie. Effet du soleil sur le papier ou mort ancienne ? Nous n'en saurons rien. Le temps ici a fait son œuvre d'oubli.

El Burgo Ranero ne possède qu'une seule rue, la calle Real, qui le traverse de part en part. On y attend la fraîcheur, entre voisins, sur des chaises paillées, en regardant ces étrangers qui, rentrés chez eux, se souviendront peut-être de s'être arrêtés dans ce village du nom de Ranero. Gisèle prend quelques photographies, échange deux ou trois mots, toujours les mêmes, décevants de banalité. Du haut de l'église San Pedro la famille Cigogne – père, mère et progéniture – surveille le petit étang où le peuple Grenouille manifeste bruyamment sa joie.

Scène de vie dominicale en Espagne : le bar où nous pénétrons semble au bord de l'explosion. Perçu du dehors, c'est du moins ce que l'on craint. Passé la porte, tout est parfaitement normal, et, compte tenu du nombre de consommateurs, presque calme. D'ailleurs, avec un peu de philosophie et d'entraînement, il arrive que l'on s'habitue rapidement au vacarme. Et même qu'on y participe. Sachant que c'est le seul moyen dont je dispose pour montrer que j'ai soif, je ne laisse guère ma place dans le brouhaha. Tables et chaises sont occupées. Le devant du bar aussi, comme le rebord des fenêtres, où les plus jeunes sont assis. Il n'y a de place nulle part. Il faut jouer des coudes, crier la commande, s'y reprendre autant de fois qu'il le faut, en s'égosillant toujours plus. Lorsque nous sommes servis – *tapas*, *aceitunas verdes y cervezas* –, il convient de se méfier des gestes intempestifs autant que de ce qui vole, paquets de cigarettes, mégots, noyaux d'olives, enveloppes de cacahuètes, tout ce qui compose cette sorte d'humus dans lequel piétinent avec indifférence les clients des bars espagnols. Deux postes de télévision diffusent leur programme, l'un une corrida, l'autre un match de football. Chacun a son public, bruyant comme il se doit, heureusement séparé par la longueur de la pièce. Profitant de son statut de *no man's land*, nous dégustons nos *tapas* assis sur l'escalier extérieur. Lentement l'orage à venir violace le ciel vers l'ouest. Un enfant conduit des chevaux à l'étang soudainement muet. Il fait chaud. Encouragé par le crépuscule, le vent a repris son jeu favori contre la poussière.

En 1673, Domenico Laffi passa la nuit dans l'une de ces maisons. L'auberge était si pauvre qu'il dut dormir, comme ses hôtes et les bergers de passage, à même le sol. Le matin, à quelques kilomètres d'ici, il avait rencontré des loups en train de dévorer le cadavre d'un pèlerin.

L'orage a éclaté au milieu de la nuit. D'une violence inouïe, accompagnée de grêle. Très vite il a plu dans la chambre. Sur nos sacs. Cela nous a rappelé le Sauvage, en Margeride, trois ans plus tôt, alors que nous marchions vers Conques. Impossible, sans électricité, de colmater la fuite. Avons attendu l'accalmie en parlant. Celle-ci n'arrivant qu'avec le jour, nous n'étions guère vaillants à l'heure du départ.

La piste est un peu lourde, glissante parfois, mais praticable. Lorsque nous quittons El Burgo Ranero, la famille Cigogne, dont Gisèle s'inquiétait cette nuit, partage le logement des cloches de la tour de l'église avec des dizaines de corbeaux et pigeons. Quelques mètres plus haut, le nid, qui ressemble à un fagot de bûcher, sèche au premier soleil. Protégés par la loi, ces oiseaux le sont également par la population, qui voit dans leur présence un signe de félicité. L'abandon d'un village par ce migrateur à la fidélité exemplaire peut entraîner, dit-on, de véritables névroses, alors que la maison dont le toit reçoit un nid devient, dans l'inconscient collectif, sanctifiée. Le plus généralement, dans ce pays de maisons basses et dépourvu d'usines, c'est l'église qui se voit ainsi honorée. Ce qui, pour un prêtre rencontré à Fromista, suffit amplement à prouver le caractère divin de l'oiseau. Quoi qu'il en soit, même rebattue, l'image des cigognes dressées sur leur nid ou volant autour des clochers est un plaisir tel que, très souvent, dans la traversée d'une agglomération, nos premiers regards sont pour elles.

Ce matin, la propriétaire ne s'est pas montrée surprise lorsque nous lui avons annoncé qu'il avait plu dans la chambre. Manifestement, d'autres le lui avaient dit, sans que l'ardoise défaillante soit remplacée. Combien d'orages et d'averses seront encore nécessaires avant qu'elle décide de la réparation ? Et ces pluies obstinées de l'automne, la neige ? Si le plafond ne semblait pas trop atteint, le parquet avait déjà souffert. Tout juste s'est-elle contentée d'écarquiller les yeux en posant sur la table un lot de cartes postales reçues de Compostelle, témoignages du but atteint, messages d'hommes et de femmes ayant séjourné chez elle et dont elle ne garde sans doute aucun souvenir précis. Plusieurs dizaines déjà, pour les six premiers mois de l'année.

De nouveau le Real Camino Francés, copieusement signalé par les panneaux à coquille stylisée de l'Europe. Que penser d'un pèlerin qui, sur ce chemin exclusif, aurait l'idée saugrenue de se perdre ?

Avant d'être sacrifiée à la monoculture céréalière, cette région était réputée pour son élevage. De moutons, surtout. Aujourd'hui, les bergers sont rares. Celui que nous croisons nous parle de Paris, où sa sœur travaille pour une société américaine après avoir vécu à Madrid et au Mexique. Pendant toutes ces années, il a continué de mener et surveiller des troupeaux sur cette plaine qu'il connaît sans doute comme sa poche. Curieux de savoir ce que ces deux-là peuvent se dire lorsqu'ils se retrouvent.

Celui-là est parti d'Anvers, où il était docker jusqu'à ce jour d'avril, il ne sait plus très bien lequel, où il a tout plaqué. « D'un coup ! J'en avais marre. De tout. De la famille, des filles, des copains et du reste. Un soir j'ai dit stop ! Le lendemain matin mon sac était fait. J'aurais pu prendre un bateau, remarque, avec ce que j'avais sous la main. Non, la route. Et le sud... Compostelle, c'est un vieux bonhomme qui m'en a parlé quand j'étais enfant. Je croyais alors que c'était à l'autre bout du monde. (Il rit.) Et aujourd'hui ! C'est le Bon Dieu qui a tout décidé. Sans lui je ne serais pas là. »

La trentaine passée, roux avec moustaches et favoris, tatouages sur les bras, lot de médailles saintes autour du cou et dans le bracelet de montre. Parle français avec un fort accent flamand, peut-être plus routard que pèlerin, mais la différence est parfois si minime ! Il marche avec deux jeunes Espagnols rencontrés à Burgos, un peu boucaniers, comme lui. À l'entendre on se méfierait d'eux. Qui « on » ? Les autres pèlerins ? Ah, bon ! Et pourquoi donc ? Ne sait pas. Peut-être l'allure. Sans doute. Mais est-ce bien suffisant ? Étrange comme même ici, sur ce chemin qui en principe devrait nous émanciper de nos craintes et phobies, nous demeurons conditionnés par la peur de l'autre. Qu'ont-ils donc de si précieux dans leur sac, ces pèlerins inquiets ? L'argenterie domestique ? Leur compte épargne réalisé en pesetas, ou la sacro-sainte carte de crédit bancaire ?

Pour le moment, le trio se restaure, et le docker – c'est ainsi que nous l'appellerons à défaut de tout prénom – s'inquiète de savoir si, par hasard, nous ne connaîtrions pas les paroles de *J'attendrai*. Dans les minutes qui suivent, Gisèle se taille un beau succès auprès des consommateurs de ce bar perdu en interprétant le tube des années quarante, tandis que l'un des compagnons du Flamand pleure à chaudes larmes sur son verre de café. Les chemins de l'amour, comme ceux de l'apôtre, sont parfois bien difficiles !

Religios, où se passe cette scène, marque la fin du plateau. Les dernières maisons éparpillées le long de la *calle* précèdent le basculement soudain vers ces autres mondes que sont la plaine et la végétation. En fait, la descente commence au bas des marches de l'église pour s'achever, six kilomètres plus loin, devant les murailles de Mansilla, que l'on voit trembler dans la chaleur.

L'étape est courte. Heureusement, car le moral fait défaut. Le corps, lui, parfaitement rodé, fonctionne comme une mécanique dispensée de douleurs, crampes et ampoules. Ce n'est pas à proprement parler une surprise après vingt ans de grande randonnée, mais rien n'étant jamais acquis, chaleur et montagne peuvent toujours révéler des failles dans l'édifice. Jusqu'ici il n'en est rien, et de ce côté-là tout va pour le mieux. C'est le psychisme qui, pour je ne sais quelle raison, renâcle. Rien de grave au demeurant, juste une voix de contrebande qui n'en finit pas de répéter que tout cela ne sert à rien, que je serais mieux chez-moi, etc., le tout accompagné de quelques idées noires comme on en fabrique parfois au cours des nuits d'insomnie. Pourquoi abdiquerais-je ? Aujourd'hui, et sur cette draille ? On ne rompt pas avec ses projets dans le désert assis sur le bord du chemin à attendre je ne sais quel transport miraculeux. Les ruptures, comme les séparations, ont besoin de gare, d'aérodrome ou de port. En revanche, la décision de capituler, elle, n'a pas besoin de lieu. C'est ce qui rend le chant des sirènes si dangereux.

Pour être honnête, ce n'est pas la première fois que j'éprouve ce genre de lassitude, mais jusqu'ici cela ne tenait pas face à l'arsenal rudimentaire, mais néanmoins efficace, que je m'étais forgé. Un jeu de questions-réponses modulables en fonction de l'attaque. Tu as mal aux pieds ? Non. Malade ? Non. Tu regrettes d'être là ? Non… jusqu'à ce que la conclusion tombe d'elle-même : puisque tout est en ordre, marche et tais-toi ! J'avoue que c'est primaire et que cela peut se révéler inefficace, comme aujourd'hui. Mais chacun choisit ses armes en fonction de sa personnalité. Certains insultent le silence ou se perdent en raisonnements, d'autres chantent, comptent les cailloux, les poteaux du chemin, leurs pas. Beaucoup prient.

Je pensais qu'après l'épisode du bar tout rentrerait dans l'ordre. Il n'en est rien. Je suis de nouveau face à moi-même, assiégé de questions auxquelles, tôt ou tard, il me faudra répondre. C'est peut-être ce que l'on appelle un peu légèrement l'« heure de vérité », ce moment où l'individu se doit de rendre des comptes à lui-même. Exercice d'introspection auquel, en principe, nul n'échappe dans les passages obligés que sont l'âge, la maladie, la mort ou certaines expériences, dont le pèlerinage. Instant de nudité absolue. Il me semble qu'après m'avoir tant appris sur lui-même, le chemin attend que je lui rende des comptes. Que je me mette en règle, en quelque sorte.

« *Este camino es un camino de la vida.* » C'est écrit partout, en lettres bleues sur fond jaune, ou l'inverse. Chemin de vie ! Mon existence ressemblerait-elle à cette route caillouteuse, abandonnée à l'arrogance des chardons ? La traversée du miroir est toujours un acte douloureux puisque, quelque part, elle tue.

Carnet de route : « Erreur funeste : dans la précipitation du départ, ni l'un ni l'autre n'avons songé à emporter de lecture digne de ce nom. Deux livres de poche, légers aux sacs mais bien insignifiants. Conséquence, chaque soir je me plonge dans mon dictionnaire d'espagnol. Je regrette de ne pas avoir pensé aux Évangiles. »

Pillée par les Suèves, rasée et abandonnée sous les Wisigoths, Mansilla de las Mulas ressuscita de ses années de sable au IXe siècle, grâce au pèlerinage de Compostelle. Ville de peuplement, elle s'enrichit du savoir et de la différence de ceux qui décidèrent de faire souche ici plutôt qu'à León, parce que le lopin de terre concédé était plus important ou de meilleure qualité. Aujourd'hui, Mansilla, sans être ruinée, est de nouveau pauvre et ne garde de son passé tumultueux que quelques murs de fortification de trois mètres d'épaisseur, constitués d'argile et de galets. Pour le reste, rien, sinon une place entourée de maisons colorées, dont les étages avancés reposent sur des colonnes de bois. Les arcades ainsi constituées abritent leurs lots de personnes âgées, jeux d'enfants et commerces. Tout ceci n'est pas sans rappeler Los Arcos, autre ville de peuplement jacobite et semblablement désolée.

Le passage du río Esla dans cette vallée entraîne le retour de la végétation. Déjà, dans la descente de Reliegos, nous avons rencontré des vignes et quelques arbres. Cela n'a l'air de rien, mais, après ces jours d'univers calciné, le fait devient vite émouvant. Contrairement à ses consœurs du plateau, Mansilla bénéficie d'une relative fraîcheur qui nous met instantanément l'esprit en vacances, sentiment renforcé par le fait que nous logeons dans une *zona de acampada* (camping). La multiplication de ces structures le long du chemin dit assez bien l'afflux de pèlerins depuis Burgos. Même si la grande majorité va à Compostelle à bicyclette, cela fait du monde, et les capacités d'hébergement classique sont depuis longtemps dépassées. Le plus souvent, nous faisons le choix d'une *fonda* ou d'une *posada*, équivalent d'une pension de famille pouvant accéder au rang de petit hôtel-bar-restaurant.

Françoise et Freddy nous attendaient. Tous les quatre occupons une tente dans ce camp scout où l'animation, même aux heures chaudes de l'après-midi, ne faiblit pas. On va et vient, on s'agite, on appelle, on lave son linge, on attend patiemment dans la file des douches et des toilettes, dans un climat bon enfant. Mais qu'on ne s'y trompe pas, les mœurs se relâchent vite et, vers le soir, la fatigue aidant, la resquille finira quand même par retrouver ses habitudes, et nos voisins cyclistes installeront, à quelques mètres de notre tente, un compresseur qui fonctionnera une bonne partie de la nuit.

L'orage de la nuit dernière était en fait un véritable ouragan qui a ravagé la région de León. Certains villages sont déclarés sinistrés. Par endroits la grêle atteignait, dit-on, une hauteur de trente centimètres, des maisons se sont écroulées, des voitures ont été emportées par la crue des rivières. On ne déplore heureusement pas de victimes. Écoutant ce qui se disait, je pensais à ce pèlerin suisse pris dans la tourmente entre Fromista et Villalcazar, qui, affranchi de ses frayeurs, attendit « la grâce ou le trépas avec le même détachement. Devenu autre, déjà, par la force des éléments ».

Mardi 6 juillet 1993. Il n'est pas six heures lorsque nous levons le camp. Départ ou fuite ? Pas de doute possible, c'est bien de la seconde qu'il s'agit. Un déménagement à la cloche de bois empêtré de précautions qui nous honorent vis-à-vis de nos voisins qui, eux, n'en prirent guère au cours de la nuit. Vers trois heures du matin, alors que la fiesta s'achevait, le froid prit le relais. Un froid insidieux qui, sous le masque du « petit frais » tant attendu, se révéla vite un dangereux spadassin perçant à loisir l'unique couverture, s'infiltrant de partout, faisant fi de nos quelques vêtements jetés à la hâte sur des corps déjà frigorifiés. Devant un tel acharnement, comment résister aux charmes de León, distante d'une vingtaine de kilomètres ?

Pas facile de s'évader la nuit, d'éviter piquets et tendeurs de tentes, bassines et vélos traînant un peu partout. Heureusement, le chemin de terre que nous gagnons très vite est aussi plat que rectiligne, et le jour se lève rapidement. Seul le froid demeure assez longtemps pour nous rappeler que, malgré les apparences, nous sommes toujours aux environs de huit cents mètres d'altitude.

À part l'hématome, la chute de Gisèle est à ranger au rayon des mauvais souvenirs. Ce matin, elle marche, décidée, en chantant l'éternel *Passant par Paris* alors que derrière nous s'élève un chant de messe… C'est Romero, le moinillon de nouveau seul, toujours chaleureux, et qui s'inquiète de savoir « *que cántiga a Santa María canta la mujer* ». Difficile de lui expliquer qu'en fait de cantique il s'agit d'un chant populaire plus prisé des cabarets que des lieux saints, d'autant qu'au même instant le répertoire glisse tout naturellement sur *L'Hymne de la deuxième DB*. Décontenancé, Romero marche quelque temps à nos côtés, avant de s'envoler littéralement à grand renfort de petits pas dont la cadence surprend. Nous le retrouvons dans le premier bar ouvert, où il mange une pomme devant un verre d'eau. Le café que nous lui proposons de prendre en notre compagnie est bien entendu refusé. Il repart après avoir prodigué au patron tout un lot de bénédictions. Drôle de bonhomme quand même !

Aujourd'hui quartier de la ville, Puente del Castro fut longtemps un village hors les murs où vivait une importante communauté juive. Celle-ci, semble-t-il, fut massacrée au XIIe siècle, et ses maisons détruites. Certains guides évoquent l'existence de ce quartier et le sort qui lui fut réservé, mais avec tant de pudeur et d'abstraction qu'il faut vraiment lire entre les lignes pour saisir de quoi il s'agit. Il doit quand même bien rester des écrits, ordres et témoignages quelque part dans les archives. Par ailleurs, il n'est pas pensable que ces milliers de pèlerins traversant l'Espagne n'aient rien vu ni entendu. Toujours soucieux de la qualité des eaux qu'il rencontre, Aymery Picaud signale simplement « le Torio, qui coule à León au-dessous du camp des juifs ». Passa-t-il avant ou après le pogrom ? Mystère. À noter tout de même qu'il ne parle pas de « quartier » mais de « camp ». Qu'aucun pèlerin ne se soit indigné ou interrogé à voix haute est pour le moins surprenant et ternit passablement l'image que je me fais d'eux. Je ne parle pas, bien entendu, des pauvres Jacques, les vrais, paysans et laboureurs, illettrés et soumis d'office au bon vouloir des autres. Les autres justement, ces lettrés, clercs et laïcs, intellectuels fascinés par la scolastique où ils vont s'enliser pour un siècle, où sont-ils ? Qu'ont-ils fait ? Déjà absents au rendez-vous de l'histoire ?

Pour l'Église au moins c'est simple. Elle tire les ficelles et ne s'en cache pas. Le bras séculier n'est pas de son ressort. Ce sont les politiques qui décident et commandent. Comment, dans ces conditions, espérer trouver trace du forfait ? Mais, une fois encore, il est possible que mes craintes ne soient pas fondées. Même si la chose n'apparaît pas, un évêque a très bien pu condamner les faits. Rien ne dit qu'un maître d'université ne se soit élevé, comme Miguel de Unamuno, recteur de l'université de Salamanque, le fit en 1936, pour rappeler à ses concitoyens leurs devoirs de conscience. Lors de la célébration de la fête de la Race le général franquiste Millán Astray, grand mutilé de guerre, avait crié devant une foule d'étudiants : «*¡Viva la Muerte!*» Miguel de Unamuno répondit : «Il y a des circonstances où se taire est mentir. Je viens d'entendre un cri morbide et dénué de sens : "Vive la mort !" Ce paradoxe barbare est pour moi répugnant. Le général Astray est un infirme. Ce n'est pas discourtois, Cervantès l'était aussi. Malheureusement il y a en Espagne beaucoup trop d'infirmes... Un infirme qui n'a pas la grandeur spirituelle de Cervantès recherche son soulagement dans les mutilations qu'il peut faire subir autour de lui... Vous vaincrez parce que vous possédez plus de force brutale qu'il ne vous en faut. Mais vous ne convaincrez pas... Je considère comme inutile de vous exhorter à penser à l'Espagne ! » Astreint à résidence, Miguel de Unamuno mourut quelques semaines plus tard. Si je ne pense pas que le pardon abolisse la faute, l'aveu de celle-ci me semble une vertu. Pourquoi les peuples n'exigent-ils jamais des différents pouvoirs qui les gouvernent les mêmes probité et intégrité que ceux-ci leur demandent par ailleurs ?

Peu après dix heures, nous arrivons à León par les rues Barahoma et Puerta Moneda. La ville est là, dans le creux devant nous, et c'est avec plaisir que nous voyons ses quartiers s'étager doucement au milieu d'une importante végétation. León est à mes yeux la ville la plus agréable de tout le chemin de Compostelle, la plus belle aussi avec Santiago. Bien que démise de son titre de capitale royale au début du XIIIe siècle, elle n'a rien perdu de sa manière d'être aristocratique. Cela se ressent très vite dans le comportement de ses habitants, prévenants, disponibles et chaleureux pour l'étranger qui passe. Et comme on s'en doute, très fiers de leur cité.

Notre arrivée est joyeuse. Demain nous oublierons le Camino au profit de cette ville effleurée l'an dernier. Une journée de repos ! La seule de notre périple, ici, dans la splendeur, et à cinq cents kilomètres de Saint-Jean-Pied-de-Port ! Ce ne sont plus quelques bribes de chanson de route qui résonnent à présent dans ma tête, mais au moins l'alléluia du *Messie.* Heureux nous le sommes, et cela se voit sans doute puisque les passants nous saluent en souriant. La joie, c'est bien connu, est toujours contagieuse. Dangereuse aussi, comme je l'apprends à mes dépens. La cathédrale, merveille gothique, est là, à notre droite. J'en aperçois les flèches qui se dressent au-dessus des toits. Quelle beauté ! Quel choc ! Je me retourne pour le dire à Gisèle, oublieux des trottoirs. Le piège fonctionne à merveille et je m'affale lourdement quelques mètres plus loin. Douleurs très violentes au coude, au poignet et à la main gauches, sur lesquels je suis tombé. Fractures ? Première idée. Premières paroles, mais les doigts se plient, le poignet aussi, l'avant-bras obéit. Rien de cassé ! Gisèle déboucle mon sac, m'aide à me relever, des gens accourent, dont le concessionnaire Renault parlant un peu français, qui a déjà téléphoné à la police. Pourquoi ? Ce n'est rien. Le genou n'est qu'écorché. Le coude, lui, est ouvert et saigne abondamment, mais il en est toujours ainsi de ce genre de blessure. Par contre, main et poignet enflent d'une manière inquiétante. Fêlure ? Le spectre de l'abandon se dessine. Arrivée d'une voiture de la Guardia Civil. Deux hommes en descendent. « *¿Peregrinos ?* » Regardant le coude. *« Hospital. »* Non ! je me suis entendu crier ce refus plus que je ne l'ai peut-être dit, car tout vacille autour de moi jusqu'à ce qu'une trappe s'ouvre sous mes pieds. À présent je suis allongé sur la pelouse du garage. Quand j'ouvre les yeux je vois RENAULT inscrit au fronton de l'immeuble. Où suis-je ? Une seconde voiture de police est arrêtée. Les gens parlent, on me tend un verre. Abandonner ici ? De façon aussi minable ? La première voiture repart. Ceux qui restent parlent français. Comme moi l'espagnol, mais enfin, font comme si. Le plus gradé – un sergent ? – revient d'un stage à Paris. Ah, bon ! Des *peregrinos* il en a vu *muchos, muchos*. Suivent quelques phrases rapides que je ne comprends pas. Dit sans doute que je ne serai pas le premier à renoncer de la sorte... Que l'an prochain, je reviendrai, repartirai d'ici... Ça il le dit clairement : « *El año próximo, marcharà de nuevo.* » Pendant qu'il parle, je réfléchis. L'hôpital signifie la pose d'un plâtre, l'immobilisation du bras, l'impossibilité de fixer le sac, autrement dit l'abandon pur et simple. Manifestement je ne souffre d'aucune fracture, et lui – comme tous ceux qui vont suivre – semble plus préoccupé par la plaie du coude que par la main. Refuser donc toute proposition d'*hospital* ou de *médico* ! Bien sûr, il ne veut rien savoir. À bout de nerfs, je lâche quelques noms d'oiseau avant de m'effondrer en larmes dans les bras de Gisèle, qui pleure elle aussi sur le rêve interrompu. Oh ! Saint-Jacques ! Tu déconnes ou quoi ?

Bon, inutile de s'attarder sur des détails, je finis par accepter la voiture qui nous conduit au *refugio* situé au diable Vauvert, où un médecin s'occupe des éclopés. Celui-là risque au moins de me comprendre. Là-bas nous retrouvons Romero, assis devant la porte qui n'ouvrira qu'à dix-sept heures. Dans six heures si tout va bien. Pas question d'attendre. « *¿Hospital ? ¡ No ! ¡No y no !* » Retour vers la ville, non sans que Romero ait versé quelques larmes sur ma main devenue énorme et très douloureuse. À son regard je sais ce qu'il pense et confirme par un bruyant « *¡Adios,* *compañero !* » au moment où nous remontons dans la voiture. Bien entendu, il priera l'apôtre pour nous, et la Sainte Vierge, et tous les saints du paradis. Dernière vision de ce petit homme en bure, gesticulant sur les marches de l'*albergue*. Pourquoi adieu, camarade ? Pourquoi de nouveau ces larmes ? Comment et pourquoi devient-on si fragile sur ce chemin qui devrait tant nous fortifier ? Merde, merde, merde ! Colère noire contre ma stupidité. Plus tard, chacun ira de sa diatribe contre ces redoutables trottoirs espagnols toujours tordus, jamais d'aplomb. Tout le monde aura eu plus ou moins affaire avec leur traîtrise. Mais après ces milliers de pas, ces centaines de trottoirs et plusieurs dizaines d'embardées, à qui la faute ? À croire que la leçon de Castrojeriz ne m'a rien appris !

« *Peregrino, nosotros vamos al médico por un vendaje.* » (« Nous allons chez un médecin pour un pansement. ») Un médecin ? pas question ! Assez méfiant à leur égard en temps ordinaire, je suis aujourd'hui plus que réticent : une telle rencontre se traduira obligatoirement par un plâtre. « *No médico, farisco* [pharmacien]. *Pero antes de farisco, hostal, por favor.* » (« Mais avant le pharmacien, un hôtel, s'il vous plaît. »)

Le sergent parle de Paris, de la France et de cette *plaza de toros* que nous longeons et dont il semble faire grand cas. Le chauffeur se signe à chaque église rencontrée, Gisèle pleure en silence, tandis que la syncope tente à deux ou trois reprises de me refaire le coup de la trappe. Il fait déjà très chaud.

L'hôtel Paris est complet. Même pour des *peregrinos* en mauvais état. *Completo.* La réceptionniste répète trois fois *completo* en portant un regard inquiet sur ce coude sanguinolent qui ne manquerait certainement pas de tacher les draps. Le militaire, lui, n'entend pas capituler et le mot *requisar* (réquisition) tombe comme un couperet, faisant s'évanouir le sourire pincé de l'autre. Suivent un échange de papiers administratifs et quelques œillades assassines vers l'escalier où je suis assis. Au point où nous en sommes !

Départ de la Guardia, salut de rigueur. À peine les feux de la voiture ont-ils disparu qu'ils réapparaissent. En marche arrière, cette fois. La porte s'ouvre, le sergent revient un papier à la main. Panique. Ce coup-ci, ce ne peut être que l'hôpital ! Non, mais je dois signer une décharge de responsabilité. Normal ! Au moment de partir, notre ange gardien se lance, sous le regard incrédule de l'hôtesse, dans un discours où, si je comprends bien, je viens de gagner mes galons de pèlerin de première classe. Après quoi, comme il se doit, il me donne l'accolade. Moment que je choisis pour tourner de l'œil. Ce qui a pour conséquence immédiate de ressusciter de nouveau l'hôpital. Tout cela se termine chez la pharmacienne d'en face qui, devant une tension anormalement basse, évoque à son tour les grands bâtiments blancs où je serais si bien soigné. Trêve de plaisanterie, je ne suis pas un héros, n'ai aucune disposition pour le devenir, et nous n'allons pas passer notre temps sur une foulure. Si demain j'ai vraiment un problème, j'abandonne. Point final ! Tout le monde est rassuré. Moi aussi. Et je vais dormir, grelottant de fièvre sous deux couvertures.

Sommeil de brute. Avec le recul je suis persuadé d'avoir rêvé à mes confrères du Moyen Âge. Ce n'est certainement pas vrai. J'ai dormi comme une masse et ce genre de sommeil n'est guère propice à l'onirisme. Dommage, car j'aurais bien aimé entendre ces jacquets me parler de leurs propres souffrances. Pas de la gnognote prise en charge, dorlotée, exhibée comme un statut ; des maux, des vrais, douleurs inguérissables contre lesquelles ils luttaient à coups de rosaires et de confiance. Blessures qui, parfois, finissaient par emporter le bonhomme, peut-être souriant sous le baume du trépas. Sait-on jamais !

Heureux présage pour la suite des événements : la faim me sort du lit. Une faim de loup que nous allons calmer dans un restaurant de la vieille ville où mon bras en écharpe – main bandée jusqu'au coude – fait sensation auprès de deux pèlerins, Jacques et Niegel. Le premier, receveur des postes, vient de Namur, le second, pasteur anglican, est parti du Puy. Tous deux marchent ensemble depuis quelques jours. Repas copieux comme savent l'être les menus de la *casa*. Nous plaisantons de nos petits malheurs respectifs. Niegel, qui parle un excellent français, a cumulé les chutes les plus diverses, roncier, rivière, trottoirs et j'en passe. Son flegme britannique, accentué par sa présentation très « armée des Indes » – barbe, moustaches et cheveux blonds taillés de façon impeccable, vêtements tirés à quatre épingles –, lui donne une classe qui ne l'apparente guère aux pèlerins traditionnels dont nous sommes.

Parlant de sa traversée de la France, il s'attarde sur son séjour à Conques. L'émotion qui me saisit alors est si forte que pendant plusieurs minutes je suis incapable de prononcer le moindre mot. Conques, si lointaine et si proche… En avril dernier nous y étions aussi, comme si souvent depuis vingt-cinq ans – un quart de siècle ! –, attirés, fascinés, appelés par cette inexplicable voix des pierres. Relation ambiguë de l'agnostique avec le sacré, à quel jeu sainte Foy jouait-elle le jour où, dans les années soixante-dix, elle me présenta mon premier pèlerin ? Niegel parle à présent du frère Renaud, prieur prémontré de l'abbatiale… Renaud, ici présent, à notre table ! Comme le monde est simple, et beau !

Et puis, au-delà des visages, des souvenirs, une certitude qui s'impose : notre présence ici est indissociable de ce village du Rouergue. C'est de lui que nous est venu cet intérêt pour les chemins de Compostelle. Lui qui, après nous en avoir insidieusement imprégnés, nous y a poussés. Le village, peut-être. L'abbatiale de Sainte-Foy, sûrement. Aucune idée de ce que la tablée dit ensuite. Je suis absent, distrait, rêvant aux chemins de Sénergue ou du Lot, à moins que ce ne soit de la chapelle Saint-Roch. Autres images, et combien d'autres encore, du même chemin qui, de plaines en collines, de creux en sommets, de forêts en plateaux, de villes en hameaux, n'en finit pas de me répéter inlassablement : « Marche ! »

Bâtie sur les restes du palais d'Ordono II, les ruines d'une église romane et des thermes romains de la première cité, la cathédrale de León est l'un des plus beaux édifices gothiques d'Europe. Je ne sais si, comme certains l'affirment, ses constructeurs – parmi lesquels de nombreux Français dirigés par Guillaume de Rouen – empruntèrent leur savoir à Reims et Amiens. Peu importe, quelles que soient les influences, l'audace est là, concrétisée dans cet extraordinaire sentiment de légèreté, d'élancement, qui saisit dès les premiers pas dans la nef. La nef, justement, dans quelle autre cathédrale justifie-t-elle mieux ce terme maritime synonyme d'évasion ? Où le seul fait de lever son regard vers les voûtes se traduit-il par un tel sentiment d'arrachement à la terre ? Où plus qu'ici tutoie-t-on si facilement le ciel ?

C'est la deuxième fois que je pénètre en ce lieu dont je pensais connaître le charme, et me voici pourtant, de nouveau, navigateur-pèlerin, nu et démuni face à l'absolu. À quoi ce trouble jubilatoire est-il dû ? Au fabuleux élancement des colonnes de pierre, finement souligné par l'élégance des piliers achevée en point d'orgue dans la fragilité supposée des croisées d'ogives ? Ou à la lumière, à laquelle aucun recoin, aucune chapelle de cet immense vaisseau n'échappe ? Cent vingt-cinq fenêtres et rosaces confortées d'une soixantaine d'œils-de-bœuf expliquent ce miracle. La clarté est ici chez elle. La couleur aussi, car les vitraux ont depuis longtemps oublié la rigueur cistercienne pour clamer au monde que le Dieu Lumière est avant tout passion et ne saurait se satisfaire de l'unité des clairs-obscurs. Aujourd'hui comme demain, je marche dans cette cathédrale où, j'en suis convaincu, les années à venir me verront de nouveau. Bien sûr, il me faudrait également parler de la sculpture des portails, des chapelles rayonnantes – dont celle de Santiago –, du cloître, tous également splendides, mais comment réutiliser, sans en atténuer la portée, les pauvres mots qui ne peuvent traduire à son juste éclat l'émerveillement des verrières ?

L'an dernier, à quelques jours près, un jeune prêtre célébrait ici sa première messe. Sans doute cet événement n'aurait-il pas retenu notre attention si l'office ne s'était déroulé en français. Par la suite, nous apprîmes que, jeune pèlerin se rendant à Compostelle, sa vocation lui était apparue dans cette cathédrale. Peut-être était-ce un soir comme celui-ci, en cette heure un peu lasse où les vitraux de l'ouest s'embrasent.

Vieille recette connue, utilisée par tous ceux qui marchent : ne pas penser à la distance, abolir les kilomètres, faire comme s'ils n'existaient pas. Les mettre de côté dans un coin de mémoire comme on range les poisons de jardin avec les pièges à taupes, hors de portée, sur les plus hautes étagères. C'est ainsi que l'on avance, en se défendant constamment contre soi-même. Combat sans cesse recommencé, pas une étape qui ne soit acquise par principe. Même les plus faciles nécessitent une vigilance serrée. Que dire lorsque la fatigue étire chaque kilomètre au-delà du raisonnable ? Que la volonté n'en peut plus de lutter contre les heures, demies ou quarts d'heure ? Sans doute cette marche vers Compostelle n'est-elle pas exempte d'une part de masochisme. Les preuves abondent en ce sens et certains n'hésitent pas, en théâtralisant leurs difficultés, à conforter l'inacceptable culture de la douleur dans le jugement des autres. Inacceptable ? Ailleurs peut-être, mais ici, en Espagne où le quotidien fourmille de relents de violence et de cruauté ? Nous passons donc, images supposées souffrantes, devant un public acquis autant que réservé, jaloux d'une compassion accordée au seul Christ sanguinolent de l'église la plus proche.

La *requisar* du sergent n'ayant qu'une durée de vingt-quatre heures, l'hôtesse n'a pas manqué de nous signifier notre congé, hier, à la première heure. Tant mieux ! Cela nous a permis d'organiser calmement la redistribution de nos chargements, et servi de test dans mes capacités à porter le sac. Compliqué mais tout à fait possible.

Ce matin nous quittons León en emportant le souvenir des voûtes peintes du panthéon royal de San Isodoro. Bien que je m'en défende, je marche le corps tendu, peu assuré, redoutant l'obstacle si petit soit-il, l'aspérité, le trou normalement insignifiant mais qui, compte tenu de l'immobilisation de mon bras gauche, ne manqueraient pas d'entraîner une nouvelle chute. Je suis inquiet et marche derrière ma femme en longeant les murs, regardant à deux fois avant de traverser les rues. Il faut que je m'adapte, me familiarise avec mon nouvel état. S'habituer. Oublier l'entrave, la domestiquer. Facile à dire, mais à vivre ?

Nous allons ainsi, plusieurs kilomètres, dans la ville silencieuse où le jour se lève à peine. Quartiers populaires, usines, murs noircis, premiers piétons, quelques cyclistes, le mugissement de sirènes lointaines rappellent que León est avant tout une ville industrielle. Acier brillant de voies de chemin de fer, aussi loin que porte le regard les rails filent vers l'ouest, la Galice. Longtemps nous les suivons. J'y vois l'esquisse d'un compas géant, l'aiguille d'une boussole, le rappel du cap à conserver. Il n'est pas tout à fait sept heures lorsque nous pénétrons dans le premier bar ouvert. Lumière crue, voix tonitruantes – déjà ! –, odeurs de tabac froid, de bière et de café. Le long du comptoir disposé en demi-cercle, ils sont une vingtaine, tous ouvriers, que notre arrivée surprend. Silence. Nous débouclons nos sacs. Le mien avec difficulté. Sourires. La plupart sont en bleu de travail, aucun n'est vraiment jeune. Une fois encore beaucoup de rides sur les visages. Commandons *dos cafés con leche* que nous buvons debout sur le zinc, au coude à coude, dans la fumée des cigarettes et les relents d'encre du journal. Une ambiance que je connais pour l'avoir partagée en d'autres temps, avec leurs frères de labeur, comme eux matinaux, et semblablement méfiants. Ceux-là sont de ma vraie famille, celle du cœur, et de l'histoire. Les minutes passent. On nous regarde. Mots et sourires un peu méprisants, l'hostilité est certaine et partagée par le patron du bar. Cela se sent aux gestes, à la façon de poser les tasses devant nous en éclaboussant un peu. Cela dure jusqu'à ce que l'un des consommateurs nous adresse la parole en français. Dit qu'il est né en France au tout début de l'hiver 1939 dans le camp de réfugiés de Vernet. En 1942, via Marseille et la Tunisie, son père a rallié l'armée d'Afrique. Ne sait plus bien s'il s'agit de Leclerc ou de Kœnig. Campagnes d'Afrique du Nord, Sicile, Italie, Provence, jusqu'en Allemagne, pour se voir refuser le droit à la nationalité française en 1952. « C'est ça la France, camarade ! » répète-t-il alors à plusieurs reprises en tirant sur sa cigarette. Lui a travaillé longtemps du côté de Lyon et de Narbonne. À la SNCF, comme son père, et également communiste militant. Ne répond pas quand je lui demande pourquoi il est venu vivre en Espagne, mais dit qu'ici, dans ces quartiers surtout, on n'aime pas trop les pèlerins, ni « Saint-Jacques », jugés réactionnaires, et encore moins « Compostelle », associée à une officine fascisante. Je propose un café qu'il refuse, lui revient à plusieurs reprises sur la France qu'il juge durement avant de la qualifier de « putain de l'Europe socialiste ». De temps à autre, ses compagnons l'interpellent en se moquant. Fait alors semblant de ne pas entendre et revient sur son père, Catalan mort en terre étrangère, et son oncle, fusillé à Madrid. Lorsque nous partons, le climat du bar ne nous est guère plus favorable. Lui me serre la main en me gratifiant de nombreux « camarade » qui, loin de m'offusquer, me flattent.

La sortie de León est aussi longue que décevante. Décharges, ruines, cabanes de planches. Où sommes-nous ? À Trobajo del Camino ou dans les favellas de Rio ? À Vírgen del Camino, trois kilomètres plus loin, le sanctuaire dédié à la Vierge n'est accessible qu'après la traversée d'un « paysage de décombres, décharges et entrepôts ». Le guide ne se trompe pas : tout est en place, y compris la monstrueuse église, ses quatre portes de bronze et ses treize statues de six mètres de haut ! Comme tout cela me devient soudain insupportable ! Autant de mauvais goût, de saleté exhibée, de détritus abandonnés, de carcasses oubliées au hasard d'un terrain vague, dans un pays moderne qui prétend à juste raison jouer un rôle de premier plan en Europe ! Ou je rêve, ou l'on se moque de moi ! Car enfin, ce chemin de Compostelle, TOUT le monde en parle comme d'une voie sacrée, un temple à ciel ouvert, l'un des hauts lieux de l'humanité, et C'EST VRAI... Alors pourquoi ce laisser-aller, cette volonté forcenée de ternir, réduire, nier ? Mauvais réveil ? Douleurs ? Fatigue ? Oui et non. Il est d'autres lassitudes que celles du corps, et l'agression de ce que l'on nomme pudiquement le cadre de vie en est une, capitale, terrible, impardonnable. Plus qu'une agression même, une injure proférée contre l'avenir et la dignité des hommes. Une fois de plus me voici en colère, furie furieuse, monument d'imprécations traversées d'argumentations de choix, le tout dans le plus parfait mutisme, tant il est vrai que c'est dans la tête que vivent et meurent les plus belles révoltes. Mais pourquoi ce chemin me semble-t-il si difficile aujourd'hui ?

Comble du bonheur, l'étape du jour annonce vingt kilomètres, dont pas un n'échappera à l'*asfalto* de la nationale 120. Du délire. Sorte de marche ou crève qui finira de consumer les volontés trop chancelantes. Il y a deux jours, un jeune Belge, revenant de Compostelle, m'a avoué qu'il n'en pouvait plus de solitude et pensait ne pas dépasser Burgos. Avant-hier c'était Niegel, le pasteur anglican, qui évoquait un possible renoncement. Chez aucun la fatigue physique, l'épuisement ne justifiaient de tels mots. Mais que sait-on, à écouter les gens, de l'intensité du combat qui se livre en eux ? Pris de court, j'avais répondu à Niegel, qui peut-être attendait autre chose : « Mais alors, qui portera à Compostelle les messages que l'on t'a confiés ? » C'était peu, je le sais, et très insuffisant, mais j'étais tellement décontenancé. Tous nous recevons ces messages, et ce n'est pas la chose la moins troublante qui soit sur ce chemin. La plupart du temps, il s'agit d'associer le demandeur à ses propres prières devant le tombeau de l'apôtre, mais on demande aussi d'allumer un cierge en bénissant le pèlerin-messager sous un flot de recommandations à la Vierge. Car il ne faut jamais oublier que c'est elle, la Vírgen del Camino, ou María la Blanca, qui protège celui qui va. Elle, et elle seule, qui veille sur le *peregrino como sobre su hijo* (comme sur son fils). Cela commence le plus souvent par un appel, une salutation, le « *¡Buen viaje peregrino !* » tant entendu. Puis l'on s'approche, jusqu'à toucher. Les regards sont alors fervents, les voix moins échevelées, la diction plus calme, et l'on demande… Au début ce n'est pas facile d'entendre et de promettre. Affaire de timidité réciproque. De contenance à trouver. Mais très vite cela devient simple et l'on prend note d'un prénom, trace une croix. Combien d'intentions transitent-elles ainsi entre ces gens, très souvent femmes et paysannes, et le Fils du Tonnerre ? Des milliers assurément, sinon des dizaines de milliers. Il en est ainsi depuis toujours. Jusqu'à la fin du XVIIIe siècle, l'intercession constituait même une part importante des ressources du pèlerin. Aujourd'hui où fruits, gâteaux et douceurs ont remplacé l'argent, ce sont encore les quelques secondes d'émotion de l'échange qui rétribuent le mieux le commissionnaire. Étrange complicité du gré à gré : « Je te donne mes mots en échange de ta parole. » *¿Si ?–¡Si !* Le pacte se conclut sans paraphe ni témoins. Le regard suffit à certifier. Poignée de main ou accolade sont en plus. Ces sollicitations me troublent. C'est vrai. À tort peut-être, si j'en juge par la distance avec laquelle certains de mes compagnons les reçoivent. Gisèle écoute, promet et se réjouit de constater la pérennité d'un fait millénaire. Chacun y trouve son compte. Mais devient-on si facilement dépositaire de la foi des autres ? Une foi vraisemblablement parcellisée, confiée au fil des semaines à plusieurs intercesseurs afin d'être certain que, passé les portes de la cathédrale, l'un d'entre eux se souviendra. Où, sur quel autre chemin, en quel lieu, accorde-t-on autant de confiance à celui qui passe ? Celui dont on ne sait rien, que l'on ne reverra jamais, et que l'on gratifie non pas sur son statut d'errant ou d'étranger, mais sur l'image qu'il incarne. Où ?

Piétons ou cyclistes, les pèlerins sont chaque jour plus nombreux. Très nombreux même. Surtout à certaines heures de la journée, ou dans les lieux de ravitaillement et de repos. À mesure que leur nombre s'accroît, l'espace de liberté se rétrécit. C'est logique, mais difficile à accepter pour certains. La grogne est fréquente. Les vététistes en font le plus souvent les frais. Injustement parfois. Commencée sur le chemin, la querelle s'envenime dans les gîtes aux places devenues insuffisantes. Faussant le jugement, la fatigue rend ingrat. Mots et injures teintés de xénophobie volent bas. Il n'est pas rare d'entendre les Espagnols rappeler aux mécontents qu'ils peuvent toujours retourner chez eux, tandis qu'eux se voient traités, pour le moins, d'égoïstes, de menteurs, resquilleurs, et j'en passe. Mots de colère, mots assassins, mots qui insultent tout un peuple. C'est oublier un peu vite que ces hébergements où nous sommes reçus à si bon compte sont financés par les impôts de ceux-là. Bref, il nous reste une quinzaine d'étapes à parcourir, et les criailleries de ce genre augurent assez mal de l'évolution des comportements.

Ce matin, la nationale 120 se donne beaucoup de mal pour conserver son calme. Le concert de klaxons est à la mesure du nombre de marcheurs : considérable ! Au point que les rares accalmies finissent par m'inquiéter. Imperturbable, Gisèle chante, parle aux oiseaux, aux fleurs, au goudron, qu'elle tutoie familièrement. Nous pensions nous arrêter à Hospital de Orbigo, mais treize kilomètres de plus, sur cette *carretera* sans agrément, risqueraient de tourner au cauchemar. Hier del Camino, les quelques villages traversés sont devenus del Páramo, avant d'être, demain, del Orbigo. Tous datent de la Reconquête et conservent de nombreuses traces du pèlerinage. En matière d'hôpitaux surtout. C'est ici, sur ce haut plateau castillan, que Domenico Laffi dit avoir rencontré les populations les plus misérables de tout le chemin. Hier désert, le même *páramo* est aujourd'hui prospère grâce à une irrigation intensive qui en fait un jardin de primeurs. Rançon du succès, le Camino est à jamais enfoui le long de ces villages dont nous apercevons parfois le clocher, écrasé par la présence de silos prétentieux comme des donjons.

Grande construction spacieuse avec étage, toit de tuiles romaines, murs pistache, le tout rehaussé par la brique des encadrements, le Refugio Municipal de Villadangos vient juste d'ouvrir ses portes. L'absence de responsable fait que l'on y pratique une sorte d'autogestion permanente qui se voudrait bon enfant, si un pillage éhonté des lieux n'avait déjà fait disparaître une bonne partie des équipements, les sanitaires notamment. Le vol d'un bac à douche ou d'une cuvette de lavabo par un pèlerin étant exclu, il faut bien s'interroger sur le possible rôle prédateur de la population locale.

Avant-hier, nous avons perdu Freddy, décidé à rallier Compostelle à raison de quarante kilomètres par jour. Encore un que nous ne verrons plus. Dommage. Toujours un peu difficile de voir s'éloigner ainsi ceux à qui nous n'avions pas tout dit. Aujourd'hui, c'est Alain qui croise notre route. Parti du Puy-en-Velay, cet excellent marcheur se trouve confronté à une tendinite qui l'oblige à réduire ses étapes.

Fatigue et chaleur se font à présent sentir sur l'état général de la troupe. L'alimentation et surtout l'eau occasionnent des troubles intestinaux, les plus imprudents souffrent d'insolations, de brûlures, mais le mal le mieux partagé concerne les pieds où ampoules et plaies font des ravages. Crampes et tendinites ne sont pas en reste, nécessitant genouillères et pansements divers. Quant aux chutes ! L'arrivée à l'étape ressemble de plus en plus à une infirmerie à ciel ouvert, où chacun se dorlote en longues séances de massage et soins divers dans des odeurs de pommades et mercurochrome. Mêmes causes, mêmes effets, nos grands aînés n'échappèrent pas à ces fragilités humaines dûment consignées par les ordres hospitaliers, dont l'une des tâches, lors de l'accueil du pèlerin, était de lui laver les pieds, en rappel du geste d'humilité accompli par Jésus envers les apôtres.

Va-et-vient, portes qui claquent, appels, cris, rires. La population du refuge est jeune, insouciante. Le repos n'est pas de leur âge. La sieste ressemble trop à du temps perdu pour y consacrer la moindre velléité. On préfère rire et chahuter avec les compagnons de l'heure tandis que sur la pelouse, surveillée par une bonne dizaine de chats et sans doute autant de chiens, sèche une lessive hétéroclite.

Avec Françoise et Alain, nous parcourons les rues cimentées du village. Arrêt à la *tienda de comestibles*, avant d'aller vers l'*iglesia de Santiago*, unique source d'intérêt de la localité. Celle-ci possède plusieurs représentations peintes de la vie de saint Jacques, et des statues dont l'une en matamore. Deux représentantes de l'office de tourisme du *páramo* y interrogent les pèlerins sur leurs motivations. En fait, tout le temps que nous resterons à converser sur le banc situé face au porche, nous ne verrons pas une demi-douzaine de jacquets franchir le seuil du sanctuaire. Sur le clocher, un couple de cigognes se chamaille bruyamment avant d'en venir aux becs. Lequel des deux, oubliant le mythe de fidélité qu'il incarne, regarda-t-il vers un autre nid ? À moins que ce ne soit tout bonnement l'irrésistible envie d'ingurgiter cette grenouille, destinée à la progéniture. Quoi qu'il en soit, la scène dure un certain temps. Criailleries, coups d'ailes pour éviter l'estoc, danse sur le nid dont des morceaux se détachent, le pugilat s'achève, nous gratifiant de deux longues plumes blanches avec les pointes noires.

Sous le porche de l'église, près de la porte d'entrée, s'égrène sur un panneau de bois fixé au mur la liste des hommes morts pendant la guerre civile. Une très longue liste de trente-quatre noms. Peu de ceux qui passent regardent. Mais vers le soir, une vieille femme, marchant difficilement, s'y arrêtera longuement avant de disparaître dans la pénombre, derrière la porte à battants.

À présent chats et chiens surveillent la pelouse où l'on s'affaire autour de feux de bois. L'heure du repas et la récompense de leur longue patience approchent. Pour le moment, la plupart occupent encore la terrasse dominant la situation, mais plus hardis, ou plus affamés, quelques chiens circulent déjà parmi les groupes. Comme chaque soir, le camp nomade se met en place, attirant par un réseau de signes obscurs toute une population d'animaux domestiques efflanqués. Cela se voit aux côtes qui se dessinent trop facilement sous la peau, à l'état du poil. C'est d'ailleurs une constante en Espagne, où l'animal ne semble pas avoir trouvé grâce aux yeux de celui qui le possède. Les quelques rares ânes ou mulets que nous croiserons ne seront pas en meilleur état. Tous seront à la même enseigne, avec comme toujours l'exception confirmant la règle : le statut particulier des chevaux et taureaux, objets de toutes les attentions. Bien entendu, il doit se trouver, ici comme partout, de voluptueux chartreux et de fiers lévriers bichonnés et élevés, chaque jour que Dieu fait, au rang de familiers de maisons dont ils ne sortent guère. Mais pour une reconnaissance heureuse, combien d'abandons de fait ?

Carnet de route de Gisèle : « Revoici enfin les forêts de chênes-lièges, les bois et ce si beau vallon frais et ombragé où nous avons retrouvé Françoise. Verdure qui annonce le changement de climat. Et la fin de ces plaines désolantes. La Galice ne devrait plus être loin. Un peu inquiète pour l'arrivée à Compostelle. »

De nouveau *carretera* et *asfalto*, vacarme des camions et longue chenille des marcheurs ; l'étape d'aujourd'hui sera longue et peu agréable. Malgré l'heure matinale, la plupart des hôtes du *refugio* sont là. Et ils rient, crient et s'interpellent comme hier dans les couloirs, demain sur un stade ou dans les arènes. Heureux Espagnols qui, dès le lever du jour, pouvez céder ainsi au charme de la *palabra* ! Heureusement, personne n'écoute !

Vingt-huit kilomètres dans ces conditions, dont treize de nationale. Prisonnier de l'espace réduit de la banquette et de la cohorte, je cherche en vain l'échappatoire, le sentier de renard, l'étier sauvage décelé par moi seul, qui me permettraient d'échapper à cette fête foraine. Mais le *páramo* n'est plus le désert que l'on traversait au hasard la chance. Pas le moindre espace qui ne soit cultivé et hérissé de grillages. D'ailleurs, les canaux d'irrigation qui quadrillent la plaine seraient autant de pièges pour l'inconscient qui, bravant les interdits, voudrait s'approprier les lambeaux de l'ancien Camino. Je reste donc avec le Barnum Circus dont le passe-temps favori consiste désormais à crier sur les cyclistes qui passent, bariolés comme les oiseaux des îles.

Hier soir, alors que je tentais de lire sur le perron du gîte, mon attention s'est fixée sur un groupe de jeunes Espagnoles répétant, avec autant de sérieux que d'obstination, quelques figures de danses populaires sans doute aussi vieilles que le village où nous étions. Étrange spectacle que ces adolescentes jusqu'alors chahuteuses, soudainement transformées, à l'appel d'une guitare, en corps théâtralisés par le rituel de gestes immémoriaux. Cela ne pouvait en aucun cas s'apparenter à l'une de ces danses gitanes que l'on rencontre plus au sud, où violence et désespoir font de la danse un combat. Plutôt une sorte de pavane un peu rapide, exécutée par groupes de quatre danseuses, dont les visages, naturellement souriants la seconde précédente, se voulaient désormais impénétrables. Subjugué, je restai un long moment à contempler cet étrange répertoire d'attitudes lascives, parfois même chez les plus âgées provocantes, apprenant, répétant les rituels de la séduction. Manifestement, ce groupe se rendait à Compostelle. Peut-être même s'agissait-il d'une organisation confessionnelle. Dans quel autre pays se serait-on risqué à marier ainsi, sous couvert de traditions populaires, l'eau et le feu ? Lorsque les monitrices entrèrent à leur tour dans le cercle, la danse perdit tout caractère folklorique au profit d'une sorte de rage ponctuée de cris, de corps cambrés à l'extrême et de gestes fuyants. Tour à tour rayonnants ou tragiques, les visages de ces femmes disaient, mieux que n'importe quel commentaire, les affres de la passion qui se jouait en elles. Aux derniers accords de guitare, le cercle se défit et regagna le gîte. Dans la campagne, quelques chiens aboyèrent inconsidérément. Ceux du village leur répondirent. La nuit devint totale. Vers le sud, des éclairs de chaleur illuminèrent la pénombre, comme des phares trop lointains. Longtemps il me sembla entendre, au-dessus des dortoirs, ces chants étranges et lancinants, nés des *pueblos* de la Vieille-Castille, de Catalogne ou d'Andalousie, sinon du Maghreb. Chants d'amour, de peine et d'espérance, tellement semblables, malgré les apparences, à ce chemin que nous suivions.

C'est à elles que je pense ce matin en affrontant le souffle bestial des camions de la *carretera*. À ces petites danseuses qui, soir après soir, répéteront inlassablement les gestes du savoir irréprochable qui contribueront à les rendre *señoras* aux yeux des hommes. Que retiendront-elles de ce voyage vers Compostelle ? Le pèlerinage lui-même, la beauté des paysages, ou la danse apprise que, devenues mères de famille, elles transmettront à leurs filles ?

Nous marchons maintenant d'un bon pas. Je me trouve à environ trente mètres derrière deux Espagnols. Gisèle me suit à moins de dix mètres. Soudain, les pèlerins qui me précèdent font un écart. Deux voitures doublent de front une troisième au moment où un camion surgit en face. Pour éviter l'accident, le conducteur le plus à droite empiète sur la bande piétonne où nous sommes. Les autres ont réagi, moi non. Le véhicule me rase, et encore un peu plus Gisèle, qui évite de justesse le rétroviseur. Un millième de seconde, une, deux, trois secondes, je la crois heurtée, me retourne, la vois immobile, médusée par cette image d'une mort aveugle évitée de si peu. Tout cela se passe très, très vite. Nos deux compagnons ont déjà repris leur chemin que nous sommes encore sur place, pétrifiés par la peur rétrospective. Des images nous reviennent instantanément en mémoire. Celles de ces croix, le long de la route, blanches, avec nom, nationalité, et date. Les derniers morts de Compostelle ! Ainsi, devant la stèle de cette femme, tuée par un camion à la sortie de Najera, nous nous étions étonnés. Comment de tels accidents pouvaient-ils se produire ? Comment pouvait-on rencontrer, aujourd'hui, sur ce chemin où elle semble tellement anachronique, cette *bestia furiosa*, la mort violente et sombre ? À présent nous savons !

Plus loin, en Galice, chaque traversée de route – de plus en plus nombreuses – nous ramènera à cette frayeur. Pas une fois je ne me lancerai sans me rappeler combien je suis vulnérable, entravé par le sac à dos, qui naturellement amplifie le mouvement, et mon bras en écharpe. Pas une fois je ne cesserai de craindre pour ceux qui m'accompagnent dans le franchissement de cette arène où les amples signes de croix de Romero ne suffiront jamais à apaiser les fauves.

Carnet de route « À la suite de l'embardée d'une voiture qui a bien failli la faucher, j'ai entendu Gisèle se demander ce qu'elle faisait sur ce chemin. Jamais depuis notre départ, ni dans les étapes les plus difficiles de Navarre ni après sa chute de Castrojeriz, je ne l'avais vue si découragée. J'ai refusé la pause qu'elle envisageait afin d'oublier cet endroit au plus vite. C'est vrai que nous avons eu peur. Elle, surtout, qui s'est vue perdue. Mais s'arrêter n'aurait servi qu'à dramatiser le fait. J'avoue que je n'ai jamais eu autant envie de monter dans l'un des bus rencontrés dans les stations de village. »

Bien que la terre du *páramo* soit parfois aussi rouge que celle d'Afrique, nous évoluons dans un paysage de plus en plus agreste et bocager. Or, par je ne sais quelle aberration de l'esprit, j'ai l'impression d'être encore dans la *meseta*. Et non seulement je la sens, mais je la vois, sèche, brûlée, sableuse, semblable à ce qu'elle fut les semaines passées. Cela me rend maussade, silencieux, de mauvaise foi. C'est ce que Gisèle me fait remarquer, preuves à l'appui. Non seulement la plaine croule sous le vert, gras et brillant, des cultures maraîchères intensives, mais les arbres sont désormais nombreux à nous dispenser de l'ombre. En fait, je porte le désert en moi. J'y suis encore, au point de refuser la réalité des choses. Je le vois là où il n'est plus ! C'est comme si mes yeux régurgitaient le trop-plein de ce qu'ils avaient absorbé. Comme si mon corps ne pouvait plus s'en affranchir. De quelle puissance d'imprégnation les plateaux castillans sont-ils donc capables pour imposer ainsi leur présence à l'esprit ? Pour me situer, revenir à moi en quelque sorte, il faut que je me persuade de la réalité des peupliers, du bruit du vent dans leur feuillage, plus ou moins couvert par la cascade du río Orbigo. Cette distorsion nous amène à rire et à plaisanter, mais il n'empêche que pendant plus de trois heures j'ai vécu dans un environnement regardé, mais non perçu dans sa réalité !

Hospital de Orbigo se targue de posséder le plus beau pont médiéval de tout le Camino. Peut-être bien. Sûrement, même. Mais par rapport à quoi, puisque, avec ses deux cents mètres de long et ses vingt arches, il est unique ? Les ponts, sur le Camino Francés, se comptent par centaines. Romains, wisigoths, arabes, romans, gothiques, massifs ou légers, courts ou longs, larges et étroits, de toutes sortes pour tous usages, dont le principal : permettre au pèlerin de traverser rios et marigots à l'abri des pièges du gué et de la rapacité assassine des passeurs. Il nous semble tellement logique de les trouver aujourd'hui là où ils se trouvent que nous en oublions leur absence pendant des siècles, et le combat que certains durent mener pour obtenir leur construction. Si, devenus saints, Dominique de la Chaussée et Jean de Ortega restent présents à nos mémoires, combien de bâtisseurs de ces édifices ouverts – et ouvrant – sur le monde nous restent à jamais inconnus ? Rien que pour le symbole qu'ils représentent, les ponts, ainsi que les fontaines, jalonnant ce chemin mériteraient une profonde reconnaissance de la part de ceux qui les empruntent.

Si l'Espagne a donné ses lettres de noblesse au roman picaresque, il faut dire qu'elle n'a jamais manqué de personnages hauts en couleur et pour le moins bizarres. Ainsi, ce chevalier Suero de Quiñones, qui, pour attirer les regards de sa dame, ne trouva rien de mieux que de défier entre le 10 juillet et le 9 août 1434 tous les chevaliers se présentant sur le pont d'Orbigo. Aidé de neuf compagnons, il en défit ainsi soixante, dont l'un y laissa la vie. Ce qui semble peu de chose par rapport au chiffre avancé de trois cents lances brisées. Rassasié et satisfait d'avoir mené si grand tapage, le chevalier et ses compagnons se rendirent à Saint-Jacques-de-Compostelle, où Suero de Quiñones déposa devant la statue de l'apôtre un bracelet en or de sa femme. L'histoire ne dit pas si la belle s'intéressa au belliqueux chevalier; de même elle n'a pas retenu le nom de la malheureuse victime de cette joute. Ce qui semble bien injuste, s'agissant d'un pèlerin qui ne s'attendait sans doute pas à côtoyer l'apôtre aussi rapidement, et pour un motif si futile.

Le chemin, enfin, le vrai, le seul, fait de terre ravinée, creusée de rides profondes et de caillasses, la trace millénaire où, libéré des craintes et du bruit, l'esprit peut de nouveau soliloquer. Pourquoi tous ces gens ? Ces hommes et ces femmes dont certains ont largement dépassé la soixantaine ? Quelle force jette ainsi dans l'inconfort assuré, et les difficultés probables, ces gens considérés hier encore comme « raisonnables » ? Pourquoi, en cette fin de siècle où l'on s'acharne à éradiquer toutes velléités de nomadisme chez l'individu, ceux-là partent-ils ? Si les réponses offrent assez peu d'intérêt, la question permet de s'interroger sur une interprétation différente du fait pèlerin : celle du tourisme de masse, par exemple. Le mot ne doit pas prêter à confusion puisque, selon le Petit Robert (édition 1970), le touriste « est une personne qui se déplace, voyage pour son plaisir ». Définition qui rejoint celle de « l'étranger-voyageur qui va de champ en champ », autrement dit le *peregrinus* dont l'image imprègne si fortement le Moyen Âge occidental. La vision historique que nous avons du pèlerin est celle d'un marcheur de la foi. D'autres sont possibles, qui répondent à de nouvelles attentes. Celle de la recherche, par exemple, à travers une incontestable démarche spirituelle, d'une société provisoire et nomade établie sur des valeurs humaines et sociales différentes. Fascination du précaire et de l'instable, ou remise en cause d'un style de vie jugé insatisfaisant ? Je ne saurais répondre à ces questions mais reste frappé du nombre de « jeunes retraités » qui hantent ce chemin. Des gens, souvent des couples, qui au-delà des nationalités nous ressemblent. Mêmes âges et probablement mêmes vies, mêmes espoirs et déconvenues : à première vue rien ne manque au partage. Ceux-là pourraient être nos cousins, nos frères. D'autres nous-mêmes chez qui la rupture professionnelle ne pouvait que lézarder la muraille de sédentarité derrière laquelle chantait le vieux nomade.

Quant aux autres, dont le nombre ne cesse de croître, que pourrais-je en dire alors que je ne sais rien d'eux ? Qui sont-ils, ces passants de l'étoile ? D'où viennent-ils et pour quelles motivations ? Car en fait on ne parle pas, ou peu, rarement et par ellipses, quand les nerfs lâchent ou que l'émotion se fait trop forte, presque en termes de confidences. Rien de surprenant à cela, le pèlerin est un être seul, confronté à un certain nombre de phénomènes physiques et journellement soumis à des interrogations d'ordre spirituel et existentiel. Solitude certes relative dans un voyage vécu le plus souvent de façon collective, mais néanmoins réelle pour ce qui touche au domaine de la pensée*.

Ni le chemin ni les villages traversés ne répondront jamais à mes interrogations, et je le sais. Le pourquoi, l'analyse du fait irrationnel que représente le pèlerinage, en cette fin de siècle que l'on dit désacralisé, semble d'ailleurs échapper à la curiosité générale. Notamment celle des psychologues et sociologues. Le phénomène, pourtant patent, mériterait que l'on s'y arrête, ne serait-ce que pour tenter d'en saisir le sens et la portée réels, avant que la théorie ne se substitue aux faits.

Pause dans un bois de chênes-lièges d'où nous regardons passer la cohorte effilochée. Quelques *¡hola !* nous arrivent de loin en loin, escortés de beaucoup de silences. Chemises, tee-shirts et corsages collent à la peau. Certains marchent en baissant la tête, comme un peuple défait. Il n'est pas dix heures et il fait déjà très chaud. Une chaleur que nous jugeons excessive mais qui paraît normale aux paysans rencontrés. L'étape est difficile. Ce n'est pas une surprise, et nous le savions lorsque, privilégiant le sentier sur la route, nous nous sommes rallongés de quatre kilomètres.

Débouchant sur les hauteurs de Santibanez, la sortie du bois est superbe. Aussi loin que porte le regard, la *meseta* se consume dans une débauche de couleurs intenses. Si le vert clair des primeurs tient toujours sa place, il s'adosse à présent au bouillonnement vert sombre et brillant des chênes escortés,

* « Sans doute, il y a des pèlerins solitaires, mais ils sont pèlerins dans le chemin des autres, naturellement inscrits dans une conscience collective ; le pionnier découvreur n'est point pèlerin. » Alphonse Dupront, « Tourisme et pèlerinage. Réflexions de psychologie collective », *Communication*, octobre 1967.

le long du río Grillo, par les longs mâts de peupliers. Tout cela, soutenu par une terre de plus en plus rouge, resterait assez sombre si les céréales n'étaient de retour, derniers feux sur cette plaine barrée dans le lointain par la masse imposante des *montes* de León.

L'émotion est trop forte pour que nous ne marquions de nouveau la pause. Silence. Quelles paroles seraient capables d'exprimer un tel bonheur ? Et puis, comme il arrive aux enfants de manifester leur joie en gestes incohérents, j'ai envie de crier, rire, lancer bâton et chapeau en l'air, courir vers la descente… Que sais-je ? Et je m'entends dire : « Merci, Chemin. *Gracias, Camino.* » La suite n'a rien de surprenant. Quelques mots, bruts, lourds de conséquences, mais attendus. Des mots guérilleros dont on sait, dès la première escarmouche, l'importance du terrain qu'ils occupent. Je les fréquentais depuis trop longtemps, escortés du sempiternel « pourquoi ? », pour ne pas les attendre. Pourquoi ici, dans cette sierra de la Paloma, alors que je les attendais plutôt à Compostelle ? Influence de l'environnement ? Aboutissement logique d'une réflexion quotidienne ? C'est Gisèle qui commence. Parle de notre vie. S'interroge sur l'authenticité de nos choix. Regrette que nous n'allions pas plus loin dans nos engagements. Questions cent fois posées qui toujours se heurtent au mur du réalisme. L'attente de ma cessation d'activité prévue dans cinq ans. Bien sûr, celle-ci peut être anticipée de quelques années. Mais nous n'en avons pas fait le choix. Sans qu'elle le sache, ce que dit ma femme rejoint l'interrogation à laquelle je suis confronté depuis des mois : « Comment vis-tu ? » Comment je vis ? Oui. À quoi ressemble ma vie ? Question nette, précise, plus tranchante qu'une dague, devant laquelle je fuis. La réponse ne viendra pas, ni aujourd'hui ni demain, d'une quelconque illumination liée au chemin. Du moins je ne le crois pas. Gisèle parle de nouveau. Quelques mots, presque rien, une dizaine tout au plus, les derniers happés par la descente où Françoise nous attend. À présent, je sais ce que le vieux chemin veut me dire.

Astorga vient à notre rencontre sous forme de débâcle généralisée. Il fait une chaleur infernale lorsque nous arrivons près du calvaire marquant la fin du plateau. À nos pieds, dans le creux, la ville, lointaine, trop lointaine, semblable à un mirage tant l'air surchauffé la déforme. Dans les bois que nous traversons, des pèlerins dorment, piétons et cyclistes pour une fois réconciliés. Nous marchons à présent sans plaisir jusqu'à une *posada* providentielle qui veille sur un passage à niveau abandonné. Grande maison à tonnelle avec des balcons identiques à ceux que vit Théophile Gautier près d'Irun : « des balcons très saillants, d'une serrurerie ancienne, ouvrée avec un soin qui étonne dans un village perdu, et qui suppose une grande opulence évanouie ». Je ne sais si, comme il le prétend, « les femmes passent leur vie sur ces balcons qui sont comme autant de chambres aériennes appliquées au corps de l'édifice ». Mais il est vrai que les murs y étaient « blanchis à la chaux selon l'usage arabe, et que le contraste de ce ton crayeux avec la couleur brune et foncée des poutres, des toits et des balcons ne laisse pas de produire un bon effet. »

J'ajoute que le meilleur de la vision est contenu dans un panonceau, blanc lui aussi, sur lequel se détache en lettres rouges : « *Habitación-Camas.* » Impossible de résister à l'appel d'un lit après avoir combattu, une dernière heure, contre l'éternelle nationale 120, dont le goudron, cette fois, fond sous les quarante et quelques degrés relevés d'un thermomètre à l'autre.

Astorga, que Pline l'Ancien appelait « la ville magnifique », conserve une partie de ses murailles romaines. La cathédrale de grès rose, où gothique et baroque s'affrontent étrangement, est intéressante. Son trésor superbe. Comme l'est, pour celui qui marche vers Compostelle, le Museo de los Caminos ouvert dans le palais épiscopal construit par l'architecte catalan Antonio Gaudí. C'est ici que se rencontrent le Camino Francés et la Via de la Plata, ancienne voie de l'argent empruntée par le chemin de Saint-Jacques venant d'Andalousie. C'est peut-être la raison pour laquelle la ville posséda jusqu'à vingt hôpitaux pour pèlerins.

À la nuit tombée, tous ceux que nous avons croisés vingt fois déjà semblent s'être donné rendez-vous sur la plaza Mayor. Personnes âgées, badauds, couples enlacés, enfants, chiens en vadrouille et chats embusqués, aucun ne manque à la reconstitution des fresques d'Estella de Burgos ou León. Ici comme partout, le temps passe en conversations de petits riens. L'heure d'Astorga est *maragata**, si l'on en croit les deux statues en costume traditionnel qui égrènent le temps, frappant de leurs marteaux de bronze la cloche de l'hôtel de ville.

Samedi 10 juillet. Il n'est pas tout à fait sept heures du matin lorsque nous traversons la ville endormie. Seuls un groupe d'éboueurs et, près du palais épiscopal, quelques gardes civils s'échinent à donner un semblant de vie à la cité. L'un des éboueurs nous serre la main, puis, surgissant du camion, deux, trois, quatre de ses collègues, dont un Africain. Tous parlent ensemble dans un charabia incompréhensible où

---

* Astorga est également la capitale des Maragatos, paysans dispersés dans une quinzaine de villages autour de la ville, auxquels on attribue une origine mystérieuse. Pour l'ethnologue Julio Carlos Baroja, il s'agirait simplement d'Asturiens ayant résisté à la domination castillane. (*N.d.A.*)

il doit être question d'intercéder pour eux à Compostelle. L'Africain nous suit un peu. Veut nous parler à l'écart. Dit, dans un français approximatif, qu'il est Ivoirien. Montre, comme pour se justifier, des médailles de la Vierge passées dans une chaîne de cou. Répète plusieurs fois « *Siantiagou* » en se frappant la poitrine. Lui aussi s'appelle Jacques et demande que l'on prie pour lui, là-bas, près du tombeau dont trois cents kilomètres nous séparent encore. Je le lui promets. Nous nous serrons longuement la main. Il rit d'un rire bruyant et s'en va. Rassuré. Chacun des gardes civils nous souhaite *buen viaje*, il fait presque grand jour lorsque, depuis l'ermitage Ecce Homo, nous découvrons la montagne où nous dormirons ce soir.

Je ne sais si d'autres villes d'Espagne possèdent une *celda de las emparedadas* (cellule des emmurées). J'ignore même s'il en existe d'autres de par le monde. Astorga serait alors la seule cité à pouvoir se targuer de ce bâtiment austère, percé d'une seule fenêtre protégée par une grille à barreaux de fer. C'est du moins les guides qui le disent car, bien que très proches de la cathédrale, nous ne sommes pas allés voir cette construction ignominieuse. Dans cette cellule furent emmurées, au grand jour et dans l'assentiment de tous, des femmes dont on ignore à présent les noms, âges et qualités. Comme sont oubliées les raisons qui poussèrent à une telle condamnation. En un mot, on ne sait rien, ni leur nombre, ni combien de temps servit la terrible fosse. Parfois, peut-être pour se dédouaner, on dit qu'elles étaient volontaires pour cet enfermement. On avance aussi le contraire. On parle également de « femmes de mauvaise vie ». Qu'est-ce que cela veut dire ? Entre la sainte se mortifiant pour le rachat de l'humanité et la prostituée victime d'un jugement inique, je me demande si ce n'est pas la femme en tant que femme que l'on voulait surtout condamner. Mystère ! L'ignominie tient rarement ses comptes et, à ma connaissance, une fois encore, aucune voix ne vint en demander. Les pèlerins eurent pourtant affaire aux emmurées auxquelles ils jetaient en passant un peu de leurs provisions. Qu'aucun d'entre eux ne se soit indigné d'une telle situation faite à des femmes me laisse pantois. Et que dire de ceux, témoins, exécuteurs, gardiens et maçons, qui acceptèrent d'être complices de l'abjection ? Aujourd'hui, les emmurées d'Astorga font recette. Les touristes en recherche d'émotions fortes ne manquent pas de toucher ce mur de misère, le photographient, ou achètent des cartes postales, si toutefois on ose en vendre. Il est vrai que, pour être partagés, frémissements et chair de poule ont davantage besoin d'images que d'indignation.

À mesure que nous approchons de Compostelle, le chemin dévoile un autre visage : celui de la détresse et du naufrage, représentés par le nombre, sans cesse croissant, d'hôpitaux et d'hospices. La plupart de ceux-ci sont en ruine ou transformés en bâtiments de ferme, mais certains demeurent pratiquement intacts. Le plus souvent, ce sont des constructions massives, sans étages, aux fenêtres réduites. L'intérieur comprend généralement deux grandes salles, dortoir et réfectoire, et quelques pièces annexes. Tous, construits entre les XIe et XVe siècles, possèdent un oratoire et une chambre d'isolation. Les plus importants mettaient plusieurs dortoirs à la disposition des pèlerins. Aujourd'hui désignés par la présence de hautes croix de bois, cimetière et ossuaire s'adossent aux bâtiments.

Cela laisse à penser que chaque village possédait son hôpital, si petit fût-il. Ces derniers sont de loin les plus touchants. Ils témoignent, mieux qu'aucun ordre ne le fit, de la générosité de populations pauvres accueillant l'autre, l'affamé, l'éclopé, le boiteux, en qui elles reconnaissaient toujours l'un des frères du Nazaréen.

Les Maragatos présentent, dit-on, des caractéristiques physiques et culturelles qui en font, sinon un peuple, du moins une communauté à part. On les dit tour à tour descendants d'esclaves maures ou d'ascendance berbère. À moins qu'ils ne soient les survivants d'un lointain peuple asturien. On parle aussi de tradition endogame, que ces vallées naturellement fermées auraient longtemps justifiée. J'avoue ne pas avoir décelé dans leurs traits une quelconque différence avec ceux des paysans rencontrés jusque-là. Quant à leurs coutumes, il faudrait tellement de temps, de connaissance et de confiance réciproque pour les aborder, qu'il est illusoire de penser les appréhender au cours de la traversée des villages.

La montagne de nouveau. Premiers contreforts, succession de bosses puis de collines de plus en plus hautes : nous attaquons les pentes du Monte Irago, où nous attend la Cruz de Ferro (croix de fer), l'un des plus puissants symboles du chemin de Compostelle. Premières défaillances chez les moins rodés, partis de Sahagún ou León. Abandons en chaîne dus, le plus souvent, à des problèmes de pieds. Dans ce registre, les jeunes sont les plus touchés. Pour les autres, le moral défaillant est très souvent cause de renoncement. Étonnant comme certains se sont lancés à la légère sur le Camino. Depuis quelques jours, la Guardia Civil est omniprésente, sur les routes et dans les villages. Ce matin, en quelques kilomètres, quatre de nos compagnons d'hier sont montés dans ces voitures vertes et beiges. L'un d'eux, le plus âgé, accoudé sur le capot du véhicule, pleurait.

Rires pointus traversés d'exclamations diverses entraînant d'autres éclats : le lavoir communal d'El Ganso est en fête. Une femme, brune de teint, noire de cheveux coiffés en chignon, rapporte aux lavandières hilares une histoire dont tout laisse à supposer qu'elle met quelqu'un de la communauté en cause. Cette femme se tient entre deux vaches qu'elle conduit peut-être au champ, et qu'elle flatte régulièrement de la main pour apaiser leur impatience. Si l'on en juge par le sommeil de son chien, allongé à quelques mètres de là, il y a un certain temps qu'elle commère ainsi. Nous sommes ici au cœur d'une pièce de théâtre de Lope de Vega ou de Calderón. Dans le rire bruyant du lavoir, c'est l'honneur du *pueblo* que l'on venge comme en d'autres circonstances la *navaja* le ferait. Sans doute se gausse-t-on de la prétention d'un homme, notable ou barbon, à se croire seigneur et maître ? La meilleure recette connue à ce jour pour faire une telle unanimité.

El Ganso est le quatrième village rencontré ce matin. Comme les autres celui-ci possède sa calle Real, une statue de saint Jacques pèlerin, les ruines d'un hôpital ainsi que d'un monastère, tous deux de l'ordre prémontré. Sans doute, en cherchant bien, pourrait-on y trouver également le pavement de l'ancienne chaussée. Mais, signes avant-coureurs de l'entrée en pays celte, ce sont les toits de chaume des maisons qui retiennent l'attention.

Rabanal del Camino, mille cent cinquante mètres, superbes échappées sur le Monte Irago et, vers l'est, l'extraordinaire patchwork de la *meseta*. De part et d'autre du chemin pavé, des maisons de pierres sèches construites pour épuiser les vents nous guident, tel un long couloir, vers l'église paroissiale Santa María, trapue comme une forteresse. Ermitages, hôpitaux, églises, maisons d'habitation, granges, bergeries, les ruines s'enchaînent elles aussi. Beau village templier, dont la construction sur le chemin ruina Rabanal el Viejo – qui eut le tort de se trouver à quelques kilomètres à l'intérieur des terres –, qui viendra te sauver, demain, des exigences de l'Europe agricole ?

Carnet de route de Gisèle : « Ce matin nous avons rencontré, à la sortie d'El Ganso, Anne et Emmanuel, couple de Belges vivant en Suisse, partis de Burgos où ils avaient interrompu leur pèlerinage l'année dernière. Retrouvé également Françoise et Alain, et ce soir René qui, lui, vient de la banlieue d'Orléans. Commencement de formation d'une tribu "franque". Dîner chaleureux à l'auberge du village où Anne et Emmanuel fêtent leurs trente ans de mariage. Vent glacial toute la journée. »

L'ancien presbytère de Rabanal a été transformé en gîte par la Confraternity of Saint James, qui le gère également. Selon les dires de certains, cette structure serait née de la volonté d'un ancien pèlerin écossais ou anglais dont la femme trouva la mort, il y a quelques années, sur le chemin.

À Foncebadon, l'église, comme la grande majorité des habitations, est en ruine. Seul un pan du clocher se découpe encore sur le ciel, muni de ses deux cloches, en attendant la bourrasque qui le jettera au milieu des poutres et ardoises encombrant le sol. Le village est abandonné depuis une vingtaine d'années, mais l'exil était probablement entamé bien avant. Vingt, trente ans suffisent donc pour réduire à néant ce qui fut une communauté de plus de cent maisons ? Aujourd'hui, seule une dizaine demeurent habitables, c'est-à-dire qu'elles conservent encore leur toit et leurs ouvertures. Une petite dizaine servent facilement d'abri aux pèlerins surpris par la nuit ou les intempéries. Légende ou réalité, il est dit qu'une mère et son fils vivent encore ici. (De quoi ? Cela, personne ne le sait.) Certains prétendent même qu'elle s'appelle María, mais d'autres penchent pour

Dolóres – en réminiscence de douleurs ? Toujours est-il que nous n'avons rencontré dans cette désolation que des chiens aussi faméliques que hargneux, seuls et uniques gardiens de la mémoire de ce village qui, en d'autres temps, possédait auberges, hôpitaux, ermitages et églises, et où se tint un concile au Xe siècle !

À moins de deux kilomètres de Foncebadon se dresse la Cruz de Ferro, l'un des hauts lieux du chemin. La croix de fer est fichée dans un mât de bois, lui-même planté sur un pierrier plus que millénaire, puisque déjà connu des Romains. La tradition jacobite veut que chaque pèlerin passant ici jette sur le cairn une pierre emportée de chez lui, censée représenter le poids de ses péchés. En réalité, le rite, beaucoup plus ancien, concernerait les *segadores*, moissonneurs ou plus exactement faucheurs galiciens qui, partant se louer en Castille, jetaient en signe d'abandon terre et pierre, symboles de leur pays, sur ce tumulus. Peut-être faut-il chercher plus loin encore la signification de ce rituel, dont la mémoire de l'humanité a perdu depuis longtemps le sens profond.

Oubliés en tant que journaliers, le souvenir des *segadores* perdure dans la mémoire espagnole au travers d'un chant populaire du XVIIe siècle retraçant le soulèvement et la guerre d'indépendance de la Catalogne contre la Castille. Romancero majestueux et grave fluctuant sans cesse entre chant de victoire et messe des morts : les faucheurs se sont faits fantassins, et la moisson s'est faite humaine. Simple mélodie dont la Catalogne victorieuse fit son hymne national. Ainsi la mémoire populaire se trouve-t-elle honorée par la voix et le geste dans le souvenir confus de la pierre et du sang offerts. Des millions de pierres de toutes sortes composent aujourd'hui ce tumulus que chacun gravit pour toucher le mât de la croix en tentant d'apercevoir les monts de Galice.

Ce matin, comme souvent paraît-il, et bien que nous ne soyons qu'à quinze cents mètres d'altitude, il fait très froid au pied de la Cruz de Ferro. Il est vrai que, lorsque nous avons quitté Rabanal, aux environs de six heures et demie, une importante gelée recouvrait la nature. Un groupe d'adolescents de Saint-Pol-de-Léon grelotte en prenant des photos, Rose et Roger, leurs moniteurs, les pressent un peu. Longtemps redouté mais tenu en respect par le vent d'est, le brouillard fini par s'imposer, épais, glacial, sûr de son fait, nous contraignant à la fuite. Descente hasardeuse. Nous ne voyons pas à vingt mètres. Les animaux non plus, puisque, à quelques mètres de nous, un lièvre magnifique, emporté par sa course, a bien du mal à s'arrêter. Demi-tour aussi précipité. Nouvel arrêt. Nouveau départ. Cette fois il fonce, passe entre nous et disparaît. Qu'as-tu vu de si inquiétant, compère, pour rebrousser chemin aussi vite ?

Beaucoup moins important que Foncebadon, Manjarín possédait lui aussi son hôpital pour pèlerins. Le hameau est tout aussi ruiné. Lorsque nous passons près de la dernière maison du village, un couple en sort, visiblement frigorifié. Des Anglais qui se sont perdus la veille au soir dans la montagne. Parlent d'abandonner à Ponferrada – en fait nous les retrouverons à Compostelle.

Longue descente vers El Acebo par un chemin de crête tracé dans la bruyère et les genêts. La beauté du paysage enveloppé de brumes que le soleil disperse est telle que nous nous arrêtons un long moment à contempler, les larmes aux yeux, cet inestimable cadeau soudainement offert. C'est dimanche. Dans toutes les églises du monde on célèbre des messes. J'aimerais que l'on y ajoute celle-ci, non par provocation panthéiste, mais par reconnaissance de ce qui est, de ce qui vit et fait que l'existence de toute chose est par nature sacrée. Je pense au chemin des semaines passées. À celui des années précédentes. Au départ du Puy-en-Velay. À nos premiers pas, hésitants, sur la place du Plot, et à la suite. Pourquoi, sur ces milliers de kilomètres, tant de splendeurs ? Et d'où vient cette émotion toujours prête à s'embraser ? Questions cent fois ressassées. Pourquoi nous, pourquoi moi, sur ce chemin qui n'en finit pas de me tendre des pièges ? Qui me dira ? Et quand ? Comment ? Mais je sais, pour y revenir tant et tant, qu'à peine la question posée une voix me répond : « Jamais personne d'autre que toi ne dira ce que tu sais. Alors, va... » Et je vais. Dans deux semaines, jour pour jour, nous fêterons la Saint-Jacques à Compostelle.

L'an dernier, nous avions fait la connaissance, dans un hameau des environs, d'un couple d'Espagnols ayant travaillé plus de vingt ans dans la région nantaise. Souvenirs en vrac, photos cornées... Des amis dans un jardin, une fillette tenant un chat sur ses genoux, le couple devant le château de Chambord, autant de miettes de vie éparpillées sur le Formica d'une table, et les voix qui commentent. Une existence de labeur et d'économies comme il en est tant. Le retour au pays. L'achat de ce bar. L'enfant qui grandit et le temps qui passe. Nous devrions toujours nous méfier de la mélancolie des autres. C'est un piège tendu vers celui qui écoute. Ce jour-là, nous y tombâmes en prenant pour une nostalgie de la France ce qui n'était que regrets de jeunesse. Bref, nous les quittâmes dans l'effusion, non sans avoir promis de revenir les saluer le jour où nous irions à Compostelle. Autrement dit, aujourd'hui.

À peine sortis du chemin nous mesurons la discordance qui existe entre l'automobiliste et le piéton en matière d'évaluation des distances. Ce qui semble insignifiant au premier devient considérable au second.

Nous le savions déjà, mais plus encore après ces trois kilomètres d'hésitations, parcourus sans autres repères qu'une mémoire très approximative des lieux.

Dans un premier temps, elle ne nous reconnaît pas. Je lui montre leur carte, donnée l'an dernier. Fait semblant de se souvenir avec deux ou trois « *¡De acuerdo !* » et un sourire. Mais le cœur n'y est pas, et cela se voit. Gêne, silence, elle essuie son comptoir, range des bouteilles. Que voulons-nous boire ? Manger plutôt. « *¿Tortillas ? – ¡Si !* » Asseyez-vous... Le mari ? Il est au village. Ne va pas tarder, car c'est dimanche et il va y avoir du travail au bar. Le temps passe, une grande jeune fille nous sert. L'enfant au chat de la photo ? « *Si señor, mi hija.* » Oui, ma fille. Suit un prénom que nous ne retenons pas. La *tortilla* se fait attendre au-delà du raisonnable. Le mari aussi, si l'on en juge par les criailleries provenant de la cuisine. Les deux finissent par arriver. L'omelette est trop cuite, les pommes de terre pas assez, mais qu'importe. L'homme non plus ne nous reconnaît pas. Ne se souvient même pas de notre passage. Ne se souvient d'ailleurs de rien, ni de Nantes, ni de ses amis du chantier naval, ni de la Loire et de ses châteaux. DE RIEN ! Il rit, pour un oui, pour un non, cherche ses mots, ne les trouve pas, fait des gestes d'impuissance. Il est ivre, comme peut-être trop souvent. Cela se voit dans le regard de détresse de la jeune fille, dans la colère de la femme, dans les cris. Cris de colère et de reproche, le ton monte. Certaines intonations laissent présager la haine. Nous ne mangeons pas, nous avalons, ingurgitons notre repas. Une seule idée : quitter dans les délais les plus brefs cette scène de ménage. Nous évader, sortir du piège, retrouver l'espace, la paix de la garrigue, oublier cette idée saugrenue. La femme crie. Lui se tait. Comment pourrait-il faire autrement ? Ce qu'il entend ne le concerne pas.

Il est ailleurs, sur une planète, dans un rêve accessible à lui seul. Il passe derrière le bar. Elle l'en chasse. Leur fille met la radio à fond, puis, comme cela ne suffit manifestement pas à couvrir les éclats, le poste de télévision. Il ne nous reste qu'à refuser dessert et café, payer et fuir. Fuir ce bar désespérément vide, la misère d'un couple et la honte de l'adolescente qui, longtemps, nous fera des signes du haut du balcon. De grands gestes de la main, lents balancements de gauche à droite, comme on en fait pour effacer les traces sur une vitre. Pour gommer celles de notre passage ?

Nouvelles hésitations, le chemin doit se trouver de l'autre côté de la montagne ; il faut donc franchir celle-ci, descendre l'autre versant, suivre le cours d'un torrent. Sur la carte tout est facile, mais l'absence de sentier complique les choses, et nous nous perdons un peu. Arrivée dans un hameau de quelques fermes à toits pentus. Près de l'une d'elles, assis sur un banc, quatre hommes entre cinquante et soixante ans paraissent somnoler. Je demande la direction du Camino. L'un d'eux se lève, vient vers moi : « *¿Peregrino ? – Si. – ¿Alemán ? – No, francés.* » Avance de quelques pas, me touche l'épaule, mais de façon si rapide que je ne réalise pas la signification du geste. Les trois autres nous ont rejoints. « *¡Peregrino !* » Tous alors font le même geste. On me touche avec précaution, comme on le fait parfois pour apprécier un risque – de se brûler, par exemple. Deux femmes arrivent à leur tour. L'une boite terriblement, marche cassée en deux en s'aidant d'une canne. Elles aussi veulent poser leurs empreintes mais elles le font à la manière des femmes, en tenant longuement les manches de ma veste. Tout le monde parle, le mot *apóstol* revient régulièrement. L'émotion est aussi intense que partagée. Elle se traduit en sourires, en mains que l'on retient et secoue. En silences pour ce qui me concerne. Pour qui me prennent-ils donc ? Un étranger qui passe ? Certes, mais pas n'importe quel étranger. Un homme qui vient de loin. Là où ils n'iront jamais. Quelqu'un ayant franchi fleuves et montagnes, qui a marché et marchera des jours et des semaines encore pour honorer leur saint patron ! Saint Jacques ! Frère de Jean et comme lui apôtre. Celui vers qui le plus rustre d'entre eux, le moins croyant, se tourne quand la vie devient trop rude, ou que l'angoisse talonne l'insomnie. Voilà ce qu'incarne à leurs yeux ce passant qui demande son chemin en écorchant les mots. Un pèlerin, autrement dit un envoyé de Dieu. Je suis donc cette image mythique dont ils connaissent l'existence, qu'ils croisent parfois dans la rue d'El Acebo ou près de la Cruz de Ferro, mais qui jamais ne vient, et pour cause, dans leur village. Aujourd'hui, une banale erreur d'orientation fait que le Camino traverse le hameau, ce qui sans doute était le cas, autrefois, lorsque le franchissement des gorges du río de la Preladura se révélait trop périlleux.

Difficile de transmettre une émotion de ce type. Les mots ne suffisent pas, loin s'en faut. L'image seule demeure, gravée en mémoire où, plus ou moins enjolivée, elle vieillira jusqu'à la fossilisation. Des images égoïstes, dans la seconde intraduisibles, même à ma femme qui pourtant connaît, pour s'y être confrontée, l'irrationnel de ce chemin. Même pour elle les mots se feront rebelles, d'où l'incompréhension probable des autres, ceux à qui je ne pourrai en parler, plus tard, qu'avec la chair de poule. Je sais donc que ces instants, pour moi inoubliables, peuvent prêter à rire, ou pour le moins à sourire. Je sais qu'ils dénotent, dans un monde fasciné par la technologie, une sorte d'aberration, un contresens. C'est ainsi, et je remercie ces gens de m'avoir reçu de la sorte. Ces six paysans qui désormais m'escorteront, jusqu'au bout de mon âge, définitivement vivants, debout dans un après-midi d'été, quelque part dans les Montes de León.

Certains, à qui je me risquerai à rapporter cette scène, parleront de « gestes fétichistes ». Bien entendu ! Dommage que les mêmes ne se soient pas plus interrogés sur les leurs, notamment sur le toucher des pierres qui ponctue le chemin de Compostelle, rituel auquel ils ne manquent jamais de participer !

Il n'a pas plus de quinze ans et pleure en marchant péniblement. Chaque pas justifiant une nouvelle plainte, il avance dans la hantise permanente de la douleur. S'arrête tous les dix mètres, s'adosse au mur de schiste du chemin, sanglote et repart. Nous lui proposons de l'eau, des fruits, des bonbons, de prendre son sac. Il ne veut rien. Son père est devant, avec son frère ; ils l'attendront à Molinaseca, village où nous pensons faire étape. Encore deux kilomètres, peut-être trois. Plus d'une heure pour lui. Effectivement, nous rejoignons, dans les gorges du río de la Prelatura, un homme accompagné d'un très jeune enfant. Je lui parle des difficultés que rencontre son autre fils. Démarche incongrue qui a le don de le mettre dans une colère noire. Le peu de connaissance que je possède de sa langue me sauve, dans un premier temps, du pire. Le bonhomme se méfie et n'est peut-être pas très à l'aise face à un pèlerin venant de Roncesvalles. Mais il faut quand même que je sache que cet enfant n'est qu'un paresseux pleurnichard alors que son jeune frère, qui n'a que neuf ans, marche sans se plaindre. À plusieurs reprises, le mot *sacrificio* revient dans la diatribe. Celui-là croit certainement que sa marche est sacrificielle, et que l'apôtre, Dieu et les saints n'attendent que sang et larmes du pauvre monde. Une fois de plus, me voici ramené devant le mur d'incompréhension que représente ce catholicisme. Douleur, souffrance, sacrifice : en aura-t-on bientôt fini avec ces mots sortis d'un autre temps ? L'humanité n'est-elle pas assez éprouvée comme cela ? Cet homme ne lit-il donc jamais le journal ? Ce qu'il lit ou entend ne lui suffit-il pas, qu'il veuille à tout prix y ajouter sa part de larmes par chair interposée ! À moins qu'il n'ait besoin de son supplément quotidien d'horreurs. Plus simplement, s'interroge-t-il une seconde sur ce qu'il fait subir à son enfant et le souvenir que celui-ci conservera, sa vie durant, de cette marche vers Compostelle ? À présent, c'est à mon tour d'être en colère. Une colère sourde, rentrée, à vingt lieues de l'autre qui continue à brailler contre les *Franceses* accusés de tout et du reste, moralistes à la gomme, donneurs de leçons par principe, faux pèlerins par nature. Tout ceci me ramène à la lettre pastorale de Mgr Antonio María Rouco-Varela. Je t'en prie, Jacques, fais quelque chose ! Surprends-les… Reviens… N'aie crainte, le monde dont tu fustigeas tant la bêtise n'a pas changé !

Vu du pont de Molinaseca, le río Meruelo incite à la baignade. Eau claire, gros rochers blancs, herbes filandreuses, tout cela est fort appétissant. Comme l'étaient, le quart d'heure précédent, les cerises de la chapelle de la Vírgen de las Angustias (Vierge des Angoisses). Des fruits mûrs, odorants, nombreux et pesants au point de briser les branches. Une longue et lente tentation pour les passants descendant la route qui conduit au pont. Des milliers de cerises que, peut-être, on ne ramasserait pas, car déjà trop mûres. Fruits interdits, barricadés, protégés des mains chapardeuses par de hauts grillages doublés de barbelés, mais heureusement offerts à la gloutonnerie des merles, grives et autres compagnons.

Nous ne nous baignerons pas dans le río. Molinaseca, village magnifique, est très touristique. Trop, même, puisqu'il n'a plus de place pour les pèlerins. Le Refugio de la Ermita de San Roque est bondé. Les quelques *fondas* aussi. Reste bien cette Casa de los Peregrinos dans la rue principale. Un établissement chic avec une salle voûtée, des tapis à l'entrée, le tout rehaussé par un filet de musique classique. Bien sûr, je ne suis guère présentable, un dimanche après-midi, dans un hôtel de cette classe, mais une fois douché, vêtu de propre et bien coiffé, je saurai tenir ma place. La patronne, elle, en doute. « *¡No camas! ¡Nos camas!* » Pas de lits. Puis, comme il faut bien que toute vérité soit dite : « *No peregrinos aqui.* » (« Pas de pèlerins ici. ») D'accord, mais alors on ne laisse pas son enseigne faire de l'œil aux loqueteux du chemin. Car, à moins d'erreur grossière de ma part, nous sommes bien dans la « maison des pèlerins ». C'est ce que je m'ingénie à lui faire comprendre, quand une dame à cheveux blancs, tailleur très strict et français châtié, vient à ma rescousse. Mon espagnol précaire m'empêche de suivre ce qui se dit alors, mais le ton est éloquent. Du peu que je saisis, la dame se montre outrée de la façon dont on éconduit de nos jours les jacquets et, sachant qu'il reste des chambres libres, dit regretter d'avoir réglé sa note.

Je ne sais combien de temps dura l'algarade ni ce que celle-ci modifiera dans leurs relations. Nous marchons vers Ponferrada. Sept kilomètres de plus, le prix de nos inconséquences matinales.

Ponferrada : le pont de fer. Drôle de nom pour une ville dominée par les impressionnantes ruines d'une forteresse templière, et pour le reste très industrielle. Hauts fourneaux, mines, forges, laminoirs, tout est en place pour rappeler que les gisements de minerai de fer abondent dans la région. Ville industrielle dont la mémoire ouvrière se souvient des violents combats qui opposèrent, dans ces rues aujourd'hui paisibles, et par un jour d'été semblable à celui-ci, des hommes de tous âges et de toutes conditions. Vaincus, les républicains, ouvriers et mineurs pour la plupart, furent conduits sur la place du marché et massacrés. Cela se passait le 20 juillet 1936, dans les premières heures de l'insurrection nationaliste.

De Ponferrada nous ne verrons qu'une longue suite de rues, les silhouettes du château et de la basilique, une salle de restaurant et les murs d'une chambre. Pour le reste, nous dormons comme des souches, assommés par les quarante-deux kilomètres de cette redoutable étape de montagne.

Dans leur grande majorité, les francophones rencontrés sont catholiques convaincus, mais sans prosélytisme. Ce qui n'est pas toujours le cas des Espagnols, dont les médailles, écussons, fanions et crucifix relèvent par moments du folklore. Les plus croyants vont à Compostelle pour honorer l'apôtre Jacques, persuadés de sa présence dans la crypte de la cathédrale. Ceux-là vivent dans une sorte de félicité que je leur envie. Pour moi, l'essentiel ne relève pas de la matérialité d'un corps, fût-il saint, mais de la croyance que l'humanité en a. Histoire ou légende ? Histoire ET légende, saint Jacques de Compostelle appartient aux mythes fondateurs de l'Europe. En douterais-je, que ce chemin millénaire me le rappellerait. Bien sûr, on peut s'interroger sur le sens profond des grandes migrations humaines, invasions, pèlerinages, croisades, ruées vers l'or. Se demander si, tout compte fait, il ne s'agit pas simplement de névroses collectives. S'étonner de leur constance à se produire, à l'égal de la course des astres, d'est en ouest. Comme on peut nier la réalité des choses. Se réfugier dans les thèses rationalistes. Que sais-je, et qu'importe, puisque rien ne sera venu réellement éclairer le sens profond de ces migrations, régulièrement apparentées à la recherche, sinon l'établissement, de la Jérusalem céleste sur terre, quelquefois confondue, à tort d'ailleurs, avec l'Eldorado.

Ce matin, à l'entrée d'un village, un groupe d'enfants guettait les pèlerins pour leur proposer un lot d'images saintes comme nous aimions autrefois en conserver dans nos missels. Au dos de certaines figurait une prière à saint Jacques, argument de poids pour les vendeurs qui se précipitaient au-devant des passants en criant comme des pies. Pour les plaisanter, je leur dis que je ne lisais pas l'espagnol et que cela ne me servirait donc à rien. Tollé général. Comment un *peregrino*, « même » français, pouvait-il dire cela ? Voyant le drame, je me résolus à mettre la main à la poche. Geste qui me valut tous les applaudissements du monde, et même le baiser barbouillé d'une fillette. Heureux enfants dont les rires nous suivirent quelque temps, aurez-vous assez d'images pour protéger tous ceux qui viennent ?

L'imagerie veut que nos prédécesseurs aient eu une foi à renverser les montagnes, ce qui dans la très grande majorité des cas est exact. Mais il dut bien se trouver dans la masse quelques sceptiques, sinon de francs athées. La chose n'est pas impossible et ne me choquerait pas, tant je considère ce chemin comme universel par les valeurs qu'il recèle, et dont il semble l'un des garants les plus authentiques.

Avant-hier, nous avons parlé, avec des Suisses protestants, de la Réforme qui porta un rude coup aux pèlerinages, celui de Compostelle en particulier. J'ignorais les jugements de Luther au sujet de saint Jacques : « On ne sait pas si ce qui gît dans le tombeau de l'Apôtre est un chien mort ou un cheval mort. » Et sur la marche vers Compostelle : « Laisse donc tomber et n'y va pas… Laisse y voyager celui qui le voudra mais toi [luthérien], reste chez toi*... » Ils me parlèrent également des rois d'Espagne qui, à trop régenter le chemin, le vidèrent de ses jacquets parfois pendus comme espions**. Nous devrions nous étonner, à l'énumération de ces faits, auxquels il convient d'ajouter l'influence du siècle des Lumières, la guerre civile espagnole et la Seconde Guerre mondiale, de voir aujourd'hui tant de gens marcher sur ce chemin qui, raisonnablement, devrait être depuis longtemps sorti de la mémoire des hommes.

Couvrant parfois les murs, présentes de la pierre d'angle à la clef de voûte, les marques des bâtisseurs fascinent autant qu'elles questionnent. Peut-être s'agit-il de signatures d'ateliers, de chantiers ou de tâcherons. On parle aussi de franc-maçonnerie, de compagnonnage. Étonnants graffitis dont la lecture suffit à briser le silence des siècles, tailles, entailles, parfois rudimentaires, figures géométriques, chevrons, pattes-d'oie, lettres majuscules, croix, gestes fossilisés par l'appareillage de la pierre : signes, dans tous les sens du terme. Faute d'en posséder la signification, ils deviennent maçonniques, templiers ou cabalistiques. En fait, leur raison d'être relève peut-être simplement, comme le suggère Raymond Oursel, de l'appartenance à un groupe professionnel : « De l'architecte au moindre tâcheron, c'est un même courant qui passe et anime les cœurs et les bras, comme de la pierre brute extraite de la carrière ou du lit du torrent jusqu'à l'assemblage final circule un même sang... Solidarité du lien collectif, soumission à l'exigence du matériau comme à la qualité de

* Cité par Millán Bravo Lozano dans *Chemin de Saint-Jacques de-Compostelle*, *chemin de l'Europe*, Éditions MSM, 1992.

** N'oublions pas, non plus, le très catholique Louis XIV, qui interdit à ses sujets, sous peine de galères, de se rendre en pèlerinage à Compostelle. (*N.d.A.*)

l'œuvre : la perfection romane n'a peut-être d'autre raison que l'apparente abdication du génie individuel, l'indifférence absolue au succès ou au prestige passagers… Expression de cette responsabilité collective, anecdotique, certes, mais d'un incontestable pouvoir suggestif, les signes ou marques d'appareil confirment la vérité de l'énoncé général*. »

Tradition de l'examen de passage entre deux états, rituel initiatique, règles transmises oralement, rien ne manque pour multiplier les hypothèses les plus contradictoires, contre lesquelles un fait s'impose : les itinéraires de Saint-Jacques-de-Compostelle furent bien des chemins de constructeurs – au sens le plus large du terme – comme le démontre Louis Charpentier :** « Sans doute y voyons-nous [parmi les pèlerins] des pénitents mystiques, voleurs et coquillards. Mais les constructeurs vont devant, apprentis, candidats à l'initiation. Le chemin de Compostelle a été la grande université du Moyen Âge. Sans lui le roman n'eût point été ce qu'il fut, privé de sa symbolique… »

Maçons, architectes, maîtres d'œuvre et compagnons, tous affranchis des servitudes seigneuriales au titre du « franc-métier », allèrent donc nombreux à Compostelle. Pèlerins à l'aller, tâcherons au retour, recueillant sur les chantiers, où ils étaient admis par cooptation, enseignements et savoir-faire, enrichis d'expériences et d'échanges***, ce sont eux, bâtisseurs, constructeurs et charpentiers, qui, disséminant techniques et sciences nouvelles, vont, bien avant les

---

* Raymond Oursel, *L'Invention de l'architecture romane*, Zodiaque, 1970.

** Louis Charpentier, *Les Jacques et le mystère de Compostelle*, Robert Laffont, 1971.

*** Notamment, au moins jusqu'à l'an mil, avec les musulmans, dont les influences sont toujours visibles dans les arcs outrepassés et polylobés, certaines coupoles mozarabes, la bichromie des arcs de quelques édifices (Le Puy, Vézelay). (*N.d.A.*).

lettrés, faire progresser les connaissances et la pensée occidentales. Certains auteurs voient dans cette initiation des compagnons maçons, sur ce chemin si particulier, l'élément de filiation entre l'œuvre d'Hiram, architecte du temple de Salomon à Jérusalem, et la franc-maçonnerie*. Réservé par nature quant à tout ce qui touche l'interprétation ésotérique de faits sociaux, je ne sais que répondre à ces pétroglyphes souvent très beaux, peut-être d'autant plus qu'ils restent mystérieux, et qui, depuis Eunate, retiennent si bien nos regards.

Ce n'est pas d'hier que chemin historique et route maraîchère se confondent, si l'on en juge par l'âge des granges contre lesquelles, parfois, s'appuient de hautes croix en granit plus ou moins enlacées par le lierre et la ronce. Pays de transition entre le León y Castilla et la Galice, le Bierzo fut, au début du XIXe siècle, élevé au rang de province. Peu de temps il est vrai, puisque le titre lui fut retiré un an plus tard, mais assez pour que certains s'en souviennent et clament, à la peinture (noire de préférence), leur désir de vivre dans un Bierzo libre ! Ce que d'autres contestent un peu plus loin avec des procédés identiques en déclarant : « *Autonomía del Bierzo = Sarajevo.* »

Penchées, agenouillées, cassées en deux, elles disparaissent de temps à autre, englouties par les murs

* Si, en matière d'architecture, le pétroglyphe représente bien un signe-signature de constructeur, pouvant servir comme justificatif de labeur pour un paiement, sa signification est tout à fait différente en ce qui concerne les représentations animales et humaines, voire géométriques, que l'on trouve dispersées sur tous les continents. Art rupestre préhistorique dont les plus beaux exemples se trouvent, en ce qui concerne notre pays, dans la vallée des Merveilles (mont Bégo) dans les Alpes-Maritimes, ainsi qu'à Fontainebleau. (*N.d.A.*)

de végétaux dans lesquels leurs mains volent, vont et reviennent, tissant une sorte de trame invisible. Puis elles se redressent et marchent vers la route en longeant les sillons de pommes de terre, les haies de tomates ou de haricots, portant de lourds paniers de légumes vers l'une des camionnettes qui attendent sur le bord du sentier. Là, des hommes contrôlent et pèsent, avant de noter sur des carnets. La plupart d'entre elles sont vêtues de sombre, coiffées de chapeaux de paille, mais certaines, souvent les plus jeunes, préfèrent les foulards noués à l'arrière. Elles ressemblent alors aux paysannes de la propagande soviétique d'avant-guerre.

Lorsque nous passons près des voitures, on se regarde et on se salue. C'est tout. Que se dire d'autre ? Et comment ? Seul le travail, l'équitable partage des douleurs du corps, serait en mesure d'assurer une parole vraie. Mais dans nos états si dissemblables, comment trouver le mot juste, le geste attendu ? Combien sont-elles ? Pour le moins des centaines. Pas un champ, un espace cultivé qui ne possède ses madones agenouillées, ses paniers et ses camionnettes. L'essentiel de la population féminine des villages d'alentour doit être là. Pour les hommes, cela semble différent. Moins nombreux, parce que peut-être ouvriers à l'usine. Des femmes, donc, jeunes et moins jeunes, et nous, qui passons comme des ombres. De quoi avons-nous l'air dans cet univers de labeur exténuant ? Pour la première fois depuis le départ, j'éprouve une sorte de gêne. Me sens déplacé. Au regard de celle-ci, par exemple, qui plaisante avec les chauffeurs ? Et cette autre, manifestement enceinte ? Et celle-là, qui marche en se tenant les reins ? Allonger le pas ne servirait à rien : aussi loin que porte le regard la plaine s'étend, coupée, tranchée par la balafre blanche et grise du Camino. Nous marchons donc de *¡hola!* en *¡hola!*, escortés par l'odeur poivrée des sueurs féminines.

Si l'esprit pionnier préside à la construction isolée, voire au lieu-dit, la colonie de peuplement ressortit obligatoirement à une volonté politique. C'est la raison pour laquelle, bien que ne se ressemblant pas, tous ces *pueblos del Camino* présentent une structure identique. C'est avant tout une rue principale, orientée est-ouest, qui n'est autre que le chemin lui-même, bordée de maisons ou d'habitations diverses. Long couloir commerçant et artisanal que des places viennent agrémenter parfois. Chacun de ces villages a évolué en fonction de ses différences, des protections reçues ou de sa situation stratégique, mais sa vérité pionnière n'est pas assez éloignée pour que l'on ne puisse la lire encore aujourd'hui. Pour le reste, magnificence, pauvreté ou déclin, ce sont les siècles qui parlent. Ce sont eux, et cette fabuleuse aventure compostellane, qui ont élevé églises, chapelles, monastères, ponts, et, bien entendu, installé les communautés humaines…

Cacabelos n'échappe pas à cette règle. Même longue rue jacobite bordée de maisons à arcades, mêmes balcons fleuris d'où l'on secoue la literie en interpellant le passant : « *¡Hola peregrino! ¡Qué calor esta mañana!* » *La* bourgade est attachante. Une fois encore on se laisse aller à rêver non pas d'une pause, mais d'un arrêt avec sieste et, vers le soir, piscine. Mais il faut marcher, suivre cette calle de los Peregrinos longue de plus de deux kilomètres. Distance il est vrai interrompue par une *bodega* offrant vin et chorizo aux pèlerins de passage.

Dehors il y a la rue, le bruit, la chaleur et ce long trottoir de ciment où les pas se perdent. Une rue où l'ombre raisonnable, celle où l'on s'embusque le temps de s'essuyer le front d'un revers de bras, n'existe plus. Dehors il est midi… Mais, passé le haut portail de bois, l'ombre et la fraîcheur retrouvées rendent l'heure plus incertaine. Les bâtiments sont superbes. Disposés en cercle avec, à l'étage, une galerie ouverte sur une double volée d'escaliers conduisant aux habitations, ils témoignent de la prospérité du propriétaire. Le mariage judicieux de la pierre et du bois, le contraste entre l'étage blanchi à la chaux, le toit de lauzes et les moellons du rez-de-chaussée accentuent la grande beauté de l'ensemble, soulignée par des grappes de géraniums tombant des balcons.

Dans la cour encombrée de tonneaux servant de tables, il y a beaucoup de monde. Pèlerins pour la plupart, mais aussi touristes allant en car vers Compostelle. Ceux-là savent-ils de quoi ils parlent lorsqu'ils abordent les difficultés du chemin avec nous ? Vus des sièges confortables d'un autocar à air conditionné, les monts de Navarre, du Oca ou de León doivent sembler de bien petites choses. Qu'importe ! Cela apporte son lot de piment à l'ambiance, on rit en se donnant des claques dans le dos… Sacrés touristes, va ! On s'interpelle aussi entre connaissances, on se congratule, on s'embrasse, on pousse quelques « *¡ Viva Santiago !* » sans autre propos que de dire sa joie d'être là.

Les plus prudents visitent les lieux, dégustent un peu de vin, se reposent et repartent. Les moins prudents et les imprudents s'assoient, mangent et boivent. Rient aussi, car il n'est dit nulle part qu'un pèlerinage doive être triste, et surtout pas celui-ci ! Nous faisons partie de ce clan-là, avec Anne et Emmanuel retrouvés aux portes de la ville, René et John, un Américain venu de l'Arizona.

Renouant avec l'ancienne tradition du pèlerinage, René, encouragé par des amis francs-maçons, est parti de chez lui, dans le Loiret, le dimanche 30 mai. Jour de la Pentecôte. Lors de son départ, le curé de sa paroisse lui a remis une lettre d'envoi et de recommandation, document servant autrefois de passeport et de sauf-conduit au pèlerin. Une messe particulière a également été célébrée à son intention, et une lettre d'injonction au départ remise par ses amis francs-maçons. Il nous en donne lecture :

« Pèlerin, à ton bourdon ! Pèlerin, c'est ainsi que tout le monde t'appellera désormais. Pèlerin ! *¡Peregrino !* Pars maintenant… Tu seras le chemin-Orléans, comme les anciens compagnons du tour de France. Tu seras Orléans la joie de vivre. »

René lit. Emmanuel traduit à mesure à John :

« D'où viens-tu ? D'Orléans ! Où vas-tu ? À Saint-Jacques ! L'alpha et l'oméga de quelques mois de vie. Pèlerin tu es, pèlerin celui qui passe, tour à tour honni et admiré. Le voleur de poules et le saint voyageur. Tu marches à pied parce que, au lieu de traverser les choses, tu les côtoies. Parce que, au lieu de croiser les gens, tu les accompagnes. À pied, parce que c'est aller avec soi, sans autre recours ou ambition que tes jambes et ta tête. À pied, parce que tu rencontres ton corps. […]

« Le chemin module ton plaisir et ta douleur jusqu'à l'insupportable, tu perds tes sources et tes ressources. En Vieille-Castille, tu laisses mourir le vieil homme à l'esprit encombré de faux-fuyants, de non-dits, de compromis et de faire-valoir. À Cebreiro souffle l'esprit. Il se réveille à ta nouvelle conscience d'homme qui n'a d'autre moteur que celui du cœur. L'homme qui a perdu le superflu et ses superlatifs. À Cebreiro, l'esprit te fait renaître à la lumière. À Compostelle, tu éclates dans la joie – pour toi celle de ta foi fortifiée –, ton VRAI devoir d'homme enfin accompli. Tu pars maintenant… Tu ne pars pas sans rien… La force est dans ton bourdon, à rythmer ton pas. La sagesse dans ta solitude. La beauté dans la lumière du chemin.

« Va, pèlerin… Salue pour nous monsieur saint

Jacques, là-bas, en Galice, et que retentisse la première fois pour toi ce matin l'antique imprécation.

« Pèlerin, à ton bourdon... ULTREIA ! ! ! »

Sous la tonnelle de la *bodega*, l'ambiance est aux certitudes. Pain de ferme et chorizo sont délicieux ; quant au vin, son seul tort – mais il est de taille – est de titrer dans les quatorze degrés minimum. Sinon quelques plaies et bosses, ampoules et tendinites, tout va pour le mieux ! Saint-Jacques est en vue, quasiment à portée de main. Disons à moins de deux cents kilomètres. Autrement dit, cinq jours de marche pour René !

Sans doute Herman Kunig von Vach est-il aujourd'hui bien oublié. Jusques et y compris dans la paroisse de Vacha, en Allemagne, où il fut pourtant moine. Jacquet dans les années 1490, il écrivit un court récit en vers sur son voyage, qui fut édité à Strasbourg en 1495. À le lire, on apprend que les *bodegas* de Cacabelos étaient déjà redoutables au XVe siècle : « Bois le vin avec prudence, car à certains il peut embraser l'âme, parce que le vin s'en va comme une bougie*. » Sans doute mes premiers kilomètres se seraient-ils montrés plus faciles si j'avais reçu ce conseil avant de m'asseoir sous cette tonnelle !

Villafranca del Bierzo. Autrefois, les pèlerins trop épuisés ou malades qui atteignaient la Puerta del Perdón de l'église Santiago de Villafranca bénéficiaient des mêmes indulgences que celles accordées à Compostelle. On ne dit pas le nombre de ceux qui frappèrent ainsi contre cette porte. Peut-être l'ignore-t-on. En revanche, il est dit que la plupart de ceux qui s'arrêtaient là ne reverraient jamais leur pays.

---

* Cité par Millán BRAVO LOZANO, *op. cit.*

Pauvres gueux, venus des fins fonds de l'Europe vous échouer comme vaisseaux perdus, ici, sur et sous le rude granit du Bierzo, dormez-vous au moins en paix ? Vous que familles et villages attendirent si longtemps, glorieux naufragés des routes, migrateurs soudain privés d'ailes, je vous salue ! Genoux en terre. Ainsi que l'on salue l'esprit !

Comme chaque soir le soleil couchant révèle l'harmonie d'une ville où la vie reprend ses droits. D'où nous sommes, sur les bords du río Burbia, notre regard l'embrasse tout entière. Là encore, les siècles s'égrènent autour de clochers et de hauts murs d'enceinte où l'hôpital côtoie le couvent, des escaliers de pierre relient ruelles et places, tandis que les rues les plus horizontales disparaissent sous les arcades. Ville de coteau où paliers et mains courantes ménagent le souffle, ville frontière également, dont les hauteurs conservent le souvenir du camp romain et des premiers mots de l'histoire.

J'aimerais arriver ici en décembre, à l'heure où le givre commence à mordre la pierre, descendre la colline par les rues à degrés, escorté par l'odeur de fumée et de suie des cheminées, demeurer un instant sous les arcades venteuses de la *plaza mayor*, et m'asseoir à l'une de ces tables de bois meublant les *fondas* les plus modestes, promesse de soupe chaude et de chambre glaciale. J'aimerais rallier Saint-Jacques en hiver. Le dépouillement doit y prendre son véritable sens, celui de l'ascèse tendue vers l'écoute de l'univers, et des voix qui le peuplent.

Ce soir, comme tous les soirs d'été, des enfants jouent dans le río, nagent, s'éclaboussent sous le regard de femmes qui, par moments, crient en s'égaillant, victimes des frasques aquatiques. Sur la hauteur, impassibles, les tours du château fort se découpent avec arrogance sur un ciel livré aux choucas, tandis que la façade du couvent San Nicolás dévoile, ombres et lumières mêlées, la haute maîtrise des architectes du XVIIe siècle. Nous marchons ainsi près de deux heures dans cette ville qui, comme sa consœur des Montes de la Oca, doit son nom aux Francs qui, au XIe siècle, s'y établirent, rejoints quelques années plus tard par une forte communauté de moines de Cluny.

Le plat est devant nous, débordant de frites et de haricots verts, couronné par dix côtelettes d'agneau. Moment d'hésitation, nous ne sommes que deux. Réellement deux, sinon ce jeune couple qui n'a pas encore passé commande. En fait, le patron nous confirme qu'il s'agit du «*menú de la casa especial peregrinos*» («menu de la maison spécial pèlerins») et qu'un surplus se tient à notre disposition. Affolement devant le dôme, rejoint par un saladier de tomates, salade, olives et oignons. Fou rire, partagé par le serveur qui, à chacun de ses passages, s'arrête à notre table, histoire de dire quelques mots et de remplir nos verres. Inquiet de nos appétits, le patron ne manque jamais de jeter un œil soupçonneux dans nos assiettes en répétant : «*Santiago est todavia muy lejos.*» («Saint-Jacques est encore très loin.») Gavés, il nous faut résister au surplus de légumes, ainsi qu'au dessert qui s'annonçait aussi copieux. Exercice délicat : refuser fermement sans vexer. Haute voltige diplomatique confortée par cet alibi de taille : demain il nous faudra de nouveau marcher vers l'apôtre ! Argument de pacotille qui amuse patron, serveur, et clients pris à témoin. Décidément, tout va de travers en ce monde où les pèlerins ne mangent plus à leur faim ! De la *palabra* qui s'ensuit, où la salle a son mot à dire, il devient évident que le pire est toujours devant nous : le franchissement du Cebreiro ! Nous n'en doutons pas, mais, par pure politesse, faisons semblant de l'apprendre de leurs bouches. Bref, tout cela se termine au mieux, contre un peu moins de quatre-vingts francs. Et une digestion un peu lourde.

Aucun dilemme dans le choix : à gauche, le chemin « historique », avec en préambule dix-huit kilomètres de goudron le long de gorges « camionneuses », à droite un sentier de crête plus long, très raide dans ses premières heures, mais garant de silence et de paysages grandioses. Il semble évident que ce *sendero alternativo* (sentier alternatif) ne se contente pas d'être une route buissonnière du réseau compostellan, mais une parcelle du Camino lui-même. Usés, meulés, creusés par des millions de pas inexplicables hors du contexte jacobite, les pavés de schiste le démontrent à loisir. La pierre resterait-elle silencieuse, que le bon sens ne manquerait pas de rappeler qu'entre le risque inhérent à la traversée de gorges et la sécurité offerte par les sommets, la raison pencha le plus souvent pour les seconds.

Nous montons donc, arqués, souffle court, nous méfiant des plaques de schiste humide, surpris du poids des sacs, de leur agressivité soudaine contre les épaules, mais réjouis autant qu'émus de l'authenticité de ce que nous découvrons. Dans son guide pratique, l'abbé Bernès dit que ce chemin permet de retrouver les paysages à peu près tels que les pèlerins les virent en leur temps. Je le crois sans peine, tant la griffe de l'homme et des siècles semble définitivement absente de ces hauteurs abandonnées.

À mi-parcours, Villafranca, dont nous suivions l'éloignement à chaque tournant du chemin, disparaît, dissimulée, absorbée par la masse sombre d'une châtaigneraie. J'en éprouve une sorte de regret. J'aime cette ville dont nous sommes sortis ce matin en suivant la très belle et impressionnante calle de Agua, voie historique bordée de très riches propriétés, dont certaines blasonnées disent encore la puissance de ceux qui gouvernèrent la cité. Au nombre de ces maisons, le palais de Thomas de Torquemada.

Carnet de route de Gisèle. « À l'entrée de Villafranca, Jesus Jato attend les pèlerins dans un gîte construit de bric et de broc. L'homme est très connu sur le chemin et populaire chez les jacquets qui, souvent sans le connaître, parlent de lui avec affection. Planches et bâches de plastique donnent à son gîte un aspect rafistolé guère engageant pour celui qui passe. À tort, d'ailleurs, car il paraît que non seulement on y est bien, mais que les soirées sont très conviviales. Jesus soulage les pèlerins les plus mal en point en les massant. Regret de ne pas nous être arrêtés chez lui*. »

Bordé de profondes vallées, le chemin de crête est à présent veillé, de loin en loin, par de sombres carcasses depuis longtemps ruinées. Castro de la Redonina, Castro del Sarracín, Castro de Auctares et Castro de Veiga, alliés de la veille, ennemis de toujours, lequel d'entre vous résista le dernier au vent qui emporta les autres ? Lequel resta seul, accroché à ses rêves ? À compter les hivers comme autrefois, il contemplait, des jours durant, les allées et venues chez le vautour, son voisin d'en face. On dit que les reîtres vivant à demeure, maîtres de baronnies insignifiantes, subsistaient d'impôts levés sur tout ce qui transitait par les gorges. La chose n'étant guère difficile à réaliser, l'octroi fut étendu, en violation du droit canonique, aux pèlerins. Il ne fallut rien de moins qu'une ordonnance royale de 1070 pour que l'immunité de ceux-ci soit assurée. Prudents, ils avaient déjà ouvert la voie des crêtes où nous sommes.

---

* Rencontré en septembre 1994 sur le Camino Aragonés, Jesus Jato mérite bien la célébrité que lui font les pèlerins et il serait dommage, en effet, de ne pas s'arrêter dans ce refuge, ne serait-ce que pour le plaisir de passer une soirée exceptionnelle. (*N.d.A.*)

Rencontré plusieurs attelages de vaches tirant une sorte de houe dans des champs de faible superficie. Parlé un peu avec les agriculteurs, tous très pauvres. Ce que confirme la traversée des hameaux. L'habitat change à mesure que nous approchons de la Galice. On s'y croit d'ailleurs le plus souvent, notamment par le chaume qui couvre les toits. À Vega de Valcarce (Le Val-Prison), nous retrouvons Françoise. Il fait de nouveau très chaud. Quarante et un degrés sous le porche de l'église.

La France, il ne la regrette pas. Comme il ne regrette pas d'y être resté vingt-cinq ans. Travaillait dans le Nord. Près de Lille. Puis ailleurs. Dans le transport. De betteraves, surtout. Puis à l'usine. Dit que les Français se montraient injustes avec les travailleurs émigrés. Qu'on l'a toujours traité comme un moins que rien, jamais reconnu, toujours exploité, même des ouvriers. Quant aux syndicats ! « La France, pays des droits de l'homme : Laissez-moi rigoler ! Un truc d'intellectuel, oui, mais sorti des grands mots, la réalité, c'est le coup de pied au cul et les menaces… Vous ne pouvez pas savoir ce qu'ils m'en ont fait voir, vos compatriotes. Alors, maintenant, ils peuvent bien crever devant ma porte. Rien à foutre ! »

Nous buvons quand même une *cerveza* ensemble. J'ai fait quelques courses – du chorizo, du fromage, des fruits. C'est lui qui a parlé français, quand il m'a vu chercher mes mots pour des cartes postales. Maintenant, je ne sais plus partir. Ni quoi dire si je reste. Lui reprend, ou plutôt continue, en remplissant les verres… Dit qu'il ne regrette quand même pas, puisqu'en fin de compte il a pu acheter ce bar. Et que ça lui suffit bien… Pas si mal, hein ? D'autant qu'avec tout ce qui passe devant chez lui depuis le mois d'avril, il fait des affaires… Je boucle mon sac devant la porte quand il termine en disant qu'ici on vit bien de pas grand-chose, et que c'est cela qui est important… Il répète : « C'est important parce que tu ne passes pas ta vie à courir après l'argent qui, de toute façon, ne servira à rien le jour où. » S'il savait combien ses paroles rejoignent celles que répète, chaque jour, inlassablement, la voix qui m'accompagne !

Carnet de route de Gisèle : « Très beau matin d'été dans une nature exceptionnelle. Dans les champs, les paysans coupent les foins à la faux. Maisons anciennes, le chemin longe un torrent qu'il franchit à plusieurs reprises par une série de ponts de bois. Rude montée jusqu'au Cebreiro par le Camino Primitivo. Tranquillité et recueillement ne sont hélas pas à l'ordre du jour de ce haut lieu transformé en terrain de camping ! Que sera l'arrivée à Saint-Jacques ? »

Mercredi 14 juillet. Cela commence comme une promenade le long du Valcarcel. Hameaux et villages se succèdent. Accueillants. Tout le monde traîne des pieds, prend son temps, regarde, discute. L'heure est à la rémission, comme si chacun hésitait, en allongeant le pas, à se confronter aux sept kilomètres de montée du Cebreiro.

Témoignage de Domenico Laffi : « Nous arrivâmes à Herreria. C'est un endroit situé auprès d'une rivière ; ici on extrait du fer de la montagne, et on le transporte au village où il y a un four pour le fondre. Il y a un grand marteau en fer mû par l'eau, des tenailles et des soufflets, tous instruments de taille énorme. Le site est petit et presque toutes les cabanes couvertes de chaume. C'est le premier village de Galice*. »

Aujourd'hui les forges sont en ruine. L'Hospital Inglés et son église également. C'est Henri II Plantagenêt qui en commanda la construction. Deux ou

* Cité par Millán Bravo Lozano, *op. cit.*

trois bâtiments à la sortie du village, et un cimetière, destiné aux seuls Anglais. C'était oublier que la seule nationalité d'un homme sur ce chemin est celle de pèlerin. L'afflux de ceux-ci commanda les ajouts et le quartier de l'hôpital s'étendit bientôt sur un bon tiers de l'agglomération.

Conséquence des aléas de l'histoire, Herreria, village frontière, n'est plus en Galice mais dans le León. Au contraire, Laguna de Castilla se situe en Galice. C'est même le premier village de cette province sur le chemin de Compostelle. Nous sommes donc dans la dernière partie du pèlerinage, celle de la résurrection symbolique. Celle dont les jacquets pensaient qu'elle préfigurait, par sa nature généreuse et sa douceur, les jardins du paradis.

Galice

L’homme est de la terre en marche.

Proverbe quechua.

Laguna de Castilla retentit des cris de joie de nos compagnons espagnols qui saluent, à leur manière, l'apôtre Jacques sur les terres duquel ils marchent enfin. Tout cela se fait dans la bonne humeur, sous le regard depuis longtemps blasé des villageois et avec l'assentiment des chiens qui aboient en remuant la queue.

« *¡Peregrinos ! ¡Venir, si, si, venir !* » Qu'a-t-il donc à nous montrer de si précieux, cet enfant d'une dizaine d'années que nous suivons jusqu'à l'étable ? C'est d'abord l'odeur qui parle. Remugle puissant d'urine, d'excréments, de litière d'ajoncs et de genêts en décomposition. Forte gifle ammoniaquée, étranglant parole et respiration, le temps de domestiquer l'agression, d'habituer le regard à la pénombre. Il y a des formes qui bougent, un homme, deux femmes et une vache. Celle ci vient de vêler. Elle est debout et lèche son veau, qui essaie en vain de se mettre sur ses pattes. L'homme lave le sang de la bête en la flattant de l'autre main, puis étend de la paille fraîche entre les jambes du veau enfin dressé. L'enfant parle à l'animal comme il le ferait au frère ou la sœur, puis il court chercher un passant. Les femmes ne parlent pas, mais sourient. Ces gens ne peuvent qu'être pauvres. Le pays est trop rude, les terres petites et morcelées, l'outillage obsolète. Dans les vallées cela s'arrange un peu. Le travail est de meilleur rapport, la vie moins difficile. Mais ici, en montagne, avec ces pentes, comment y arriver ? Comment ne pas devenir pauvre ? Ce qu'ils sont tous. Plus ou moins peut-être, mais sans que l'un d'eux puisse se prétendre riche. Ni même aisé. Pas misérables ni miséreux, pauvres. Définitivement ! Et ce n'est pas la venue d'un veau qui inversera le cours des choses. Tous le savent. Mais c'est quand même un gage de mieux-être, une poignée de biens, remisée pour l'hiver. C'est de cela qu'ils parlent maintenant, entre eux, dans une langue incompréhensible, le *gallego*. De cela et de rien d'autre. À présent, l'enfant pousse Gisèle vers les animaux, il faut qu'elle voie de plus près, touche. C'est *una peregrina*, quelqu'un de différent, qui suit la marche des étoiles, qui sait donc, et peut forcément des choses. Du haut de son jeune âge, il pressent cela et, caressant le veau, signifie le geste à accomplir. Les mains se tendent vers l'animal. Scène d'un autre temps, de nouveau très forte. L'esprit qui règne dans cette étable vient de beaucoup plus loin que celui des livres et de la cathédrale. En est-il moins sacré pour autant ? Beaucoup plus tard, découvrant l'importance que la vache, animal nourricier et de servitude, revêt dans la ferme galicienne, je comprendrai la portée du cérémonial auquel nous avons assisté ce matin-là.

Sommes-nous toujours en Espagne ? Après ces semaines de terres brûlées, le doute est un instant possible, tant le contraste est saisissant. À la tragique austérité castillane succède la douceur galicienne, faite de ruisseaux, d'herbes folles, de bois et de forêts. Ce n'est pas à proprement parler une surprise. Le Bierzo marquait, déjà, une première frontière climatique, la seconde ne s'achèvera qu'au cap Finistère. Quelques heures de marche ont donc suffi pour que le monde retrouve ses pastels et sa fragilité. Et que l'Espagne devienne Galice.

Pays austère aux sols généralement pauvres, longtemps tenu aux marges de l'histoire par le désintérêt du conquérant, et qui le serait peut-être encore sans la révélation de l'an 830 à l'ermite Pélagius. C'est en effet l'apôtre, et lui seul, qui a fixé une fois pour toutes le regard du monde sur cet espace de *terra incognita*. Avant lui, pas de mémoire fondatrice, Suèves, Wisigoths et Arabes se contentant de traverser le pays le temps d'un siège ou d'une razzia. À part les Romains, nul ne songea à asseoir ici les frontières d'un empire. Ceux-là au moins restèrent un peu, extrayant l'or des montagnes et faisant de Lug, petite cité celte, l'imposante Lucus*, capitale de la Gallaecia romaine.

Un tel désintérêt de l'histoire n'est pas sans conséquences sur les caractéristiques d'un peuple qui, faute de confrontations extérieures, se replie sur lui-même et conserve naturellement ses racines. Ainsi la Galice est-elle toujours fortement imprégnée par ces peuplades vagabondes : les Celtes, dont peu de souvenirs matériels subsistent, mais dont l'esprit demeure fortement ancré dans les coutumes et traditions. Dans une façon d'être, aussi.

Bien entendu les comparaisons avec la Bretagne armoricaine viennent immédiatement à l'esprit, et peu de chroniqueurs évitent ce piège, rassurant par certains côtés. Tout n'est-il pas en place pour l'amal game ? Même climat supposé, traditions analogues, fascination pour le légendaire et la superstition. Que sais-je encore, puisque rien ne manque à la confusion, y compris ces passés maritimes communs, couronnés par la présence en chaque pays d'un cap Finistère ! Reste que nous sommes ici, la plupart du

---

* Actuelle Lugo, l'une des quatre capitales régionales de Galice. (*N.d.A.*)

temps, en montagne, et que cela seul suffit à poser des limites aux rêves de gémellité. Ceci ne retire ni ne change rien aux charmes respectifs de ces pays, auxquels il serait bon d'ajouter l'Irlande, peut-être plus proche de la Galice que la Bretagne.

Subrepticement nos chants de route ont cédé le pas devant la mémoire poétique, et nous chanterons chaque jour à venir ces mots, qui depuis si longtemps nous accompagnent : « Je pars ce soir / Tu pars demain / Souviens-toi de nous, Galice / À tant creuser ta silice / On ne gagnait plus le pain / Il restera des orphelins / Des arpents de solitude / Aussi la longue habitude / D'écouter pleurer les chiens / Qui rentrera le grain, le foin / Les fruits des étés pourrissent / Les vieux vergers de Galice / Gémissent dans le vent marin / Partons ce soir / Partez demain / Souviens-toi de nous, Galice / À trop creuser ta silice / Jamais vers toi nul ne revient*... »

Ici, c'est d'abord la mer qui ordonne. Et cela se sent. Même au plus éloigné des côtes, à Orense ou Lugo, par exemple, son influence demeure. Quelque chose d'indéfini, un climat – dans tous les sens du terme –, peut-être à cause du vent, de son autorité sur la terre et l'existence des hommes. Sûrement aussi pour la longue habitude des pluies et des brumes océanes à coloniser le pays. La mer, oui, ce court chemin d'exil qu'empruntèrent tant de villageois, dont aujourd'hui les enfants se souviennent sans l'avoir appris. C'est du moins le sens que l'on peut donner à ces murs peints qui escortent le Camino, et sur lesquels on peut voir des bateaux et la mer.

Une dizaine de *pallozas*, sortes de huttes de pierres sèches recouvertes de genêts – constructions d'origine celte dont certains modèles parsèment la côte

---

* Poème de Luc Bérimont mis en musique par Marc Ogeret. (*N.d.A.*)

ouest d'Irlande –, une modeste église préromane, quelques champs et chemins bordés de murets de pierres, peu d'arbres : le Cebreiro n'a pas d'âge. À moins qu'il ne les ait tous. Vieux comme la lande et le granit sur lesquels, depuis des millénaires, le vent fait sa loi. Vieux comme les peuples tribaux qui précédèrent l'écriture et s'installèrent sans doute ici pour mieux scruter le ciel. Vieux comme l'amour et la misère du monde. Vieux !

Vraisemblablement, cela commença par un campement de chasse au temps où l'on tuait l'animal au jet de pierre. Puis il y eut un hameau. Peut-être un ermite. Mais en vérité, c'est l'Étoile qui décida de tout. Celle du livre avant d'être du ciel. L'Étoile commune aux errants qui, dans la nuit, voient les vérités du jour : bergers, mages, prophètes, ou simplement poètes. Sans que rien puisse l'affirmer, je pense qu'elle traversa la cordillère Cantabrique au plein milieu de ces landes, et que c'est ce qui commanda qu'en ces lieux inhospitaliers des murs s'élèvent, et qu'une cloche tinte. Le reste, on le connaît par les livres. Dès le IXe siècle, le Cebreiro accueille des pèlerins. Les premiers en marche vers Compostelle ! Ceux qui ouvrirent les portes du paradis à la cohorte. Ceux qui, peut-être, eurent le droit de tutoyer l'apôtre.

Attendue avec impatience par certains, redoutée par d'autres, l'ascension du mont Cebreiro est l'un des moments les plus intenses de la marche jacobite. La pente en est rude et la montée interminable, chemins creux, humides, boueux par endroits, les pavés de la très ancienne *calzada* glissent, la plupart sont usés en leur centre. Les cris de joie marquant l'entrée de nos compagnons espagnols en Galice n'ont pas dépassé les dernières maison de Laguna de Castilla. À présent, le souffle est trop précieux, trop rétif, pour qu'on le disperse à tort et à travers. La montée s'effectue dans le rythme des respirations. Lorsque celles-ci se montrent trop pénibles, on s'arrête, regarde passer les autres, puis on repart en s'arquant, à cause du poids du sac qui tire vers la pente. Dans le dernier tronçon beaucoup d'entre nous prient. Je ne sais s'il s'agit d'une tradition ou d'un secours espéré contre les difficultés du chemin, mais il me semble que le pèlerinage prend alors un tout autre sens, celui de ces processions de Fête-Dieu ou de pardons que je voyais, enfant, passer sous mes fenêtres.

Le premier est couché sur le ventre, à même la route. Il a enlevé une chaussure et la chaussette, gardé son sac. Le pied nu, badigeonné de mercurochrome, est bien abîmé. Le second, assis de l'autre côté du chemin, regarde ses pieds en pleurant. Aucun des deux n'a plus de vingt ans, grands, charpentés, certainement sportifs. Espagnols. Le village n'est plus qu'à quelques centaines de mètres. La dernière montée où nous sommes, un plat insignifiant, une courte descente, et ce sont les premières maisons. Il me montre ses pieds, entaillés par les ampoules crevées, jamais guéries, toujours avivées. Des pieds mal soignés auxquels il manque des ongles, rançon de descentes intempestives. Je lui dis de se rechausser, que le refuge est proche, qu'ils pourront s'y soigner et dormir. Répond qu'il veut rester là. Veut jeter ses chaussures dans le ravin. Des gens s'arrêtent, l'admonestent, repartent. Je réussis à le faire lever, l'aide à se rechausser. Qu'a-t-il fait de son sac? Là! Il me montre le creux. En fait, la pente n'est pas assez prononcée et les genêts ont arrêté le barda, visiblement trop volumineux. Bien entendu, il ne veut pas aller le chercher. J'y vais, m'en charge, et le prenant, lui, par le bras, le tire vers le village. Cela demande du temps et des cris. Les encouragements de ceux qui nous dépassent se montrent insuffisants. Il s'arrête de plus en plus souvent, tempête, m'engueule, pleure, veut s'asseoir, mais repart pour une cinquantaine de pas qui ne font certainement pas trente mètres. C'est peu mais, répété, suffisant pour atteindre le gîte. Le second sera plus difficile à convaincre, et je l'abandonnerai à un groupe de coreligionnaires, qui, à ma grande surprise, le remettront sur pied le plus simplement du monde en lui disant que « sa conduite fait honte à l'apôtre ».

Son extrême sobriété rend l'église Santa María la Real du Cebreiro touchante. L'édifice, à plan basilical, fut construit en 836, en même temps qu'un monastère et l'hôpital, aujourd'hui hôtellerie. On y vénère une statue romane en bois polychrome de la Vierge, ainsi qu'un calice et une patène du XIIe siècle ayant trait au « miracle du Cebreiro ». En absence de toute précision, la tradition retient un hiver du XIIIe siècle comme date probable de ce miracle. Pris dans une tourmente de neige, un paysan qui se rendait à la messe au Cebreiro se perdit et manqua de mourir à plusieurs reprises. Exténué, il atteignit malgré tout l'église où l'office s'achevait. « Faut-il donc être sot pour risquer sa vie de la sorte pour si peu de chose », pensa le prêtre en voyant le paysan s'approcher du saint sacrement. Aussitôt l'hostie se changea en chair et le vin devint sang. Ce miracle, dont les traces s'incarnent dans les deux ampoules et le reliquaire offerts par les Rois Catholiques en 1486, n'est pas sans rappeler la légende du Graal, dont il possède quelques résonances.

Cela n'a rien de surprenant quand on sait que, en chemin vers Compostelle, Wolfram d'Eschenbach*

---

* Wolfram d'Eschenbach (1170-1220 ?), l'un des grands poètes allemands de l'époque courtoise. Adaptateur des romans de Chrétien de Troyes auxquels il apporte une structure nouvelle en

séjourna au Cebreiro et fut extrêmement impressionné par les récits du miracle.

Quoi qu'il en soit et sous couvert de légendaire, nous sommes ici dans l'essentiel du questionnement de l'humanité face aux mystères qui régissent son existence. Dans cette optique, le récit ne se conçoit que comme facteur de symboles, que chacun est à même de déchiffrer, en fonction de ses attentes ou de ses doutes.

Haut lieu d'un chemin profondément initiatique, il n'est pas étonnant que le Cebreiro prenne part, même indirectement et de façon parcellaire, à la mythologie universelle de la Quête. Une Quête dans laquelle Florence Bacchetta* inclut, avec juste raison, la démarche jacobite : « Le passage au Cebreiro de Wolfram von Eschenbach nous a entraînés sur le chemin d'une digression convergente, reliant au pèlerinage compostellan l'une des Quêtes essentielles de l'homme. Cette supposée église du Graal sur le chemin de Saint-Jacques, et presque à son terme, s'inscrit dans la logique irrationnelle de la quête du pèlerin en l'élargissant et l'enrichissant encore... »

Une insupportable cohue, bigarrée, bruyante, triviale, envahit le terre-plein précédant le village. Le Cebreiro n'existe plus, rayé, effacé, dénaturé par un camp de toile ! Un terrain de camping, oui, prolongé, afin que la coupe soit pleine, par une série de tentes militaires en toile camouflée. Où sommes-nous ? Au bord de quel mauvais rêve ? Que font ici tous ces gens qui sortent d'autocars rangés en ligne, criant comme le font les enfants à la sortie des classes ? Et ces rires ? La consternation se lit sur le visage de ceux

---

tissant des liens de parenté entre les personnages. D'autre part, il introduit dans la trame romanesque une présence orientale et surtout celle du Graal. (*N.d.A.*)

* *En marche vers Compostelle*, Éd. du Tricorne / Le Cerf, 1994.

qui, émergeant du chemin, s'apprêtent à découvrir le haut lieu tant espéré.

Il y a un peu plus de trente ans, Raymond Oursel assista en ces lieux à la destruction d'un cimetière, justifiée par on ne sait quels travaux de terrassement : « La pelleteuse, écrit-il, fit voler en éclats tous ces ossements desséchés, les tibias, fémurs, côtes, et des amoncellements de crânes qu'on s'étonnait de trouver aussi nombreux et aussi divers dans leurs dimensions et protubérances, comme si tous les pèlerins de Saint-Jacques passés par là avaient voulu se réunir au lieu qui avait été pour eux l'ultime épreuve de la montagne purificatrice, afin d'y attendre ensemble la résurrection de leur chair. Et, parmi cet ossuaire improvisé en plein vent, on pouvait lire, mêlée à d'innombrables déchets funéraires, la plaque gravée intacte de celui qui avait été peut-être le dernier chemineau français tombé au Cebreiro : "À notre père Joseph Espin, décédé le 24 avril 1951*." »

Nous traversons le camp en zigzaguant à travers les tentes, nous méfiant des tendeurs et canettes de bière vides qui encombrent le sol. Où est mon Cebreiro ? Qu'est devenu l'esprit qui vivait ici à demeure ? Et quelle autorité accepta, d'un simple paraphe, que l'on souille ainsi ce qui ne pouvait l'être ? Pour les quelques autochtones installés dans le « négoce », les états d'âme ne sont pas de mise. C'est le temps des affaires précipitées, de l'argent qui tourne. Manne inespérée, même ceux qui ne font que passer s'approvisionnent. Le profit est en rapport. Tout est bon à vendre, puisque tout se négocie. Tant de monde en si peu de temps. *¡Madre de Dios !* et pour combien de semaines encore ?

Abasourdis, nous regardons cette foule aller et

* Raymond OURSEL, *Routes romanes*, t. II : *La Route aux solitudes*, Zodiaque, 1984.

venir. Cela tient de la colonie de vacances et du cantonnement militaire en campagne. La pagaille en plus. Le pèlerinage est-il en train de tourner à la mascarade ? Où sont ces heures de haute solitude des chemins de la *meseta* ? Dans l'église une chorale d'enfants chante : « *Yo soy el camino / Que anda hacia la vida / La verdad y la vida.* » (« Je suis le chemin / Qui va vers la vie / La vérité et la vie. ») Et cela suffit pour que le temps se suspende, que les injures s'effacent. Rien ne dit alors que derrière nous la porte ne va pas s'ouvrir sur les bruits de galoche d'un paysan transi, et que le miracle ne s'accomplira pas de nouveau…

Pointe du jour sur les pentes du Monte Pozo de Aera. À mesure que le soleil prend de la hauteur, chaque vallée révèle la complexité de ses mosaïques agricoles. Agricoles ? Certainement, par destination, car un nombre important de ces éclats de terre cultivée, imbriqués les uns dans les autres, ne semble pas dépasser la taille de grands jardins. Pratiquement un Galicien sur deux est aujourd'hui agriculteur ou vit de l'agriculture. Cela fait beaucoup de monde. Beaucoup trop ! dit l'Europe penchée sur ses chiffres. Mais ici, pour ces paysans si longtemps demeurés à l'écart du monde, Bruxelles et la politique agricole commune font partie d'un autre univers, et l'on continue de cultiver, avec des moyens d'un autre temps, une terre peu reconnaissante.

Environ cent soixante kilomètres nous séparent encore de Compostelle. Entre cinq et six jours de marche pouvant aller, si nous traînons le pas, jusqu'à sept. En fait, à moins de s'arrêter un jour ou deux – hypothèse que nous ne retenons pas –, nous devons réduire à présent notre étape quotidienne afin de ne pas arriver trop tôt : les fêtes de l'année sainte commenceront dans onze jours.

Plutôt rares dans les traversées de Castille et du

León, les villages se suivent désormais à quelques kilomètres les uns des autres. Nous nous y attardons autant que faire se peut, devant le café ou la bière, le temps d'une photographie, de la visite d'une chapelle ou de l'église. Le chemin creux est également un endroit propice pour la rencontre, surtout lorsqu'il faut céder la place à un troupeau qui va aux champs. La politesse veut que l'on remercie celui qui laisse passer, en s'arrêtant le temps de savoir d'où il vient. Car c'est toujours le pèlerin-piéton qui marque le pas, et c'est heureux puisque, en face de lui, se trouve un autre piéton. On se trouve donc d'égal à égal, du moins pour ce qui est d'appréhender la vie par ces chemins. Et cela facilite énormément les choses. À ce jeu, Gisèle attire toujours plus de sympathie. Normal puisque c'est *una peregrina* et qu'elle a l'âge où, dans ce pays, une femme commande sans partage sur la maisonnée.

Pour peu que cette rencontre ait lieu près d'un champ, la pause se prolonge. Dès que la terre est en cause, les notions de temps s'abolissent d'elles-mêmes. Alors on parle, et comme il est particulièrement difficile de se comprendre, on fait des gestes. On regarde aussi, lentement, pour ne pas embrasser d'un seul regard le lopin de terre au tracé aléatoire, amputé parfois d'un bon quart de surface par la présence de pommiers à cidre. On y découvre aussi des attelages de vaches tirant d'étonnants instruments aratoires qui tiennent plus de la houe que de la charrue. Parfois, ce sont des *carros de vacas* (charrettes à vaches) qui nous croisent. Ils ont pour particularité d'être entièrement construits en bois, sans aucun ajout métallique, et servent tour à tour de plateau, de charrette, de gerbière ou de tombereau. Ils sont généralement attelés à un couple de vaches. En fait, plus que ces animaux, la présence de roues pleines, non cerclées, roues mérovingiennes, fait immanquablement penser aux rois fainéants de nos livres d'histoire. L'impression que l'on retire de ces rencontres est étrange. C'est un peu comme si, à mesure que nous remontons cette histoire plus que millénaire, le temps brouillait nos repères pour nous imposer les siens. Le plus souvent, les paysans se laissent photographier avec l'attelage, ou devant un de ces *horreos*, greniers à grains propres à la Galice, mais, réserve ou pudeur, le plus souvent j'hésite à les fixer ainsi. Notre périple est entré dans son déclin et, que nous le voulions ou non, nous en ressentons déjà une sorte de regret.

Passé le sommet du mont Alto del Poyo, nous commençons à descendre vers la plaine. Compostelle est là-bas, plein ouest, droit devant nous, au bout de la brume de chaleur vers laquelle un très beau pèlerin de bronze tend son bourdon. Là-bas… De chaque côté du chemin de crête la vue s'étend à l'infini sur des paysages dont nous ne nous rassasions pas. Depuis longtemps déjà, les mots nous manquent pour traduire l'émotion ou la simple beauté des choses. Sans doute les avons-nous trop usés au cours des premiers jours. Aujourd'hui, moins clinquants, ils se vengent, désertent la phrase, s'amusent peut-être de nos difficultés à leur trouver des remplaçants, cousins de contrebande incapables de traduire l'extase. Nous regardons alors en silence, longuement, pour être certains de bien capter l'image, la mettre en mémoire pour plus tard. La voler en quelque sorte. Cela peut également s'appeler : contempler. Et si, parce que l'émotion ou le bonheur sont trop violents, l'un d'entre nous laisse échapper une exclamation, l'autre la reprend aussitôt à son compte. Soulagé.

Traces ou présence de cinq hôpitaux sur les vingt kilomètres séparant le Cebreiro du village de Triacastela, qui en possédait lui-même trois ou quatre.

Cela en dit long sur l'état dans lequel se trouvaient les pèlerins au sortir de la cordillère Cantabrique. Omniprésents, l'hôpital et son cimetière jalonnent, en ultime constat des difficultés encourues, la voie pérégrine jusqu'aux portes de Compostelle. Cela voudrait-il dire que, derrière la sérénité apparente de ses paysages, la tendre Galice égrena un nombre conséquent de fosses communes dans les villages du Camino Francés ? Sans aucun doute, et de façon logique, si l'on tient compte de l'épuisement des plus faibles, des plus mal nourris, qui laissaient leurs dernières forces dans les ronciers du Cebreiro ou de l'Alto del Poyo. Et puis l'usure, la fatigue, l'épuisement, jusqu'à ce pas de trop, entamé par habitude et jamais achevé. Qui dira l'éclair de surprise pour toujours suspendu dans le regard de la mort violente ? Et le cri esquissé * ?

À ma connaissance, la Galice ne fut jamais très redoutée des pèlerins. Bien sûr, la montagne tendit parfois des pièges et l'hiver pouvait s'y révéler redoutable. Mais, contrairement à la Castille et au León, le pays a toujours été peuplé, et l'hospitalité paysanne active. Cela se sent à la lecture des témoignages écrits à des siècles différents. Même les *bandidos*, qui au XVIIe siècle malmenèrent copieusement le chemin, semblent avoir ignoré ce pays. Il est vrai que chez le chef le plus hardi, la présence du coléreux apôtre à l'ouest du Cebreiro donnait sans doute à réfléchir !

Aujourd'hui, les hôpitaux de village sont en ruine, les cimetières abandonnés ou transformés en parkings. Seule la fatigue demeure à peu près ce qu'elle

* Difficile de se faire une idée, même approximative, du nombre de pèlerins morts au cours de leur pèlerinage. L'absence d'état civil rend impossible toute étude en ce sens. Toutefois, dans le deuxième volume des *Routes romanes*, *op. cit.*, Raymond Oursel avance que les décès devaient sensiblement dépasser 10 % des partants. Ce qui, appliqué au nombre de jacquets recensés certaines années, donne des chiffres considérables. (*N.d.A.*)

fut depuis le premier jour de l'homme : une menace tenue en laisse qui, comme certains animaux jugés à tort domestiqués, peut se révéler d'une intimité dangereuse. C'est vraisemblablement la raison pour laquelle la sécurité sociale espagnole met à la disposition des pèlerins arrivant à Sarria une antenne de soins spécialisés.

Toujours tuméfiée et enflée des doigts jusqu'à la moitié de l'avant-bras, ma main, dont je ne peux me servir, rend le médecin dubitatif. Trop tard pour le plâtre et l'hôpital… À voir en France, radio et intervention. D'accord ? – *¡De accuerdo señor médico!* Autour de nous, insolations, coups de soleil transformés en brûlures, grippes intestinales, tendinites, chutes diverses, que sais-je ? La cohorte a pris des coups, mais, selon lui, à part un risque de phlébite qui vient d'être décelé chez une femme, les accidents les plus graves concernent, et de loin, les cyclistes et vététistes qui sont traités directement à l'hôpital.

Ne serait le cerne de l'hématome, l'œil de Gisèle est redevenu conforme à ce qu'il était avant la chute. Françoise, quant à elle, s'épuise à lutter contre des attaques de grippe intestinale. Drôle de trio que ces trois éclopés, qui ne déparent d'ailleurs pas sur ce sentier où l'on clopine de plus en plus.

Boitait-on de la sorte dans la cohue jacobite du Moyen Âge ? Autant et plus encore, si l'on tient compte de l'état des chaussées et de la qualité des chaussures. Souliers, brodequins, sandales, espadrilles, tout était bon pour protéger les pieds que certains, par volonté pénitente plus qu'efficacité, préféraient garder nus. Qu'importe ! Au-delà des goûts ou des moyens, tous savaient marcher. Je veux dire franchir des distances conséquentes, couramment situées entre quarante et cinquante kilomètres par jour. Parfois plus. Ainsi, lorsqu'il atteint Sarria au printemps 1488, Jean de Tournai déclare avoir parcouru onze lieues.

Ceci ne nous renseigne guère, puisque l'étalonnage des distances varie d'une contrée à l'autre, mais nous savons tout de même que cela fit trop pour ce marcheur redoutable : « Ce fut trop grande journée, écrit-il, et nous fûmes très fort moulus et fûmes forcés en passant parmi un village de nous mettre en quoit [quête] d'une maison. » Ce qui ne l'empêcha pas, revenu en France, de rallier Cormery à Orléans en passant par Blois, à raison de deux étapes de dix-sept lieues françaises, soit soixante-dix kilomètres par jour, et ce malgré de très cruelles blessures contractées, sur la route du retour, à León : « Quand mon compagnon perçut mes pieds, il en fut fort esbaudi », commentera-t-il par la suite, en précisant : « Ces plaies me dureront depuis ledit jour jusqu'à ce que je fusse retourné à Valenciennes et encore depuis. »

Ceux-là marchent donc ferme et, ce que nous oublions trop souvent, dans les deux sens ! À peine les dévotions à l'apôtre sont-elles faites qu'il faut songer au retour, reprendre la route et le bourdon, retrouver les haltes d'étape, les intempéries, la fatigue et les risques. Ils reviennent donc semblables, et pourtant différents. Définitivement différents, même, puisque confrères à vie, absous de leurs pêchés et d'ores et déjà promis au paradis. Bien entendu, cela ne change rien aux difficultés matérielles du chemin, sinon qu'ayant touché la pierre sacrée ils sont transcendés, et que cette force-là, si inexplicable soit-elle, est toujours de nature à aplanir l'adversité. Il est facile de se gausser de ce pauvre Martin, dont notre siècle s'entête à faire un moins que rien, illettré et dépourvu de jugement, idolâtre et fétichiste, pétri de peurs irrationnelles, naïf et soumis à l'air du temps, et ce qu'on lui en dit. Certes, le portrait brossé doit présenter quelques vraisemblances, mais sommes-nous si différents de lui, et nos convictions sont-elles parfois si éloignées de la superstition que nous puissions juger des siennes ?

Barrio de San Lazaro. Ici l'on soigna les pestiférés du chemin, les lépreux aussi, sans doute. À mesure que nous nous éloignons, la brume se fait plus épaisse, cotonneuse, tiède. Sensation d'évoluer dans un univers clos, limité aux murs de pierres du Camino. Derrière nous, la ville n'est plus qu'une masse sombre, sans relief, non identifiable. Sarria, dont la très rude *calle mayor* nous a conduits à l'église du Salvador, s'évanouit à nos yeux comme s'est effacé de la mémoire du monde le souvenir du roi Alphonse IX de Castille, qui mourut d'épuisement dans ces murs, le 23 septembre 1230, alors qu'il se rendait à Compostelle.

Retrouvé Romero et son compagnon, quelques Espagnols des premiers jours, diverses connaissances. À présent, nous marchons le plus souvent en groupe de plusieurs dizaines. Brassage d'âges, de nationalités, de langues : nous avançons dans une sorte de brouhaha d'où, de temps à autre, surgit l'appel d'une connaissance. Cela ressemble de plus en plus à un camp de vacances itinérant. Rien n'y manque, ni les cris, ni les rires ni même un certain folklore, vite fatigant. Solitude et méditation sont devenues presque impossibles. Cinq jours encore. Et après ? Après, je ne sais. C'est aujourd'hui que j'ai besoin de calme et de silence. C'est à présent, dans la minute, que j'ai envie de faire le point. Ni dans une semaine, ni dans un mois, maintenant ! S'arrêter ? Laisser passer le flot ? Mais un autre viendra, qui me submergera tout autant. Il faut faire avec, c'est le prix à payer à l'année sainte. Je le savais à l'heure du choix.

Le soleil n'a fait qu'une bouchée de la brume, chaleur orageuse. L'église Santiago de Barbadelo nous reçoit dans sa fraîcheur romane. Nous ne sommes pas dix à demeurer dans cette nef où tant de voix s'élevèrent au cours des siècles pour remercier saint Jacques d'être arrivés si près du but. Ce matin, comme il y a dix siècles, les chapiteaux animaliers du portail nous regardent passer, indifférents. Venue du chemin situé en contrebas, la rumeur de la troupe nous rejoint pour nous dire que l'on peut très bien marcher, traverser un pays, sans trop le voir.

Sans voir, mais sans comprendre ? Sans chercher la signification de notre présence ici ? À l'exception des catholiques authentiques, pour qui tout semble simple et clair, une certaine confusion s'installe dans la parole de la plupart d'entre nous, y compris la mienne, que je sais confuse, contradictoire et rongée de non-dit. Pas un jour, pourtant, où je ne me sois interrogé sur le sens que j'entendais donner à cette expérience. Pas un jour depuis le départ. Quel départ ? Celui de Saint-Jean-Pied-de-Port ou du Puy-en-Vézelay ? Car c'est bien là, sur la place du Plot, à l'ombre de la cathédrale, que tout se mit en place. Cela ferait alors quatre ans de questionnements. Irréguliers, certes, mais réels. Quatre années au cours desquelles les mêmes questions revinrent, dont je ne suis pas certain qu'elles attendent réponse. Tout au moins dans l'heure.

En fait, ce ne sont ni la cathédrale de Compostelle ni son hôte illustre qui me tarabustent, mais le chemin. Aujourd'hui, j'en suis certain, mais hier et avant-hier déjà ; après m'avoir beaucoup appris et longtemps parlé de lui, le chemin à présent demande des comptes. Et c'est bien cela qui m'inquiète, démuni comme je suis d'une parole crédible.

Villages, villages. Nous allons de nouveau de l'un à l'autre, la plupart du temps suivant le chemin historique encadré de murets de pierres, tels qu'on en voit en Irlande. Repos de l'âme, plaisir des yeux, chênes et châtaigniers atteignent des tailles remarquables, pas un jour qui ne nous apporte la découverte d'une forêt, d'un bois, plus surprenants que ceux de la veille. Jusqu'à présent, la Galice semble se tenir à l'écart du remembrement et autres incohérences. Le massacre n'est pas à l'ordre du jour. Jusqu'à quand? Parfois, des chemins creux odorants d'aubépines et de foins nous conduisent aux hameaux comme l'aurait fait un souterrain à ciel ouvert, et c'est la Bretagne d'avant-guerre qui nous attend près des pommiers, d'une maison au sol de terre battue. Ces villages sont aussi beaux que pauvres, et c'est tout dire. Le typique est une chose, la misère en est une autre. Celui qui passe se réjouit le plus souvent du premier sans prêter attention à la seconde. Et c'est un crime!

À la sortie de Ferreiros où, des siècles durant, les ferronniers installés à demeure réparèrent les chaussures des pèlerins et ferrèrent leurs chevaux, se trouve la borne kilométrique annonçant les cent derniers kilomètres. La découverte de celle-ci est l'occasion pour chacun des Espagnols de manifester sa joie. Nous nous contentons de photographier nos sacs près de la borne après avoir trinqué, au xérès, avec deux couples madrilènes partis de Sarria. Je ne suis pas certain que ce rappel de notre arrivée prochaine à Compostelle soit de nature à me réjouir. Quand aurai-je réellement terminé ce chemin?

Depuis avant-hier, nous marchons régulièrement avec trois hommes déjà rencontrés dans les environs de Burgos, ainsi qu'à deux ou trois reprises après León. Ils ont la particularité de marcher à des kilomètres les uns des autres, jusqu'aux portes des villes, qu'ils traversent toujours ensemble. Ils sont Belges. Partis de Bruxelles, ont commencé le chemin à Vézelay. Deux sont âgés d'environ vingt-cinq, trente ans, le troisième a dépassé la cinquantaine. En fait, les deux jeunes effectuent un pèlerinage pénitentiel accompagnés, plus qu'encadrés, par leur moniteur, aumônier de prison. J'ignorais qu'un condamné pouvait, de nos jours, utiliser le pèlerinage de Compostelle comme peine de substitution. Les deux garçons ont l'air de s'ignorer, marchent rarement ensemble, ne se parlent guère. L'aumônier va de l'un à l'autre, et, certains soirs, les emmène au café.

Portomarín n'a que trente ans. Les Romains y établirent pourtant un camp, et beaucoup plus tard Aimery Picaud s'y arrêta. Les habitants s'enorgueillissaient alors de posséder deux hôpitaux pour pèlerins et un magnifique pont roman sur le Padre Mino. Aujourd'hui, la rivière recouvre rues et maisons de l'ancienne cité. Mais comme il ne convient pas à l'histoire de s'arrêter sous les eaux d'un barrage, on a reconstruit la ville sur la colline la plus haute, démontant et remontant pierre à pierre l'énorme église-forteresse San Juan, du XIIIe siècle, la Casa de Condes (XVIe), le Palacio de Berbetoros (XVIIe) et le portail de la chapelle San Pedro (XIIe). Est-ce la présence de ces bâtiments qui donne à la ville nouvelle ce charme troublant des cités intemporelles ?

La voix de l'homme est belle, la complainte qu'il chante dans une langue incompréhensible, enjouée. Il ne peut deviner notre présence dans le chemin creux où nous sommes arrêtés, comme il nous est impossible de le voir. Minutes d'émotions sauvages comme le Camino sait si bien en accorder ; nous écoutons en silence jusqu'à l'arrivée d'autres pèlerins. Aussitôt le chant s'arrête. C'est un bouvier, que je rencontre en pénétrant dans la prairie où il coupe de la fougère. Surprise réciproque, suivie d'hésitation. J'ébauche quelques débuts de phrases incorrectes, m'emmêle dans ce que je veux lui dire et finis par articuler deux ou trois « *muy bueno* » parfaitement inadaptés. Comment lui demander de poursuivre son chant ? Quels mots de mon pauvre vocabulaire peuvent-ils traduire le bonheur qu'il vient de me donner ? Lui se contente de répéter deux ou trois « *¡Hola peregrino !* » avec un geste de la main vers l'ouest, ajoute « *Santiago* » en riant puis, fichant sa faucille en terre, descend vers les quelques vaches qui paissent en bas du pré. Lointain cousin des paysans que virent Horace et Virgile, celui-ci est bien à sa place dans l'exceptionnelle douceur de ce matin d'été.

Aussi loin que mon regard porte, la Galice ondule dans une déclinaison infinie de teintes vertes, noyées, dans le lointain, par les premières brumes de chaleur. Pays d'éclats, morcelé à n'en plus finir par le labyrinthe des haies, pays d'attentes et peut-être de sortilèges, où les mois noirs doivent avoir leur mot à dire sur le destin des hommes. Pays de rêve où je rêvais, quand le clocher d'un village me rappela que nous étions dimanche, et que dans une semaine, jour pour jour, nous fêterions saint Jacques en sa demeure.

En fait, le plateau galicien annoncé par le passage du Cebreiro tient beaucoup plus de la montagne russe que de la pénéplaine attendue. Chaque jour nous gravissons notre lot de grosses bosses, situées entre trois et cinq cents mètres d'altitude. Plus pentues que réellement hautes, elles se montrent redoutables par leur multiplication et ne sont pas sans rappeler le Rouergue. Dans les environs de Conques, notamment.

Petite, très petite chapelle, trapue, ramassée sur elle-même, inquiète peut-être de se voir ainsi exposée au carrefour de deux chemins de terre. Rassurante, aussi, avec ses gros murs moussus, son clocher carré où les maçons n'ont pas compté leur peine à bien caler les pierres. Belle enfin d'authenticité un peu rustre, teintée de certitude comme on en trouve, parfois, chez ceux qui ont beaucoup vécu. Lorsque nous arrivons à sa hauteur, on y célèbre la messe. J'y accompagne Françoise. L'intérieur en est minuscule, la visibilité réduite. On se pousse pour nous laisser entrer. Mouvement des hommes qui se tiennent debout près de la porte. Avec nos sacs nous prenons de la place. Aurions dû les ôter. Trop tard. Des mains se posent à nouveau sur mes épaules, je sens les doigts qui s'impriment, serrent, retiennent. Je ne me retourne pas. Françoise avance, communie. Je reste dans le fond, près des derniers bancs. L'assistance participe à l'office dans un très profond recueillement. Sans doute n'y a-t-il qu'une seule conscience à se sentir exclue de cette communauté : la mienne.

Reprenons le chemin. Notre conversation porte naturellement sur les problèmes de la foi, l'Église, son adéquation au monde contemporain. En fait, nous n'abordons que les aspects les plus superficiels de ce qui constitue nos certitudes, auxquelles j'ajoute, pour que le compte soit juste, le poids de mes doutes. Dommage, il me semble que j'aurais aimé entendre, au long de ce chemin de terre, les paroles déterminantes que peut-être j'attends.

Je ne sais pourquoi le chemin a oublié Vilar de Donas et sa très belle église du Sauveur. Rivalités entre villages, impératifs d'une nouvelle voirie ? Dommage, la halte est superbe et ne prolonge l'étape que de quelques kilomètres.

Contrairement à ses confrères d'hier qui, de corps saints en reliques, n'économisaient ni peine ni distances, le jacquet d'aujourd'hui « gère » son temps. Le pèlerin contemporain n'oublie jamais qu'il appartient à un siècle pressé d'arriver en toutes circonstances, quels que soient le lieu et le motif de son départ. C'est ainsi, et cela explique peut-être pourquoi l'ennui est de nos jours le fléau le mieux réparti.

Dans la première décennie du VIIIe siècle, l'un des derniers rois wisigoths d'Espagne vint s'établir dans ces lieux reculés de Galice. Ce n'était certes pas le meilleur endroit pour gouverner un royaume, si petit fût-il, mais au moins pouvait-il espérer trouver dans ces fonds de vallées une tranquillité dont la violence des temps se montrait fort avare. Il s'appelait Witiza, fit construire un palais et une ville – qui faute d'imagination devint Palas de Rei –, où il régna moins de dix ans. Nous ne savons rien de cet homme sinon qu'il se revendiqua, comme ses prédécesseurs, de l'arianisme*. Ce qui ne manque pas de piquant quand on pense que ce sont des évêques catholiques qui l'avaient désigné pour le trône. Witiza fut donc hérétique comme ses pairs et en mourut peut-être. Le palais qu'il fit construire en ces lieux ne dut pas, quant à lui, survivre à la ruée musulmane venue mettre, deux ans après sa mort, un terme aux querelles sanguinaires des Goths.

À Palas de Rei, comme partout, c'est dimanche. Et comme partout, on s'ennuie. Françoise nous a quittés en début d'après-midi. Longtemps désertes, les rues se peuplent vers le soir. Les bars surtout, où les hommes se retrouvent en longues palabres et jeux de cartes. Aux terrasses, le long de la *calle mayor*, devant des *platos de jamón*, *queso y aceitunas verdes* (plateau

---

* Doctrine prêchée par Arius, vers 320 à Alexandrie, selon laquelle, Dieu ne pouvant avoir été ni créé ni engendré, seul le Père de la Trinité peut être considéré comme tel, puisque répondant à cette exigence. Le Fils ayant été engendré par le Père ne peut pas être Dieu. L'Esprit, quant à lui, n'est qu'un intermédiaire entre les deux. Cette doctrine, plus philosophique que réellement théologique, fut combattue par l'Église d'Occident et déclarée hérétique au concile de Nicée en 325. (*N.d.A.*)

de jambon, fromage et olives vertes), nous commençons déjà à réécrire l'histoire de nos pèlerinages inachevés. Avons retrouvé Rose et Roger, de Saint-Pol-de-Léon, deux Belges et l'un des couples madrilènes. *Platos* et *cervezas* se suivent sans que les heures passent réellement. Quel temps fait-il en Bretagne ?

Elle va de l'un à l'autre, revient, repart... Soixante ans ? Peut-être moins, mais ridée, maigre et habillée de noir, un foulard noué sur les cheveux. Ce qui accentue la dureté des traits et de l'âge. Elle propose des beignets et du café à ceux qui passent devant sa grange. Les beignets sont sur un plateau qu'elle tend aux passants, le café est à l'intérieur. Il faut entrer. S'asseoir sur un banc qui tangue un peu, à cause du sol de terre battue. Et attendre, sur une table à tréteaux, le verre de café qui bout depuis des heures. Les beignets sont faits de la veille, froids, gras, immangeables. Le café n'en est pas vraiment un. Mais elle est pauvre et cela se voit. Très pauvre même. Alors, de temps en temps, un ou des pèlerins sortent de la colonne et entrent dans la grange, histoire de se reposer un peu les jambes et de lui laisser en partant quelques *dineros* pour lesquels, comme tous les gens pauvres, elle remercie trop longtemps.

C'est aussi cela l'Espagne de l'année sainte 1993. Un pays à l'agriculture globalement pauvre autant qu'inadaptée, dont l'industrie souffre, elle aussi, d'une trop longue absence d'ambition. Un pays à l'économie fragile, comptant plus de trois millions de chômeurs, soit près du quart de la population active – taux le plus élevé de la Communauté européenne. Ce tableau un peu sombre se doit d'être tempéré par la formidable faculté des Espagnols à relever les défis, et par leur volonté de trouver dans la Communauté européenne la place qui leur revient. Le prodigieux sursaut de l'économie est très significatif des capacités du pays à lutter contre une crise qui, après quarante années de franquisme, demeure en grande partie structurelle.

De ce que nous voyons du chemin, en zone rurale la vie s'articule le plus souvent autour de « clans » familiaux ou de voisinage. Concrètement, on s'accroche à son lopin de terre et à quelques animaux. Cela paraît suffisant pour tenir tête aux mirages urbains. Pour le moment, du moins. Mais, pour ces enfants nombreux qui courent aujourd'hui dans les rues des villages ? Combien de temps resteront-ils à veiller sur les ruines d'une agriculture étouffée par la jachère et les seuils de non-rentabilité ? Un Irlandais, avec qui je parlais de ce problème connu aussi de son pays, me répondit que l'avenir de trois enfants sur quatre qui naissaient en Irlande était dans l'émigration. Réponse qui n'en était pas une, à réellement parler, dans le sens où elle pérennisait un fait plutôt qu'elle n'y remédiait. Constat d'une incapacité à maîtriser les choses, comme nous en connaissons tant. Que sera la Galice dans trente ans ?

Carnet de route de Gisèle : « Étape de quinze kilomètres par temps très doux. Nos distances se réduisent à présent chaque jour un peu plus afin de ne pas arriver trop tôt. Les bruits les plus pessimistes courent sur le chemin. Ainsi n'y aurait-il déjà plus un seul lit de libre à Compostelle, ni dans les cinquante kilomètres à la ronde. Tout cela me semble exagéré. Avons découvert ce matin encore de très beaux villages avec chapelles, croix et ponts, le tout du plus pur roman. À Furelos, nous avons été reçus par un curé de campagne en soutane qui nous a fait découvrir le très beau Christ de son église, crucifié d'une seule main, l'autre bras pendant… Arrivés à Melide un peu avant onze heures… »

Bonheur de nos compagnons espagnols qui, à la sortie du village de Cotto, se mettent à danser au milieu de la route, menant grand tapage. Renseignements pris, nous venions d'entrer dans la province de La Corogne. Cinquante-deux kilomètres nous séparent de Saint-Jacques-de-Compostelle.

Les environs de Melide sont riches en vestiges préhistoriques. Ce que nous apprenons en visitant l'exposition organisée sur ce thème dans les salles du musée de la Casa Consistorial (actuellement hôtel de ville). Mobilier funéraire, bijoux, pointes de flèche, outils, photographies de dolmens et menhirs, graphiques et relevés de plans de tombes, rien ne manque pour aiguiser l'envie de voir. Rien, sinon le fait que nous sommes à pied.

C'est ici, à Melide, que le Camino Primitivo rejoint le Francés. Le premier, guère utilisé de nos jours, vient de Lugo. C'est un chemin difficile, assez dangereux même, qui longe la côte Cantabrique, par Oviedo, Santillana del Mar, Santander, Bilbao et Guernica, où pèlerins britanniques et bretons, venus par la mer, abordaient le plus souvent. Ces premiers jacquets y cherchaient une sécurité que l'intérieur des terres, occupé par les musulmans, était loin d'offrir. Jusqu'à ce que Godescalc, évêque du Puy, ouvre plus au sud, en l'an 951, le Camino Francés. Une voie royale, dans tous les sens du terme.

Ennui, les heures d'inaction pèsent lourd sur le moral. À notre arrivée, le gîte d'étape était déjà plein. J'ai tout de même pris la file, pour voir. À l'intérieur, cela tenait plus de l'infirmerie que du refuge. Un jeune homme arborant un brassard frappé de la croix de saint Jacques m'a demandé pourquoi je voulais une place chez eux, et de quoi je souffrais. « *De nada.* » (« De rien. ») – « *¡En tal caso, fuera !* » (« Dans ce cas, dehors ! ») Pas très loin de là subsistent les vestiges de l'hôpital Sanctus Spirite, construit au XIVe siècle et qui, dit-on, possédait douze lits où l'on couchait vingt-quatre pèlerins. Je crois bien qu'en voyant ces ruines j'ai ri. Conséquence de la fatigue, peut-être ?

Sans doute aurions-nous dû pousser un peu. Aller plus loin, à Arzua, par exemple. Mais pour quoi faire ? Pour arriver après-demain à Santiago ? Non merci ! En désespoir de cause, sommes descendus à l'hôtel Sony, qui fait un prix aux pèlerins. Excellent cuisinier, Manuel, le patron, parle très bien français. Mais peut-on raisonnablement passer sa journée à table ou en palabres ? Et dehors, ce n'est guère brillant. À part les églises, il n'y a pas grand-chose à voir, alors on s'émerveille ou on fait semblant. On traîne, on boit une *cerveza* qui dure une heure. On hésite à faire la sieste pour dormir son content la nuit. Et c'est encore une église qui gagne, mais une très belle, Santa María de Melide. Située légèrement à la sortie de la ville, elle attend, du haut d'un terre-plein, le passage des pèlerins. Construite en plan rectangulaire avec abside en demi-lune, elle possède des peintures murales très intéressantes et se trouve en excellent état de conservation. Pour la visiter, il faut demander la clef dans l'une des trois maisons du voisinage et renoncer, dans la minute, à suivre les explications d'une femme aussi bavarde qu'enjouée. Celle-ci au moins ne fait pas son âge ; vêtue de couleurs claires, elle sourit tout le temps, rit même toute seule en citant María trois ou quatre fois de suite. En fait, elle aussi se prénomme María, et bien entendu cela crée des liens de familiarité. C'est pour cela qu'elle est heureuse et le fait savoir, cette femme que je me retiens d'embrasser.

L'église, comme nous le constaterons en restant longtemps assis en face, semble bien invisible aux pèlerins qui, absorbés par leurs discussions, l'ignorent.

Lorsqu'ils la voient, très peu s'arrêtent. Quelques-uns marquent une pause, sans toujours gravir les marches. Pèlerinage ?

Sur la première page du quotidien *El Correo Gallego*, Alain et René sourient à la Galice, à l'Espagne, au chemin, au monde entier, heureux d'être arrivés, d'avoir atteint le but, touché la pierre. Avec eux, Roger, qui a déclaré au journaliste marcher pour la paix dans le monde. Plusieurs pèlerins ont formulé cette profession de foi. J'ai cheminé avec l'un d'eux, marchant vers Compostelle en vue d'obtenir, par son sacrifice, la paix universelle. Croyant, pétri de la foi du charbonnier, pour qui la guerre, mal absolu, est œuvre du Diable, et la paix bienfait de Dieu, il se disait persuadé que pèlerinage et prières étaient les seules réponses possibles à la violence. Quelle qu'en soit la nature, le prosélytisme m'étonne toujours. Je ne comprends pas pourquoi, au nom d'idées qui nous sont personnelles, l'on veuille convaincre les autres. Lui était de cette trempe. Je m'évadai donc.

Dans le tout début des années quatre-vingt, à Conques où il ne passait que très peu de pèlerins, nous vîmes arriver un homme prétendant venir de Varsovie et allant vers Saint-Jacques. Il resta plusieurs jours au village, et nous le retrouvions régulièrement assis dans l'atelier du peintre Jean Ségalat. L'homme, dont nous ne sûmes jamais rien de précis, prédisait la fin du monde à l'instant où il toucherait le tombeau de l'apôtre. Lui n'était évidemment pour rien dans ce qui allait se passer et, simple messager de l'Apocalypse, désirait qu'on lui pardonne sur-le-champ. Ce que nous faisions avec le plus grand sérieux. Mythomane, paranoïaque, il allait, drapé de je ne sais quelle mission, annoncer leur prochaine disparition aux villages les plus éloignés. Je ne sais ce qu'il advint de lui, ni s'il atteignit jamais

Compostelle. Pas même s'il désirait vraiment s'y rendre. Sa foi était trop peu crédible pour qu'il poursuivît longtemps. Qu'importe, puisque dix ans plus tard un discours enraciné dans les mêmes certitudes me rattrape ici, sur le chemin de Compostelle. Justement !

Il serait injuste de comparer des démarches aussi dissemblables. Pourtant, écoutant l'un, j'entendais l'autre. Même conviction d'être « appelé » et d'avoir à jouer un « rôle » dans le destin de l'humanité. Lorsqu'il recommença à parler de la paix, qui viendrait tôt ou tard, sinon de notre pèlerinage, du moins de ceux qui suivraient, je regardais l'extraordinaire cohorte s'étendant devant nous, pensant qu'au même moment, sur les routes de Serbie, de Bosnie, de Somalie ou d'ailleurs, des masses semblables à la nôtre se déplaçaient aussi. Celles-là ne marchaient pas pour leur plaisir. Chargées de bric et de broc, elles fuyaient leur pays, quittant, le plus souvent sous la menace, des villes et des villages où elles ne reviendraient sans doute plus. Ceux-là survivaient aux à-coups d'une tragédie avec, dans le regard, cette infinie surprise que l'on voit sur les photographies de la débâcle française de juin 1940. Ce que je lui dis en montrant la colonne où nous étions, ajoutant qu'autant je respectais le sens et la générosité de sa démarche, autant celle-ci me laissait sceptique quant à son efficacité. Peut-être qu'en d'autres circonstances je me serais tu. Ce jour-là, non. Nous nous revîmes à plusieurs reprises ; définitivement étrangers !

« Terres de choux, prés de genêts, champs qui regorgent de seigle et de blé qu'on nomme ici pain. Montagnes vertes lissées par des siècles de pluie et de vent. Eucalyptus. Pins. Châtaigniers. Des chemins caillouteux traversent les mares où viennent s'abreuver les vaches et plonger les rainettes. Des maisons blanches s'éparpillent sur les terres : de l'une à l'autre ondule la spirale des chemins bordés de broussailles*. » Salut vieux pays celtique ! Salut Galice où nous flânons, pèlerins en rupture de ban, déserteurs du long miserere jacobite, contrebandiers en puissance, routards ! Que ferai-je aujourd'hui ? Demain ? Dans un mois ? Confusion… Vertige… Malaise… Difficulté de tenir sa place quand on ignore où elle se trouve. Plus le temps passe, plus je me demande ce que je fais ici. Si je n'ai pas usurpé un rôle. À qui, et lequel ? Paradoxalement, le pourquoi ne m'intéresse plus. Je me souviens des mises en garde de Guy : « Attention aux lendemains, les retours sont terribles. En quittant votre sac, vous perdrez, avec le statut de vagabond, cette liberté qui aujourd'hui vous fait chanter… Croyez-moi, je sais de quoi je parle, c'est difficile, quand on a été un peu gitan dans l'âme, de vivre en banlieue pavillonnaire ! » Pourquoi déjà penser au retour, alors que le port n'est pas atteint ? « Parce que tu t'ennuies avec moi ! » répond la voix du chemin…

De temps à autre des dalles de granit, le plus souvent rectangulaires, séparées par des rigoles d'écoulement, surgissent sous nos pas. Elles datent probablement de la fin du XIIe siècle comme celles rencontrées hier, un peu avant le village de Leboreiro. Trop usées, brisées par les roues d'attelages, et pourtant tellement propres qu'on les croirait posées là de la veille. Cela n'est d'ailleurs pas faux puisqu'elles viennent juste d'être exhumées du demi-mètre de terre où elles étaient enfouies. À peine ressuscitées, elles ont été briquées, polies, nettoyées de telle façon que très peu d'entre nous se risquent à y poser le pied. Les travaux se poursuivent plus loin, et plus loin encore des panneaux d'information annoncent de futurs chantiers. Ainsi, des premiers kilomètres de Navarre aux der-

* Ramón Chao, *Le Lac de Côme*, Balland, 1986.

niers de Galice, le Camino ressemble à une vaste entreprise de travaux publics. Ici recherche et authentification de l'ancienne *calzada*, là-bas construction de gîtes, plus loin restauration d'un vieil hôpital, partout la même rage de se réapproprier ce que le plus grand nombre avait oublié depuis longtemps : le pèlerinage de Saint-Jacques-de-Compostelle ! Il est vrai que jusqu'à ces dernières années le balisage laissait à désirer, ce qui n'est pas un drame en soi, et que l'hébergement faisait parfois défaut, notamment pendant la traversée de la Castille. Mais ces aléas n'étaient-ils pas le levain même de l'esprit de pèlerinage ? Aujourd'hui, et plus encore demain, le suréquipement auquel nous assistons ne sera-t-il pas de nature à pervertir le sens d'une démarche qui, pour être sincère, a besoin de dépouillement ? Victime de son « succès », le Camino Francés risque d'être très vite considéré, par une société en mal d'exploits, comme un merveilleux terrain de jeux. C'est là un risque réel que l'année sainte a rendu patent. D'ores et déjà, le « voyage » vers la Galice offre les ingrédients non négligeables de vacances différentes et très économiques, dans un pays de soleil. Faute de vigilance, mais par qui et comment ? la dérive constatée ne peut que s'amplifier. À quand le premier « raid aventure », l'« opération survie » sur les chemins de Compostelle ?

Trente minutes de pluie, comme un bonheur après ces jours de soleil, mais satisfaction de courte durée puisqu'à peine lavées de la poussière qui les recouvrait, nos chaussures sont de nouveau sèches. Douceur des vents portants, chargés d'odeurs de foin et d'eucalyptus. Ceux-ci ont fait leur apparition avant-hier, fiers, hiératiques, élancés au-dessus des autres arbres, leurs voisins soudain soumis.

À Arzua, comme à Melide ou Palas de Rei, nous

nous ennuyons ferme. Ici il n'y a rien à voir. Rien à faire. Ancien hôpital, la chapelle de la Madeleine est fermée et, bien que romane, l'église de Santiago nous indiffère. Nous en avons peut-être trop vu, trop visité, de ces églises, chapelles et monastères. À trop fréquenter l'ombre et les odeurs d'encens, il doit arriver que l'on s'en désintéresse. Et puis, depuis quelques jours, ces prix qui montent du seul fait que nous soyons *peregrinos*. La Galice serait-elle le mouton noir du chemin ?

Carnet de route de Gisèle : « Très petite étape sans autre intérêt que ne nous approcher du but... Journée d'ennui à Arzua où il n'y a rien d'autre à faire que dormir. Il est temps que cela s'achève... »

De nouveau, les villages se suivent, reliés les uns aux autres par la chaîne pérégrine. Combien sommes-nous à présent ? Piétons du jour, de la veille, ou d'un temps que l'on ne décompte plus, cyclistes, et ce matin cavaliers militaires dont la morgue et les prétentions à occuper le chemin entraînent une huée de sifflets – des centaines qui, à la fin du compte, doivent faire des milliers chaque jour à Compostelle. En fonction des possibilités d'hébergement rencontrées, cette étape sera l'avant-dernière ou la dernière de notre périple.

À peine sortis d'Arzua, nous entendons des voix derrière nous. « *Yo soy el caminooo / Que anda hacia la vidaaa...* » Les enfants du Cebreiro, dont la plupart embrassent au passage le « *viejo peregrino francés* ». Eh oui ! Quand on n'a pas quinze ans, la barbe blanche en impose forcément. Nous repartons avec eux, chantant à tue-tête « *Yo soy el caminooo...* »

À l'heure du *café con leche*, l'aumônier belge nous annonce la mort de Léo Ferré. Celle-ci remonterait au 14 juillet. C'est aussi ce que dit le *Correo Gallego*. On y parle de Brel, Brassens et Trenet, d'Aragon et de Verlaine, de Piaf et de Barbara, de Baudelaire, Rimbaud, Apollinaire, de Bécaud et d'Aznavour, de Catherine Sauvage. Depuis cinq semaines, c'est le premier journal que je lis, cela fait une drôle d'impression d'y décliner ainsi des noms de poètes ou de ceux qui incarnent sans doute le mieux ce qu'il est convenu d'appeler la chanson française. Adieu, Léo, vieil anar qui choisis le jour de la fête nationale pour t'éclipser ! À la table voisine de la nôtre, l'aumônier et ses deux pèlerins chantonnent quelques titres. L'un des deux jeunes gens a pleuré en apprenant la nouvelle.

Le chemin est à présent bordé d'eucalyptus, dont le vent fait battre les longues lanières d'écorce rougeâtre qui embaument l'atmosphère. Nous marchons donc, dans un parfum de sanatorium, escortés par le claquement de ces fouets sur les troncs. L'hiver, ici, ne peut être que doux et pluvieux, la présence de ces arbres en témoigne.

À mesure que nous approchons, les paysages se banalisent. La perte d'altitude y est évidemment pour beaucoup, l'industrialisation également. Usines, voies de circulation rapide, aérodrome, fumées diverses, forêts de câbles aériens, rien ne manque pour préparer l'esprit au réveil qui l'attend. Seul le ciel demeure ce qu'il fut depuis la première heure : superbe. Et peut-être encore plus la nuit que le jour. À plusieurs reprises, lors de départs matinaux ou de veilles prolongées, nous avons eu l'occasion de nous immerger dans cette nuit des temps où la course de l'Étoile arrêta le tracé du chemin. Hier encore, nuit de pleine lune, nous sommes restés longtemps assis contre la chapelle de la Madeleine d'Arzua, à contempler la Voie lactée. L'étoile du Berger – la tendre et étincelante Vénus –, qui fut peut-être cette « lueur divine » dont Théodomir et quelques fidèles suivirent la course une nuit de l'an 830, brillait de l'éclat particulier des sentinelles. Je ne sais combien de temps nous restâmes à veiller ainsi en silence, sur le grand sommeil de la campagne dont les contours se découpaient finement, à la manière de certains décors de théâtre. Cigales et crapauds partagèrent notre attente, ainsi que les quelques sépulcres oubliés par les siècles derrière les murs de la chapelle. Ce matin, dans un ciel délavé par les balbutiements de l'aube, l'étoile du Berger brille toujours, tandis que la lune évanescente prend ses quartiers de jour.

À Labacolla, le rituel des ablutions n'existe plus. La rivière non plus, d'ailleurs. Du moins, nous ne l'avons pas vue. Ce qui semble étonnant puisque, si l'on en croit les témoignages, il s'agissait bien d'une rivière, et non pas du ruisseau qui coule à présent, à demi enterré, au bas de la ville. Disparu donc ce cours d'eau – à moins qu'il ne soit recouvert, dissimulé, comblé peut-être, pour je ne sais quelle raison d'hygiène publique, les moustiques par exemple –, dont Aymery Picaud, qui s'y arrêta très probablement, dit que c'était « un certain fleuve qui arrose, à deux milles de Compostelle, un endroit boisé et que l'on appelle Lava-Mentula*, parce que là, les pèlerins de France allant à Saint-Jacques ont coutume, par amour de l'apôtre, de s'y laver non seulement partiellement [sic], mais aussi d'y purifier leur corps tout entier de ses souillures, après s'être dépouillés de leurs vêtements ». C'est un peu plus loin, à Villa Roza, que Domenico Laffi et son compagnon se mirent en état pour visiter l'apôtre : « Nous attei-

* Qui devient Lava Cola (Lave-Queue) chez quelques auteurs inspirés par le langage argotique ou franchement paillard des *peregrinos*, parmi lesquels certains, comme Guillaume Manier, parlent même de Lave-Couilles. (*N.d.A.*)

gnîmes une fontaine où nous nous rafraîchîmes et préparâmes avec soin, changeant nos vêtements, car nous savions être tout proches de Saint-Jacques. »

Débarrassés des souillures et impuretés glanées en chemin, les pèlerins pouvaient, la conscience en paix et l'âme en joie, achever leur voyage. Nécessité hygiénique ? Certes, et facilement compréhensible, mais aussi, et peut-être avant tout, renaissance, et la présence de l'eau baptismale, formule de vie, dans ce lieu qui symboliquement recouvre celui de la résurrection, n'est certainement pas un hasard.

Nous ne dormirons pas à Compostelle mais à l'hôtel Garcia de Labacolla. Le voyage touche à sa fin. L'heure du rangement des notes et de la documentation précède celle du bilan qui viendra plus tard. S'il doit même venir un jour. Nous sommes l'un et l'autre en parfaite condition physique après avoir perdu pas mal de kilos. Pourquoi faut-il que notre joie ne soit pas à la mesure de ce que nous en attendions ?

La lettre… À n'ouvrir qu'en cas de… Un peu fripée par son long séjour au fond du sac. Une date sur l'enveloppe : 16 juin 1993. À l'intérieur, un poème et quelques mots… Pour Gisèle et Jean-Claude, ces lignes qu'ils liront sur le chemin de Saint-Jacques-de-Compostelle, en juin ou juillet 1993, aux jour et lieu choisis par eux… Avec mes fraternelles pensées. Michel…

Cherche,
Dans tout arbre nu
Le poids de sa lumière
Et au-delà de l'ombre
Sa mesure de silence.
Cherche,
Au bout de ton chemin
Le vrai commencement.

Jeudi 22 juillet. Jusqu'à une date récente, ce jour de la Sainte-Madeleine marquait en Bretagne le début des moissons. Je crois que j'aurais aimé accomplir ma dernière étape escorté, enveloppé, par la poussière des épis fauchés. Il me semble que cette marche si hautement symbolique dans la traversée des signes aurait trouvé, dans le blé, déjà présent dans le pain de mon sac, une sorte de couronnement. Mais, à la différence de la Castille sa voisine, la Galice n'est pas un pays franchement céréalier, elle ne peut donc nous offrir que ce qu'elle possède, de hauts épis de maïs. Adieu donc *segadores* ! Adieu plaines et coteaux ondoyants sous les vents de sud. Adieu chemin, qui déjà se referme sur nos ombres...

Habillés de frais, propres comme des sous neufs, nous allons visiter l'apôtre. Ce matin l'hématome de Gisèle a complètement disparu, et j'ai abandonné mon pansement.

Avant-dernier haut lieu du pèlerinage, celui dont, jusqu'à ces derniers jours, nul n'a cité le nom, peut-être par simple retenue, à moins que ce ne soit par crainte. Passage mythique, franchissement d'un sommet, le tout dernier de la chaîne, celui qui livre plaine, ville et cathédrale : le Monte del Gozo (mont de la Joie*).

C'est du haut de ces trois cent soixante et quelques mètres que depuis plus de mille ans, dans l'ombre de Godescalc, les pèlerins découvrent Compostelle et les tours de sa cathédrale. Scènes de joie, cris de liesse et prières s'y succèdent donc, immuables, par-delà les temps et l'histoire, sans que l'émotion faiblisse jamais. Ainsi Manier, le Picard, nous dit : « J'ai pris l'avance d'une lieue [sur ses compagnons] seul, pour voir le premier le clocher, ce que j'ai vu... L'ayant aperçu,

---

* Ou encore Montjoie en souvenir des tas de pierres disposés comme autant de balises le long du chemin. (*N.d.A.*)

j'ai jeté mon chapeau en l'air faisant connaître à mes camarades qui étaient derrière moi que je voyais le clocher. Tous en arrivant ont avoué que j'étais le roi*.» Domenico Laffi, quant à lui, rend grâce au ciel : «Découvrant brusquement la ville, nous nous mîmes à genoux et de joie les larmes coulèrent de nos yeux, et nous commençâmes à chanter le *Te Deum*, mais après deux ou trois versets nous ne pouvions plus prononcer une parole à cause de nos larmes.»

Heureux pèlerins qui purent découvrir ainsi, de siècle en siècle, les phares dressés du port qu'ils allaient atteindre. Aujourd'hui Compostelle disparaît sous un nuage de fumée, et les tours de la cathédrale se perdent au milieu de constructions diverses. Quelle heure est-il donc ? Un peu plus de neuf heures ! Pourtant ils sont déjà là, bruyants, pressés, l'appareil photographique en batterie pour immortaliser le vide dans une trouée d'eucalyptus, nous les regardons parler et rire, se congratuler. Aucun ne se signe ou ne met le genou en terre comme le veut l'usage. Pèlerins mes frères, il me semble que le plus difficile est à venir !

Dans la descente du Monte del Gozo, la cohue fait songer de nouveau à une colonie de vacances mal encadrée. Au désordre ambiant s'ajoute l'affolement provoqué par les pelotons de vététistes, qui se risquent à frayer leur chemin dans les rangs des marcheurs. Cris, injures, sifflets, rires. Sans doute ne

---

* Une tradition veut que celui des pèlerins qui atteignait le premier le sommet du Monte del Gozo était déclaré roi du pèlerinage et pouvait, par la suite, se faire appeler Roi, Roy ou Leroy. Ceci n'a, me semble-t-il, aucun fondement historique et relève sans doute du légendaire compostellan. Il est d'ailleurs permis de s'interroger sur la nature du pèlerinage dont celui-là pouvait devenir le roi, quand on sait que, certains jours, plus de mille personnes atteignaient ce lieu. (*N.d.A.*)

savent-ils pas qu'en signe d'humilité les cavaliers, parmi lesquels se trouvèrent souvent les plus nobles ou fortunés pèlerins, accomplissaient ces derniers kilomètres près de leur monture ?

Depuis hier, la Guardia Civil est très présente. Dans les *command-cars* les radios crachotent. Manifestement on nous compte. Quelque part dans une caserne de la ville les chiffres doivent s'additionner, ceux du Camino Francés, bien sûr – les plus nombreux –, mais aussi du Camino de Fonsagrada – ou Primitivo –, du Camino del Norte, du Camino Inglés, du Camino Fisterra-Muxia, sans oublier le Camino Portugués. Peut-être même suit-on notre progression sur une carte murale où les chemins poussent la délicatesse jusqu'à dessiner une étoile à cinq branches.

Dans les fossés, sur la route, au bord des champs, papiers gras, boîtes et bouteilles de bière, sacs en plastique, détritus de toutes sortes attendent. Si tous ne jettent pas, le plus grand nombre n'est guère regardant sur le délestage des sacs. Étrange comportement chez des individus dont on pourrait espérer, *a priori*, une certaine conscience dans le respect de la nature.

Il est vrai qu'en la matière l'exemple est donné par les pouvoirs publics qui, pris d'on ne sait quelle folie, ont allégrement massacré les pentes du Monte del Gozo, pour y construire l'horreur. Mélange de caserne, de camp de transit ou de réfugiés, avec un petit côté cité d'urgence construite dans la hâte du sinistre ; en deux mots comme en dix c'est gigantesque et laid ! Il y a des rues, goudronnées, bordées de trottoirs, des places avec commerces, alimentations, banques, bars, restaurants... À première vue, on doit pouvoir y héberger et nourrir plusieurs centaines de pèlerins, les distraire également, discothèques, scènes en plein air, piscine. À quelle panique ont bien pu céder ceux qui décidèrent de cette construction ? S'attendait-on à une telle invasion, qu'en plus de l'hébergement traditionnel de la ville et de ses environs, on ait jugé indispensable de sacrifier l'espace de cette colline – qui entre parenthèses méritait un classement monumental – aux excès de la société marchande ?

L'unique responsable que je rencontre a beaucoup de mal à me donner des chiffres. « *¿Periodista ?* » (« Journaliste ? ») – « *No, soy un escritor francés, escribo un libro sobre la peregrenación de Santiago de Compostela.* » (« Non, je suis un écrivain français qui écrit un livre sur le pèlerinage de Saint-Jacques-de-Compostelle. ») Ah ! un écrivain... Français de surcroît... Voyons... Des chiffres. Quels chiffres ? Qui a subventionné les travaux ? Elle ne le sait pas. Le fonds européen peut-être ? Le nombre de places ? Cela dépend. Avec ou sans les tentes ?... Le taux de remplissage ? Hésitations, avant de me confier que ce n'est pas à la hauteur des espérances mais que la Saint-Jacques n'est que dans trois jours, et que d'ici là... Et puis des spectacles sont donnés chaque soir, en plein air, et cela attire énormément de monde. Sans compter que Julio Iglesias est annoncé, ainsi que Bruce Springsteen... Dans l'un des bars du camp, un prêtre, aumônier, se plaint de ne pas rencontrer beaucoup de pèlerins. C'est d'autant plus décevant que, d'où nous sommes, nous regardons passer de l'autre côté de la route le flux incessant des *peregrinos*.

Encore quelques milliers de pas, un dernier *café con leche* pris debout dans l'agitation bruyante d'un bar, et nous abordons la ville par ses quartiers bas. D'après Aymery Picaud, Santiago comptait sept portes ou entrées et dix églises. Si les premières ont disparu, les secondes sont aujourd'hui plus nombreuses.

Avenida de los Concheiros, calle San Pedro, Puerta

do Camino, calle de Casas Reales, plaza Cervantes. À l'intérieur de la ville, le parcours est identique à ce qu'il était à la fin du XIe siècle, lorsque la construction de l'actuelle cathédrale ouvrait les rues et ruelles. Parfois, celles-ci sont tellement étroites que trois ou quatre personnes, absorbées par la *palabra*, suffisent à les bloquer. Patiemment nous attendons que l'on veuille bien nous voir, pour aller, escortés de toutes les bénédictions, jusqu'au prochain encombrement. On parle en effet beaucoup dans les rues de Compostelle. Les ménagères avec leurs paniers de provisions, mais aussi les hommes, regroupés le plus souvent à la porte des bars ou devant la guérite du loto. Fracas, les rideaux de fer se lèvent dans un vacarme répercuté de rue en rue, tandis que les livreurs poussent leurs diables chargés de caisses, vociférant contre tout ce qui stationne devant eux. On s'interpelle aussi de porte en porte, des fenêtres où l'on secoue les draps : « *¡Hola María ! ¡Manuel ! ¿Que tal ?* » Des plaisanteries fusent, accompagnées de rires. La vie est là dans ses quartiers d'été, splendide et généreuse. Compostelle ? Galice ? Non ! Espagne.

Interminable chapelet de rues saintes, où la plaza Cervantès marque la pause. Quelle heureuse idée d'avoir mêlé, même indirectement, le souvenir du Quichotte, chevalier à la triste figure, à cette histoire déraisonnable. Et puis, voici que monte vers nous un chant, des voix connues. « *Yo soy el caminooo / Que anda hacia la vidaaa...* » Je sens bien, à les écouter, que je ne vais pas retenir mes larmes. Les voici, en marche vers la cathédrale. Embrassades, bousculade. « *¡Adios ! ¡Adios peregrinos franceses !* » Ça y est ! Gagné ! Je pleure ! Et pas n'importe où, qui plus est : sur la Via Sacra ! Ce qui ne manque pas d'étonner les passants habitués à rencontrer ce genre d'émotions devant le tombeau de l'apôtre. Plaza de l'Obradoiro. Clin d'œil de l'histoire ou volonté de rendre hommage aux compagnons bâtisseurs ? En galicien, *obradoiro* signifie œuvre, atelier, échafaudage*. Décontenancés, nous ne savons plus très bien quoi faire. Quelle heure est-il ?... Et déjà tout ce monde...

Dans la foule circulant sous les arcades, nous retrouvons Françoise arrivée de la veille. Sa déception est telle qu'elle rentre ce soir en France. Cette décision ne nous surprend pas. Il n'y a pas une heure que nous sommes à Compostelle, et déjà, bruit et bousculades nous mettent mal à l'aise. Pour l'instant il ne s'agit que d'une contrariété diffuse. Le fait de devoir hausser le ton pour la moindre parole, regret de ne pouvoir accéder à la cathédrale sans se faire accoster cent fois par des vendeurs de breloques. Simple agacement, dont nous plaisantons sans conviction, sachant que le pire est à venir. Le temps passe. Devant la laideur de ce qui se vend et la bêtise, cela va devenir rapidement insupportable. Faire avec. Accepter cette ville en liesse. Voilà ce que dans un premier temps nous disons, satisfaits de notre tolérance. Le choc est quand même rude. Le bruit, surtout : comparé au silence dans lequel nous baignions hier encore, c'est comme si nous débarquions sur une autre planète. Et puis, très vite, le désœuvrement se fait sentir. Le regret n'est pas d'être là, mais d'y être arrivé trop tôt. Et je me mets à rêver d'une ville déserte, traversée au milieu d'une nuit d'hiver. Compostelle pour moi tout seul, sinon quelques-uns de mes compagnons, mais pas trop, et devant nous, à minuit passé, les portes de la cathédrale grandes ouvertes sur les escaliers de l'Obradoiro... Le bonheur sublime, vrai couronnement du pèlerinage ! Plus tard, j'évoquerai ce rêve devant un ami religieux qui s'étonnera de

* Et non pas l'« ouvrage d'or », comme on le lit parfois. (*N.d.A.*)

ma réaction. Et eux, me dira-t-il, ces jacquets du Moyen Âge, crois-tu qu'ils atteignaient une cité désertée de ses habitants ? Penses-tu une seconde qu'ils trouvaient un océan de calme et de félicité dans ces rues dont la vie semble tant t'indisposer ? Je comprendrai, atténuerai mes critiques, oublierai ma déception de l'heure, mais pour l'instant, je suis dans le brouhaha et me sens devenir étranger à mon propre voyage.

C'est ainsi que nous allons au bureau du pèlerinage retirer nos *compostellas*, qui nous justifieront jacquets aux yeux de tous. Je sais que l'entretien qui commence annonce la conclusion du voyage. Qu'ensuite, il ne nous restera que la crypte de la cathédrale et son tombeau d'argent pour nous relier à ce que nous venons de vivre. Un fil ténu et fragile qui, une fois rompu, nous livrera au vide. Le jeune prêtre français qui nous reçoit dit avoir fait le pèlerinage à deux reprises, en partant de Vézelay et du Puy. Avant d'ajouter, comme à regret, « en automobile, malheureusement ». Cela suffit pour me le rendre sympathique. Nous questionne, séparément, sur le déroulement de notre périple, s'inquiète de l'accueil, relève manques et points forts, prend des notes. Puis, après avoir consulté mon *credencial*, aborde l'intouchable domaine de la motivation du départ.

Revoici donc le « pourquoi » que je croyais avoir abandonné aux ronces du chemin. L'heure est-elle bien choisie pour ressusciter ce genre de question ? Assurément, oui, répond le hochement de tête. Mais, pas plus qu'à León, en Navarre, dans le Gers ou à Cahors, je ne me sens en mesure de répondre de façon honnête. Pourquoi suis-je parti ? Pour randonner. Oui, en juin 1990. Sur le GR 65, entre Le Puy-en-Velay et Conques. C'était un choix qui en valait bien d'autres. D'autant que Conques se trouvait en bout de course et que, justement, c'est là que je voulais me rendre. Que ce chemin ait été celui de Saint-Jacques-de-Compostelle ? Bien entendu, je le savais. À vrai dire, au début, je n'y ai pas trop pensé, c'est au bout de quelques jours que… C'est à partir d'ici que tout se complique. De là à donner des réponses à cet abbé qui me dévisage, bras croisés sur la poitrine…

Que lui dire ? Je sèche comme un lycéen devant sa copie. Pas question d'inventer, de fuir. Ce n'est pourtant pas faute d'avoir pensé à cette minute, aux questions qui ne manqueraient pas de m'être posées. Ici, bien sûr, mais demain, le mois prochain ou dans un an, par tous ceux à qui je parlerai de cette marche vers Compostelle. Trouver les mots. Ne serait-ce qu'un début de réponse. Une réponse que je n'ai pas ! Que je n'aurai peut-être jamais. Le chemin n'a peut-être pas été assez long pour aller au bout des choses. Trop compliqué pour lui exposer la complexité du labyrinthe dans lequel je me trouve… Non, ce n'est pas une démarche religieuse… D'ordre spirituel ? Peut-être, et encore… Culturel ? Restrictif par certains côtés, le terme conviendrait probablement mieux… Alors, disons culturel. Pourquoi faut-il absolument que je fasse un choix ? Où avais-je donc la tête : pour les statistiques, bien sûr. Désagréable impression d'avoir raté la marche. Réveil brutal. Nous sommes bien arrivés, le bateau est à quai, la douane prend son service. Qu'avez-vous à déclarer ? Rien. Comment cela rien ? Avec tout ce que vous vous êtes approprié sur ce chemin !

Demain j'aurais été, me semble-t-il, mieux à même de répondre à l'attente de ce prêtre. Mais, dans quelques heures, sac et bourdon abandonnés, qui se souciera d'interroger un touriste ? J'explique donc. Parle de mes doutes, de mon refus d'arborer la coquille par respect pour ceux qui firent ce chemin, dis mon désappointement de ces derniers jours. Il rit. « Rassurez-vous, vous n'êtes pas le seul à présenter de tels états d'âme. » Alors, culturel ? Oui, d'accord ! Et voilà ! Deux mots, quatre syllabes et le tour est joué. Trente-cinq jours d'incommensurable liberté prennent la forme d'une croix dans une case. Merveilleux ! Hier « psy », aujourd'hui « culturel », le moindre de nos actes sera demain « statistique ». Adieu, mon beau chemin ! Adieu, grand cheval fou ! L'heure est au compromis ; prisonnier sur parole, j'entre dans la légalité ! Le temps d'une écriture, et me voici Giovanum-Claudum, Peregrinis de Sancti Jacobi, confrère à vie durant du grand chemin de l'ouest. Compagnon ! ! !

Grand-messe des pèlerins. Claquements assourdis des portes, piétinements, l'office est en partie couvert par la rumeur venue des nefs latérales. De chaque côté de l'entrée principale, en front de trois ou quatre, deux longues files d'hommes et de femmes, de tous âges et conditions, avancent à petits pas pour « toucher la pierre ». Il s'agit de porter la main, doigts tendus, sur la colonne de marbre où l'apôtre figure en majesté, juste en dessous du Christ Rédempteur. Depuis près de huit siècles ce geste, répété des millions de fois, a creusé la pierre de cinq cavités. Celle des doigts d'une main. Et c'est pour communier, par ce geste intemporel, à la possession tellurique du monde que ceux-là sacrifient au rite. Combien de temps leur faudra-t-il pour approcher la colonne ? Une heure ? Deux ? Qu'importe, ils ne sont là que pour cela, venus parfois de très loin, cela se voit aux visages basanés, aux vêtements. La plupart d'entre eux prient, les femmes surtout. Il y a aussi des pèlerins, mais ce sont surtout les gens de la campagne qui dominent, les hommes en costumes sombres avec gilets de couleurs, grosses chaussures et chapeaux de feutre, les femmes, de la mantille aux souliers, uniformément noires.

Lorsque le marbre reçoit l'empreinte, aussitôt

recouverte par celle d'une autre main, ils se frappent la tête contre celle de maître Mateo, dans l'espoir d'obtenir un peu du génie de l'architecte. Il y a trop longtemps que le christianisme s'est accaparé de tels rituels païens, pour que celui-ci revête le moindre caractère d'hérésie. Reste qu'au-delà de ce qui peut apparaître comme un simple geste fétichiste, le toucher des pierres est l'une des grandes symboliques du chemin de Saint-Jacques-de-Compostelle. Dans quelques heures, répondant à je ne sais quel besoin irrationnel, nous porterons la main, nous aussi, bouclant le cycle commencé au Puy-en-Velay, et répété plusieurs fois en chemin.

Victimes de la foule et de nos sacs, nous ne pouvons guère bouger du pilier contre lequel nous sommes. Dire que je suis ému serait exagéré. Ni ému, ni même touché ; absent. J'entends, tout au plus, incapable de la moindre concentration. L'esprit s'y refuse. Le corps également qui, contre l'inaction soudaine, s'insurge à coups de manifestations douloureuses dans les épaules et les jambes. Crampes ? Les premières de ce périple, le dernier jour. Un comble !

Traditionnelle énumération des pèlerins arrivés ce matin. La liste trop longue se réduit aux lieux de provenance. Tant de Vézelay. Tant de Rome, Poitiers, Madrid, Sarria, Le Puy, Liège, Berlin, Beyrouth.

Pourquoi faut-il que je pense alors à Conques ? Pour la timide ressemblance des statues de l'apôtre et de sainte Foy ? Ce vague air de famille qui tient aux regards démesurés et, bien sûr, aux ors et pierreries, dont tous deux sont abondamment pourvus.

Paradoxe illustrant la confusion où je me trouve, quand je veux signaler à Gisèle les traits communs aux deux statues, je m'entends lui demander si « le chemin est vraiment terminé ». Silence. Réflexion. Tu sais bien que non. Merci.

Sur la place de l'Obradoiro, des files d'autocars

déversent leur cargaison. Voyages et pèlerinages organisés, les groupes constitués suivent, avec une obéissance parfaite, le guide parfois muni d'un drapeau. Une telle discipline m'étonne toujours. Comment se fait-il qu'aucun n'ait envie de s'évader ? De marcher seul en ces lieux dont il a dû secrètement rêver, et que la banalisation du discours va forcément tuer. Non, ils vont en rangs pressés et lorsque deux groupes se croisent, chacun retrouve la place qui lui revient, dans sa vraie famille, comme les poussins de la basse-cour. Les pèlerins continuent d'arriver. Depuis le début de la semaine on en comptait entre douze et treize cents par jour. À partir d'aujourd'hui et jusqu'à dimanche ce chiffre sera de l'ordre de dix-sept cents, pour tomber à moins d'une centaine en août, puis une vingtaine par jour, pour les mois de septembre et octobre.

La basilique était achevée lorsqu'en 1168 maître Mateo – ou Mathieu – entreprit la construction du portique de la Gloire, qu'il terminera vingt ans plus tard. En son centre se tient le Christ, assis, montrant ses plaies, entouré des quatre évangélistes et d'une foule de personnages, parmi lesquels huit anges portant les instruments de la passion. Sur l'archivolte, les vingt-quatre vieillards de l'Apocalypse, tous munis d'un instrument de musique, conversent. Sous les pieds du Christ, saint Jacques, au regard très expressif, accueille les pèlerins. Artiste de grande sensibilité, maître Mateo a su allier à la force narrative de l'art roman la douceur du gothique qui s'annonçait en France* et les qualités ornementales de l'art musulman. L'extraordinaire beauté du portique de la Gloire ne changera rien au cours des choses; le voyage est fini et, à part les contingents de touristes qui, avec le même empressement, visiteront Fatima

* Notamment dans la sculpture de Saint-Denis. (*N.d.A.*)

ou Madrid, la plupart de ceux qui gravissent les marches sont déjà naufragés d'un projet achevé.

Carnet de route de Gisèle : « Retrouvé l'équipe de télévision qui nous a filmés en Navarre. Tous se disent étonnés de nous voir là. Pensaient que nous avions abandonné. C'est vrai que nous les avions rencontrés le lendemain de Roncevaux. Nous trouvent trop bonne mine. Cherchent à faire des images de pèlerins éclopés. Ce qui ne manque pas. À la soirée nous perdons Françoise, et retrouvons René qui lui aussi s'ennuie. »

Chez les pèlerins rencontrés, ennui et déception font des ravages. Nul besoin de mots pour se comprendre, un regard suffit. Qu'ils sont perdus mes beaux compagnons ! Eux, hier encore si jaloux de leur solitude, et de l'indépendance qu'ils disaient puiser dans le chemin, les voici, traînant dans les rues, traversant vingt fois les places de l'Obradoiro et de las Platerias, accrochés à leurs sacs, perdus. Parfois, certains s'arrêtent pour parler. Dire quoi ? Quelques mots, toujours les mêmes. Si d'aventure nous nous laissons aller à un semblant de conversation, c'est pour évoquer le chemin, sa beauté surtout. Mais ce sont les anecdotes qui l'emportent, les petits riens qui en disent long sur les regrets qui déjà s'installent. Étrangement, les difficultés rencontrées n'existent plus, gommées, effacées. Les pentes du Cebreiro ne sont pourtant pas si lointaines où certains parlaient d'abandonner. Qu'importe ! Nous sommes ensemble pour quelques heures et c'est cela qui compte. Compostelle est rarement citée dans les discussions, ou alors pour échanger des adresses de restaurants, rappeler le numéro de l'autobus qui conduit à la gare.

Vendredi 23 juillet. Passons la journée avec l'équipe de télévision française, rencontrée il y a cinq semaines à Zubiri. Nous parlons du symbolisme du chemin, de son aspect initiatique. Tous sommes frappés de la diversité des motivations et croyances qui se côtoient dans une tolérance parfaite. La marche vers Compostelle serait-elle l'un des passages obligés de l'œcuménisme ?

De plus en plus mal à l'aise dans cette foule qui me met dans une humeur noire et, par certains côtés, me fascine. D'ailleurs, ce matin, j'avais le choix entre une journée de farniente à Lavacolla, et Compostelle. Et, non seulement je suis là, mais je ne bouge guère des rues entourant la cathédrale, territoire restreint livré à une cohue ignorée de la ville basse. Alors ? C'est comme si la privation soudaine de l'effort et des heures de silence ne pouvaient se combler que dans l'excès inverse. J'ai beau me dire qu'il en est de même pour tous, chaque heure qui passe m'épuise davantage que les chemins de *meseta*. L'extraordinaire impression de vide dans laquelle je me consume se traduit par une agressivité injustifiée envers les autres. Ce matin, pour la première fois depuis le départ, nous nous sommes querellés. Un accrochage court et violent, que rien ne justifiait. Sinon le désenchantement d'avoir, en atteignant le but, vidé notre projet de sa substance. Gisèle aussi ronchonne, critique, s'énerve contre tout. Et, surtout, s'enferme dans de longs silences qui en disent long sur ses états d'âme. En fait, un mois de marche et d'efforts a fait de nous des intoxiqués de la draille, des accros de l'asphalte, réagissant comme tels face à un sevrage intempestif.

Longues flâneries dans la vieille ville. Parfois, un porche invite à visiter une cour, un patio, un atelier d'artisan. Il arrive aussi qu'une porte cochère révèle un couloir, un escalier monumental, le jardin intérieur d'un hôtel particulier où un quatuor joue de la musique de chambre.

Quelle que soit l'heure où nous y pénétrons, la cathédrale ne désemplit pas. Combien de personnes la visitent ou s'y recueillent chaque jour ? File d'attente devant le corridor de la crypte où reposent les reliques attribuées à l'apôtre. Combien de nos voisins s'imagineraient piétinant un cimetière ? C'est pourtant ce que nous faisons, puisqu'à quelques mètres sous nos pieds se trouvent les vestiges de la très ancienne nécropole hispano-romaine où fut révélé le tombeau.

Lorsque Jean de Tournai arriva à Compostelle le 25 janvier 1489, c'était un dimanche et il pleuvait. Lui ne se dit pas déçu, n'en ayant pas fini, il est vrai, avec le Camino, plutôt surpris de retrouver en Galice les reliques qu'il avait vénérées à Toulouse : « J'ai vu les deux lieux, mais je crois que le vrai corps est audit Toulouse, et la tête audit Saint-Jacques. Pour conclusion je n'en veux point faire débat et à cela je me conclus et accorde », conclut-il simplement en paix avec lui-même. Comme sera en paix Guillaume Manier qui se réjouit de visiter l'apôtre le 2 novembre 1726. Or, ce qu'il voit est un tombeau vide. Face aux menaces de la flotte anglaise de Francis Drake, qui voulait réduire en cendres ce « dernier marché de la superstition papiste », Compostelle avait, en 1589, évacué les trésors de la ville et les restes de l'apôtre. Oubli ? Confusion ? Volonté délibérée de garder la dépouille à l'abri des troubles et, plus tard, de l'occupation étrangère ? Il ne faudra pas moins de trois siècles pour que les reliques regagnent la cathédrale. Combien de Manier vinrent durant ce temps s'agenouiller devant le sarcophage vide ? Des centaines de milliers ? Des millions ? Qu'importe puisque le fait pèlerin n'est pas d'atteindre un corps saint, mais de se mettre en marche vers soi-même.

Samedi 24 juillet. L'indescriptible cohue qui règne dans la ville augure mal de la journée. Pas une rue, ruelle ou place où l'on ne se heurte au lent balancement d'une foule compacte, bruyante, gesticulant autant que l'espace le permet. À croire que l'Espagne tout entière s'est donné rendez-vous ici. Bousculade, tohu-bohu, il faut jouer des coudes ou se laisser porter, en évitant les étranglements, les places où cliques et fanfares donnent l'aubade. Il arrive que le choix de l'une à l'autre fasse perdre du terrain. Cela se juge aux tours de la cathédrale que l'on aperçoit de temps en temps, lorsque les maisons le permettent, et qui, parfois, s'éloignent dangereusement. Il faut alors faire demi-tour, retrouver la marée de dos, car tout le monde marche dans le même sens, reprendre le terrain perdu. À ce jeu il nous faut plus de vingt minutes de corps à corps pour gagner la place de l'Obradoiro, elle aussi noire de monde. Je ne sais combien nous sommes aujourd'hui à Compostelle et, à vrai dire, m'en moque. Par contre, je sais depuis la seconde où, descendant de l'autobus, j'ai découvert la foule, que cette journée comptera parmi les plus difficiles de tout le pèlerinage. Et cela suffit à me mettre de nouveau de mauvaise humeur. Regret de me retrouver dans cette ville dont j'ai épuisé, en deux jours, toutes les surprises. C'est dans cet état d'esprit, assez peu pèlerin, que nous pénétrons dans la cathédrale.

Chaleur, cohue, odeurs de parfums lourds, gras jusqu'à l'écœurement, parcourus par les pointes aigres de la sueur, je bats en retraite vers la porte. Attente. Le sermon traîne en longueur. Il y est question de mœurs, de désordre. Des mots me parviennent de loin en loin, *materialismo*, *comunismo*, *socialismo*, *progreso*, *feminismo*, que sais-je encore, mots de combat puisés dans une guerre passée. Comme si la nouvelle de la chute du mur de Berlin n'était pas parvenue jusqu'ici. Le monde entier pourtant a répété, jour après jour, ces mots venus de l'est, Bucarest, Prague, Sofia, Tirana, Budapest. À tort ou à raison le monde entier s'est senti soudain plus libre. Peut-être pas ici.

Alors que midi sonne, commence une pétarade insensée, détonations, explosions, musique, chants, cris, sifflets, le tout descend de la place de la Quintana, envahit celle de la Platéria, tourne autour de la cathédrale. C'est la fête païenne, sorte de contre-messe, où chacun met un point d'honneur à ajouter au bruit que fait le voisin, tandis qu'une quinzaine de mannequins géants vont et viennent accompagnés, salués, honorés par la foule en délire. Le vacarme est invraisemblable, les pétards volent dans tous les sens, filent, crépitent, explosent, les mannequins dansent, prennent des pauses lascives, forniquent. La foule trépigne, se trémousse. À peine l'ai-je rejointe, espérant approcher les *gigantes*, que je suis aspiré, compressé, emporté à l'opposé d'où je désirais me rendre. Labyrinthe des rues adjacentes. Un groupe de jeunes gens, porte-voix en batterie, drapeaux rouges déployés, s'adressent aux passants indifférents. Distribution de tracts frappés de la faucille et du marteau ; section locale du parti communiste marxiste-léniniste. Ceux-là non plus ne semblent pas au courant de l'actualité. Tous portent un foulard rouge noué autour du cou. Surveillé de loin par la garde civile, le meeting n'intéresse pas grand monde. On y revendique pourtant beaucoup, pour le travail, la paix et le bonheur, poings levés en criant : « *¡ Viva la revolución !* » sur un fond d'*Internationale*. Cela dure quelques minutes, derniers tracts, derniers cris, et le groupe, toujours suivi par la police, rejoint le carnaval sur la place de l'Obradoiro où la cathédrale se vide de ses fidèles. La scène devient alors surréaliste entre ceux qui sortent de la messe, le monôme débraillé au possible, et les mannequins géants escortés de drapeaux rouges frappés du portrait de Lénine. Édulcorée dans la traversée de la Galice, revoici l'Espagne telle que je me l'imagine, violente, passionnée, rebelle et excessive. Une Espagne de sang et de cris où blasphème et cruauté peuvent avoir pignon sur rue, à condition de savoir se confesser en temps utile.

On dit que le Botafumeiro, énorme encensoir de quatre-vingts kilos, qui, tiré par une demi-douzaine de membres de l'ordre de Santiago, balaie de façon aussi spectaculaire que dangereuse le transept de la cathédrale, assainissait l'air empuanti par les compagnies pèlerines vivant dans les lieux, priant, mangeant et dormant dans les travées et chapelles. Que l'on ait voulu purifier l'air, également chargé de la fumée des cierges, n'a rien d'étonnant. Mais, incorrigible rêveur, j'aimerais que ce merveilleux Botafumeiro soit allé et venu, empanaché de fumée odorante, pour le seul plaisir des yeux de foules ébahies. À peine l'encensoir géant a-t-il ralenti sa course que l'un des préposés se jette sur lui, fait trois tours de toupie, cramponné à ses chaînes, et le lâche, inerte, sous les applaudissements des fidèles… Espagne ! ! !

Le règlement du pèlerinage accorde à chaque jacquet muni de sa *compostella* trois repas gratuits à l'hôtel des Rois Catholiques. Comme il n'est pas question de laisser circuler le tout-venant dans un parador national, ces repas, simples et copieux, sont servis dans le réfectoire du personnel de l'hôtel. En fait, cette possibilité n'est accordée qu'aux quinze premiers pèlerins se présentant chaque jour. Comme nous sommes les cinq centièmes, il est préférable de descendre vers la ville basse.

Franchie la porte, il faut descendre des marches

pour atteindre la salle située en contrebas de la rue. C'est un café populaire offrant un *menú de la casa* à vingt francs et un *menú especial* à quarante Au comptoir, il y a des hommes en bleu de chauffe, routiers probablement, un garagiste, d'autres plus âgés, deux ou trois femmes et la patronne qui va et vient de la cuisine au zinc. Dans le fond de la pièce, une femme très âgée, un peu perdue, répète inlassablement le même geste de coudre son mouchoir. À la table voisine un homme d'une quarantaine d'années parle à son chien, allongé contre le mur. En face de nous, une autre femme, assez forte, fardée, vêtue d'un blouson et d'une jupe de cuir noir, bas noirs également, chaussures à talons rouges, mange en regardant la rue. « *¿Dos menús de la casa? – Si señora.¿ Pero, que es? – ¡Conejo! – ¡Si!* » Au comptoir on rit beaucoup. On crie aussi un peu. Les murs de la pièce sont décrépis, comme le sont le bar, les boiseries, et l'escalier du fond par où l'employée descend les plats qui se cuisinent à l'étage. Le lapin en sauce est bon et le plat copieux, ce qui n'empêche pas Gisèle de regretter d'être entrée dans ce qu'elle appelle, abusivement, un bouge. Étonnant quartier situé à moins d'un kilomètre des onctuosités de la cathédrale et des palais épiscopaux, où l'on vit replié entre soi, dans le partage probable de connivences peut-être hasardeuses.

Quartier de rencontres. Sur le terre-plein longeant le restaurant, deux voitures entièrement désossées parlent de coups fourrés et de trafics. La prostituée sort après s'être copieusement parfumée, notre voisin nous parle de son chien, trouvé abandonné, devant sa porte. La bête, croisée de Pyrénées, semble, il est vrai, craintive. Mais à cause de qui, et pourquoi ?

Dehors, les prostituées, au nombre de trois, sont assises près du sex-shop dont les articles exposés en vitrine ne laissent aucun doute sur la nature de ces rues frontières. Ces femmes ne sont pas une nouveauté sur le chemin de Compostelle. Aymery Picaud s'en plaignait déjà au début du XIIe siècle : « Les servantes des hôteliers du chemin qui, par goût de séduction et aussi pour se faire un peu d'argent, se mettent pendant la nuit dans le lit des pèlerins, inspirées par le diable, sont absolument blâmables. Les prostituées qui, pour la même raison, sortent à la rencontre des pèlerins dans des lieux sauvages, non seulement doivent être excommuniées mais aussi dépouillées de tout et exposées, après leur avoir coupé le nez, au blâme public. » Tandis que plus tard, Jean de Tournai redoute de coucher dans les « bourdeaux » où, dit-il, « les garces sont dans la maison et devant tous ceux qui sont là, ces garces prendront l'homme par son humanité et l'homme prendra la femme pareillement et baiseront l'un l'autre ».

Fête foraine dans un jardin public. Sur les pelouses on mange et dort, selon ses besoins. Rencontré une famille hindoue, trois femmes vêtues de saris magnifiques, un homme, venus à Compostelle « pour voir ce qu'est un pèlerinage occidental ». Plus loin, ce sont des Boliviens, puis un groupe de Polonais…

Ce matin nous pensions nous rendre au cap Finistère, à Padrón très exactement où, dit-on, aborda le sarcophage de l'apôtre. Padrón, porte de l'océan dans lequel nous pensions jeter nos vêtements de voyage, comme le veut l'antique tradition jacobite. Mais, chaleur, fatigue, temps perdu on ne sait comment, nous sommes restés dans cette ville surchauffée, envahie par le mauvais goût, assommée de vacarme. Désœuvrement total. Avons passé une grande partie de l'après-midi, aux terrasses, à guetter les heures et les demies tombant sur la cité. Le moral en berne distille des idées noires. Nous n'aurions pas dû rester à ces fêtes.

Le regret qui, dans les premières heures de notre arrivée, suivit la surprise dans les yeux de nos compagnons, tourne aujourd'hui à l'affolement. La plupart d'entre eux, prisonniers de billets de train ou d'avion, attendent avec un fatalisme d'armée défaite. L'apôtre ni la ville n'y sont pour rien. Le mal est plus profond, plus irrémédiable aussi. L'aventure est terminée, finie, morte. À les voir, je m'imagine quelques compagnons de Kerouac, du temps où celui-ci taillait la route. Certains en ont la stature, d'autres ne tarderont pas à l'acquérir au gré de quelques rencontres. Car le routard potentiel existe chez le pèlerin. Surtout lorsqu'il vient de très loin, s'est mis en route depuis des mois. Difficile, après une telle expérience, de retrouver sa place à l'usine, au bureau et chez soi, quand on sait que, passé la porte, le monde est beaucoup plus grand et beau qu'on nous le laisse croire.

Dans leur grande majorité, les discussions de café du commerce auxquelles j'assiste me laissent pantois Il y a d'ailleurs de quoi quand, chez certains marcheurs d'hier, l'ancien pèlerin-combattant de demain perce outrageusement. Bien sûr, ils sont partout les héros de Saint-Jacques, les forçats du Camino. Vrais et faux jacquets, tout le monde parle, non pas de ce qu'il a vu et compris, mais du plus important : de ce qu'il a fait. Rien de bien nouveau dans ce constat applicable en d'autres situations. Mes compagnons sont malheureux, et, comme moi, ne savent pas le dire.

Fraternité de l'utopie, l'instant parfois prête à l'envolée lyrique, le monde est bon, nous sommes tous frères, l'apôtre est bien là, et les temps changent. Nous levons alors nos verres, les larmes aux yeux, persuadés de vivre un moment capital de notre existence, et c'est sans doute vrai. Mais le monde n'est pas meilleur, la guerre poursuit son œuvre, et la misère régente les trois quarts de l'humanité. De la confusion d'idées qui suit, il ressort qu'il ne sert à rien de désespérer, et que, par contre, une marche vers Compostelle… C'est ainsi que les premiers parlent de revenir. Pas pour eux, pour le monde ! La marche sacrificielle, une fois encore. Comme si le ciel ne recevait pas, chaque jour, son content de douleurs ! Les lendemains de fêtes font souvent dire de drôles de choses. Demain, lundi au plus tard, chacun rebroussera chemin. Certains préféreront voyager de nuit pour ne pas revoir le Camino.

Dimanche 25 juillet 1993. Fête de Jacques le Majeur. Point culminant de l'année sainte. Grand-messe à la cathédrale en présence du roi et de la reine d'Espagne, de Mario Suarès, président de la République portugaise. L'office est célébré par Mgr Rouco-Varela, archevêque de Compostelle. Sans doute son sermon sera-t-il aussi long que celui de la veille, et très certainement l'assistance applaudira-t-elle aux trajectoires lumineuses du Botafumeiro. Nous n'en savons rien, préférant à cette cérémonie la visite de l'exposition sur l'histoire des chemins de Compostelle.

Je sais que l'on peut s'attendre à mieux de la part de pèlerins. Mais hier soir, lors du feu d'artifice tiré en l'honneur de l'apôtre, dans la foule serrée, tassée, instable et dangereuse comme sables mouvants, j'ai vu, de mes yeux vu, une mosquée brûler, incendiée par les fusées d'artifice et, des cendres du décor volatilisé, jaillir la cathédrale. Ainsi, à l'aube du troisième millénaire, dans cette fin de siècle que chacun dit vouloir œcuménique, les vieilles recettes sont encore en service. Le chemin de la « vraie foi », qui nous fut assené de façon si brutale, me sembla ressembler, trait pour trait, à une impasse. C'est la raison pour laquelle, plutôt que d'assister au triomphalisme de la suffisance, je préfère une dernière fois, par exposition interposée, renouer avec le vieux chemin.

Catholique par mon baptême, je me demande où est mon Église. À quoi elle ressemble. Cette question est assez nouvelle pour moi. Quelques années, six ou sept, tout au plus. Je ne pense pas que ce soit lié à l'âge. Plutôt à un désir de connaître, d'acquérir une culture religieuse qui, jusqu'ici, me faisait entièrement défaut. Les lectures de saint Paul et de saint Bernard furent de grandes rencontres, mais ce sont surtout les Évangiles qui m'ont ouvert la voie de la réflexion. Je ne saurais dire si ma présence sur ce chemin a un rapport avec cette recherche spirituelle. Je ne crois pas à la présence de l'apôtre à Compostelle. Trouve même son absence beaucoup plus belle, plus forte, car alors, le pèlerinage s'inscrit dans une idée, dans l'imaginaire pur, et transcende encore plus celui qui l'accomplit. J'ai marché sur un chemin sacré par la seule présence des hommes qui m'ont précédé et dans les pas desquels j'ai posé des centaines de milliers d'empreintes, aussitôt envolées, oubliées. Comme le sera ma présence ici.

Retrouvé, en fin d'après-midi, le dernier carré de nos compagnons les plus fidèles. Ceux qui resteront, au-delà du temps, dans les souvenirs : René, Alain, Jacques, le docker d'Anvers, l'aumônier et ses jeunes gens, Rose et Roger, Anne et Emmanuel, John, Jacques de Louvain, sans oublier Romero qui dit dormir depuis trois jours sous le porche de la cathédrale pour être plus près de l'*apóstol.* Adieux par instants très poignants. Certains pleurent. On promet de s'écrire, de se revoir. Je reste circonspect sur ce genre de manifestations, qui doivent plus à l'émotion du moment qu'à l'attachement réel. Les dernières nouvelles s'échangent dans une certaine hâte. Comme si nous n'avions plus le temps suffisant. Niegel est bien arrivé à Compostelle dont il est reparti jeudi.

Amertume et regrets, plaisir aussi de retrouver les siens. Salut, toi ! Claques dans le dos. Dans deux ans à Jérusalem. Pari ? Pari ! Tout est bon pour prolonger encore un peu, retarder l'instant où il faudra traverser la place, sans se retourner. Tout départ est rupture. Celui-ci ne déroge en rien à la règle.

Nous restons seuls. Marchons un peu dans les rues derrière la cathédrale, histoire d'oublier ces journées et leur poids de déraison. Sur les places, les camelots ramassent leurs lots de chapelets, médailles et coquilles Saint-Jacques en plastique, non sans avoir proposé une dernière fois aux chalands des articles au quart de leur valeur affichée.

Un groupe de cavaliers traverse la place de l'Obradoiro et s'arrête devant l'escalier de la cathédrale. Un cheval rue, s'énerve, et, glissant sur les pavés, tombe, entraînant dans sa chute une femme âgée qui se trouvait là. Affolement, on se précipite, le cavalier tire son cheval qui se remet sur ses jambes, tandis que l'on s'inquiète de la victime. Moment d'émotion. Est-elle blessée ? Morte ? Les plus hardis hésitent à s'approcher. Elle se relève, pourtant, à la surprise générale, sans aide de l'entourage, époussette sa robe, et s'en va, sans un mot, claudiquant un peu. « Nous venons d'assister, sans aucun doute possible, au dernier miracle de l'apôtre », conclut le pèlerin français avec qui je conversais.

Dernière visite à la cathédrale. Il est presque sept heures du soir. La foule, rassasiée, déserte la ville. Pour la première fois nous marchons dans le calme de cette gigantesque basilique. Salut Jacques ! « *¡Hola Santiago ! ¡Hola Camino !* » Sur ses murs, les marques d'appareillage des compagnons tissent un invraisemblable alphabet de signes disparates dans lesquels je crois déchiffrer : *Hasta pronto*. À bientôt..

Revenir

Toute marche est spirituelle.
Xavier GRALL.

Partir de nouveau. Refermer le cercle. Longue fuite vers la frontière. Nationales et autoroutes se succèdent, ponctuées de panneaux « Camino de Santiago, Camino Europeo ». Les villes se contournent à plus de vingt kilomètres. Adieu León ! Au revoir, Burgos ! Et toi, inaccessible Castrojeriz, salut !

Vus de l'automobile, les paysages prennent la fragilité d'un décor de théâtre. Les teintes outrancières aussi. Comme ce *páramo* où la terre en fait décidément trop dans les rouges. Le temps passe et déjà surgissent les premières difficultés à transmettre ce que nous venons de vivre. Confusion, erreurs de lieux et de noms, méprises. « Vous êtes certains d'avoir suivi ce chemin ? » Rires. L'histoire est encore trop proche, trop excessive, pour se laisser domestiquer par le langage. Dans un mois peut-être, ou plus tard, quand le temps aura atténué la charge affective où les paroles s'embrouillent.

Que reste-t-il, dans ce paysage qui défile, de la force terrassante qui nous poussa, jour après jour, vers l'ouest ? Où sont nos éblouissements ? Et ce sentiment de plénitude accordé par la marche ? Rien ne ressemble plus à rien sur cette voie à circulation rapide, où les images se télescopent, traversées de visions anachroniques, comme ces silhouettes de pèlerins au contre-jour des crêtes. Dernières illuminations sur la *meseta*. Quoi que nous disions, ni les pays, ni leur *pueblos*, n'auront plus jamais la saveur du *café con leche*, ni la rudesse des accents de rencontre. La nuit qui s'annonce effacera nos traces. Demain nous serons dans une autre histoire. Jamais l'expression « rebrousser chemin » ne m'a semblé plus juste.

Dans un premier temps, les habitudes se reprennent facilement, et l'on se dit que c'est logique. Un voyage, si troublant soit-il, n'est jamais qu'un entracte. Cela ne suffit pas, loin s'en faut, à modifier le cours de l'existence. Et l'on oublie un peu *calzadas* et *caminos*, pour s'occuper du jardin, répondre au courrier, seules preuves tangibles de ce que fut l'absence. Pour le reste, rien n'a changé. Les titres de journaux répètent ce qu'ils disaient deux mois plus tôt. Voisins et familiers vont et viennent au rythme des vacances. Le chat dort dans la fenêtre. Sommes-nous partis ? Et où ? Sur quelle planète, dans quelle histoire ? Le temps passe. Les mots s'esquivent toujours. La confusion naît de la faiblesse du récit. La narration devient de plus en plus incomplète, multiple, confuse. Comment traduire simplement la réalité complexe, foisonnante du Camino ? Comment exprimer l'inexprimable ? Pour atténuer le désarroi où la parole s'enlise, chaque jour nous remontons le temps comme le font les enfants au retour d'une fête. Cela ne mène à rien, et ne permet, surtout pas, de combler le vague à l'âme. Pour que tout s'ordonne, il faut attendre la nuit. Je marche, nous marchons. La *meseta*, bien sûr, et les monts de Oca reviennent le plus souvent dans ces rêves. En fait je ne sais toujours pas pourquoi je suis allé à Saint-Jacques-de-Compostelle, mais suis convaincu que cette démarche ne doit rien au hasard. Au contraire, il semble qu'elle s'inscrive de facon logique dans une réflexion personnelle, phase d'approfondissement justifiée par l'âge ou les circonstances de la vie, à laquelle chaque individu est, tôt ou tard, confronté. Heure de vérité ou traversée du miroir, au-delà des formules le *voyage intérieur** n'est jamais de tout repos. Reste à savoir si celui-ci, commencé quelques années plus tôt, avait besoin du Camino pour trouver son accomplissement.

Trois semaines plus tard, à Conques, dans les locaux de l'ancien séminaire où nous n'avons jamais pénétré, nous nous égarons juste le temps qu'il faut pour que frère Renaud vienne au-devant de nous. Nous le suivons jusqu'au réfectoire où il annonce « Gisèle et Jean-Claude, qui arrivent de Compostelle, et de retour à Conques ». Une douzaine d'hommes et de femmes, plusieurs moines prémontrés, nous saluent quelques-uns applaudissent**. Nous ne connaissons personne dans cette assemblée, et, pourtant, la scène me donne une impression de déjà-vu… À l'instant où nous nous asseyons au bout de la longue table, je sais que mon rêve de mars est effacé.

Je sais aussi, et cela m'étonne tout autant, que dans quelques jours je vais rompre avec ma vie professionnelle, démissionner, bousculant, précipitant de beaucoup toutes les évaluations faites à ce jour. Ce n'est pas la décision en elle-même qui m'étonne, mais la facilité avec laquelle nous l'avons prise. Quelques minutes tout au plus, ce matin même, dans la traversée des causses de Gramat. À moins que ce ne fût ailleurs. En Espagne, par exemple. Sur le Camino, sûrement. Et pourquoi pas sur les hauteurs de Santibanez ?

---

* Titre de l'ouvrage de Robert Louis STEVENSON plus connu en France sous celui de *Par les canaux et les rivières*, Grande Bibliothèque Payot, 1994. (*N.d.A.*)

** Le lendemain nous apprendrons que la lecture faite pendant le déjeuner était consacrée à *Retours à Conques*, et que celle-ci venait juste de s'achever. (*N.d.A.*)

En apparence, pourtant, rien n'avait changé. Comme chaque année dossiers et projets attendaient près d'un planning de rendez-vous ouvert, dans un bureau qui sentait le papier et l'absence. Peut-être me parut-il seulement beaucoup plus exigu qu'il n'était réellement et la reprise se fit, semblable aux autres, dans les retrouvailles et anecdotes de vacances. Imperceptible mais présente, la faille était là, elle aussi, esquissée en quelques mots, consignés dans mon journalier. « Reprise du travail. Avant-avant-dernière reprise ? Dans deux ans et quelques mois, si tout va bien. » Une lézarde « à paliers », comme on en voit courir dans les murs d'édifices, insidieuses et patientes, en attente de la secousse, si faible soit-elle, qui rompra l'équilibre, ou le confirmera. Ce ne fut pas un séisme qui vint, mais quelques mots, déjà entendus en d'autres temps, mais cette fois inacceptables ; des doutes émis, sur le ton de la supposition, quant à la pérennité d'une caisse de retraite. J'avais alors en tête assez de soleil et de joies sauvages, pour que cette mise en garde ne m'apparaisse pas comme un signe du destin. Ce jour-là, le vieux nomade et le Camino parlèrent, me semble-t-il, d'une même voix.

Conques de nouveau, en octobre, à l'occasion de la fête de la Sainte-Foy. Rappel de notre arrivée à Saint-Jacques-de-Compostelle. Cette fois, me semble-t-il, la boucle est bouclée. Et pourtant, tout le prouve, ce cercle, loin de se refermer, en ouvre un, deux, trois, une multitude d'autres beaucoup plus grands. Beaucoup plus beaux aussi. Je pense alors à tous ces *compañeros* de rencontre. Car le cercle qui s'ouvre ne serait rien si portes et fenêtres n'en faisaient autant. Lettres, rencontres, se succèdent désormais entre ceux qui partent et celui qui revient. Chassés-croisés de ces merveilleux *vagabundos de Dios* dont la plupart, à notre image, ne savent donner de signification à leur marche à l'étoile, mais vont, néanmoins, se nourrissant des mêmes illuminations, et mêmes mots. Quand ils ne parlent ou n'écrivent, certains, tel Dominique Dao Huu Bao, *compañero*, renouant avec la tradition jacobite, chantent.

À Gisèle Bourlès

À l'aube frêle de partance,
Ivres d'une félicité,
Par mille tours, âpre distance
Et des saisons d'adversité,
Pendant qu'encor l'obscurité
Secrètement vos vœux attelle
Au long chemin d'austérité,
Priez pour nous à Compostelle.

Aux jours dépourvus d'abondance,
Abreuvés de mysticité
Sur les empreintes d'ascendance
Où bute toute vanité,
Quand plus n'avez d'humanité
Que la sueur qui vous constelle
Et votre cœur en nudité,
Priez pour nous à Compostelle.

Où vous emmène l'espérance
Aux limites d'infinité,
Lorsqu'enfin cessent vos errances
Et vos temps de mendicité,
Parvenus à cette cité
Que le saint garde en sa tutelle
Ô pèlerins d'humilité,
Priez pour nous à Compostelle.

En signe de fraternité,
Quand tintera l'heure mortelle,
Ô mendiants d'éternité,
Priez pour nous à Compostelle

Aujourd'hui, en cette fin d'hiver où le jardin tressaille, je sais que le chemin m'attend. À moins d'événement grave, la place du Plot, au Puy-en-Velay, doit ressembler, trait pour trait, à ce qu'elle était lorsque nous la traversâmes, sac au dos et bourdon en main, ce matin de juin 1990. Le reste ne ressortit pas à l'écriture, mais à la longue patience qui toujours prélude à la joie.

Demain je pars, nous partons, vers la lointaine Galice et son énigmatique apôtre. Entre soixante et soixante-dix jours de marche. Deux mois de vie éparpillée aux vents des drailles. Deux mois d'escarmouches avec soi-même. Juste ce qu'il faut pour retenir cette grande leçon d'optimisme et de certitude, nécessaires à l'ouverture de toute quête.

Table

Petite Bibliothèque Payot / Voyageurs

Edward Abbey, Désert solitaire / **228**
John James Audubon, Journal du Missouri / **142**
Nicolas Baïkov, Dans les collines de Mandchourie / **380**
Nigel Barley, Un anthropologue en déroute / **176**
Nigel Barley, Le retour de l'anthropologue / **267**
Nigel Barley, L'anthropologie n'est pas un sport dangereux / **365**
Jean-Michel Barrault, Le *Sacre* et La *Pensée* / **282**
Sybille Bedford, Visite à Don Otavio / **102**
Nicole-Lise Bernheim, Chambres d'ailleurs / **363**
Alain Blottière, L'oasis / **210**
Jean-Claude Bourlès, Retours à Conques / **242**
Jean-Claude Bourlès, Le grand chemin de Compostelle / **341**
Jean-Claude Bourlès, Une Bretagne intérieure / **404**
Jean-Claude Bourlès, Passants de Compostelle / **406**
Nicolas Bouvier, Chronique japonaise / **53**
Nicolas Bouvier, L'usage du monde / **100**
Nicolas Bouvier, Journal d'Aran et d'autres lieux / **155**
Bill Bryson, Motel Blues / **260**
Frank Bullen, La croisière du *Cachalot* / **147**
Robert Byron, Route d'Oxiane / **137**
Pino Cacucci, Poussières mexicaines / **307**
René Cagnat, La rumeur des steppes / **408**
B. Chovelon / C. Abbadie, La Chartreuse de Valldemosa / **412**
Jean Clair, Le voyageur égoïste / **364**
Jean Clausel, Indes / **372**
Jean-Luc Coatalem, Mission au Paraguay / **346**
Anita Conti, Géants des mers chaudes / **322**
Anita Conti, Racleurs d'océans / **339**
Jules Crevaux, Le mendiant de l'Eldorado / **135**
Jules Crevaux, En radeau sur l'Orénoque / **193**
Richard H. Dana, Deux années sur le gaillard d'avant / **266**
Paul Del Perugia, Les derniers rois mages / **154**
Charles M. Doughty, Arabia Deserta / **189**
Lady Lucie Duff Gordon, Lettres d'Égypte / **333**
Gerald Durrell, La forêt ivre / **221**

Gerald Durrell, Le aye-aye et moi / **313**
Isabelle Eberhardt, Écrits intimes / **239**
Robert Fortune, La route du thé et des fleurs / **181**
Robert Fortune, Le vagabond des fleurs / **320**
Robert Graves, Lawrence et les Arabes / **121**
Graham Greene, Routes sans lois / **87**
Werner Herzog, Sur le chemin des glaces / **277**
William H. Hudson, Sous le vent de la pampa / **184**
William H. Hudson, Un flâneur en Patagonie / **194**
Édith et François-Bernard Huyghe, Les coureurs d'épices / **287**
Michel Jan, Le réveil des Tartares / **379**
Isabelle Jarry, Théodore Monod / **169**
John Keay, Voyageurs excentriques / **308**
Gilles Lapouge, Les pirates / **55**
Laurie Lee, Un beau matin d'été / **208**
Barry Lopez, Le chant de la rivière / **234**
Ella Maillart, La voie cruelle / **51**
Ella Maillart, Des monts Célestes aux sables Rouges / **72**
Ella Maillart, La vagabonde des mers / **85**
Ella Maillart, Oasis interdites / **175**
Ella Maillart, Croisières et caravanes / **247**
Ella Maillart, Ti-Puss / **292**
Ella Maillart, Parmi la jeunesse russe / **324**
Peter Matthiessen, Deux saisons à l'âge de pierre / **151**
Peter Matthiessen, Silences africains / **386**
Jacques Meunier / Anne-Marie Savarin, Le chant du Silbaco / **104**
Jacques Meunier, Les Gamins de Bogota / **397**
Geoffrey Moorhouse, Au bout de la peur / **188**
Présenté par **Jean-Pierre Moreau,**
Un flibustier français dans la mer des Antilles / **209**
Corinne Moutout, Aurores sud-africaines / **362**
John Muir, Voyages en Alaska / **235**
Bernard Nantet / Édith Ochs, À la découverte des Falasha / **351**
Eric Newby, Un petit tour dans l'Hindou Kouch / **90**
Tomás O'Crohan, L'homme des îles / **195**
Redmond O'Hanlon, Au cœur de Bornéo / **54**
Redmond O'Hanlon, Help ! / **146**
Jean-Michel Palmier, Retour à Berlin / **312**

Francis Parkman, La piste de l'Oregon / **153**
Passage du nord-est (Le) / **299**
Jean-Pierre Péroncel-Hugoz, Villes du Sud / **131**
Odette du Puigaudeau, Grandeur des îles / **286**
Jean Rolin, La ligne de front / **96**
Jean Rolin, Journal de Gand aux Aléoutiennes / **244**
Jean Rolin, Chemins d'eau / **300**
Marie Rouanet, Balades des jours ordinaires / **403**
Pierre Savorgnan de Brazza, Au cœur de l'Afrique / **183**
Annemarie Schwarzenbach, La mort en Perse / **342**
Annemarie Schwarzenbach, Orient exils / **384**
Freya Stark, La vallée des Assassins / **321**
Fanny Stevenson, Le voyage de la *Janet Nichol* / **301**
Robert Louis Stevenson, Dans les mers du Sud / **248**
John M. Synge, Les îles Aran / **302**
Colin Thubron, Les Russes / **52**
Colin Thubron, Derrière la Grande Muraille / **118**
Gérard Toffin, Les tambours de Katmandou / **353**
Florence Trystram, Le procès des étoiles / **136**
Mark Twain, La vie sur le Mississippi, tome I / **91**, tome II / **105**
Mark Twain, À la dure, tome I / **170**, tome II / **171**
Mark Twain, Le voyage des innocents / **259**
Laurens Van Der Post, Le monde perdu du Kalahari / **291**
Daniel Vaxelaire, Les chasseurs d'épices / **222**
Monique Vérité, Odette du Puigaudeau / **405**
Éric Vibart, Alain Gerbault / **89**
Paul-Émile Victor, L'iglou / **252**
Michel Vieuchange, Smara / **141**
Vivienne de Watteville, Un thé chez les éléphants / **385**
Vivienne de Watteville,
Petite musique de chambre sur le mont Kenya / **389**
Evelyn Waugh, Bagages enregistrés / **73**
Evelyn Waugh, Hiver africain / **103**
Olivier Weber, Chasseurs de dragons / **392**
Jacques Yonnet, Rue des Maléfices / **245**
Gavin Young, C'est encore loin la Chine ? / **164**

Petite Bibliothèque Payot

Guy Achard, La communication à Rome / **211**
Alfred Adler, Connaissance de l'homme / **26**
Alfred Adler, Le sens de la vie / **47**
Alfred Adler, Le tempérament nerveux / **84**
Alfred Adler, L'enfant difficile / **122**
Alfred Adler, L'éducation des enfants / **390**
Ernest Aeppli, Les rêves et leur interprétation / **64**
Giorgio Agamben, Enfance et histoire / **387**
Alexandrian, Histoire de la philosophie occulte / **205**
Alexandrian, Histoire de la littérature érotique / **230**
René Alleau, De la nature des symboles / **319**
Jacques André, Être médecin à Rome / **256**
Gérard Apfeldorfer, Je mange, donc je suis / **140**
Hannah Arendt, Politique et pensée / **289**
Jean-Paul Aron, Le mangeur du XIXe siècle / **8**
Paul-Laurent Assoun, Freud et la femme / **219**
Piera Aulagnier, Un interprète en quête de sens / **43**
Pierre Avril, Essais sur les partis politiques / **41**
David Bakan, Freud et la tradition mystique juive / **395**
Michael Balint, Le défaut fondamental / **44**
Michael Balint, Les voies de la régression / **383**
Ilse Barande, Ferenczi / **270**
Jean-Pierre Barou, L'œil pense / **283**
Blandine Barret-Kriegel, L'État et les esclaves / **4**
Charles Baudouin, L'œuvre de Jung / **133**
Jean Bayet, La religion romaine / **360**
Walter Benjamin, Charles Baudelaire / **39**
Pierre Benoit, Le langage de la maladie / **318**
Edmund Bergler, La névrose de base / **382**
Edmund Bergler, Les parents ne sont pas responsables des névroses de leurs enfants / **399**
Eric Berne, Analyse transactionnelle et psychothérapie / **37**
Roger Beteille, La chemise fendue / **288**
Alfred Binet, Le fétichisme dans l'amour / **393**
Ernst Bloch, La philosophie de la Renaissance / **201**

Philippe Boulu, La dynamique du cerveau / **124**
François Boureau, Contrôlez votre douleur / **60**
Jean Bourguignon / Charles Houin, Vie d'Arthur Rimbaud / **172**
Régis Boyer, La saga de saint Óláf / **77**
T. Berry Brazelton, Écoutez votre enfant / **74**
T. Berry Brazelton, L'enfant et son médecin / **139**
Jacques Brosse, Mythologie des arbres / **161**
François Burgat, L'islamisme au Maghreb / **241**
Louis-Jean Calvet, Georges Brassens / **129**
Véronique Campion-Vincent/Jean-Bruno Renard,
Légendes urbaines / **338**
Henri Carré, Sully / **355**
Olivier Carré, Le nationalisme arabe / **285**
Bernard Cathelat, Publicité et société / **83**
Léonce Chaleil, La mémoire du village / **192**
Jean-Pierre Chartier, Introduction à la pensée freudienne / **162**
Jean-Pierre Chartier, Les parents martyrs / **163**
Roger Chartier, Pratiques de la lecture / **167**
Malek Chebel, L'esprit de sérail / **265**
Malek Chebel,
Le livre des séductions, *suivi de* Dix aphorismes sur l'amour / **284**
Malek Chebel, La formation de l'identité politique / **331**
Léon Chertok, L'hypnose / **10**
Louis Chevalier, Juanito / **213**
Bernard Chevallier / Christophe Pincemaille,
L'impératrice Joséphine / **309**
Victor Chklovski, Le voyage de Marco Polo / **127**
Noam Chomsky, Le langage et la pensée / **31**
George Clare, Dernière valse à Vienne / **345**
Commission « Efficacité de l'État » du xe Plan présidée par
François de Closets, Le pari de la responsabilité / **21**
A. Cohen, Le Talmud / **65**
Peter Collier / David Horowitz, Les Kennedy / **101**
Politique d'Auguste Comte,
Textes choisis et présentés par Juliette Grange / **293**
Politique de Condorcet,
Textes choisis et présentés par Charles Coutel / **281**
Edward Conze, Le bouddhisme / **223**
Le Coran, tome I / **349**, tome II / **350**

Joël Cornette, Le roi de guerre / **391**
Egon C. Corti, Élisabeth d'Autriche / **125**
Egon C. Corti,
Vie, mort et résurrection d'Herculanum et de Pompéi / **268**
Bernard Cottret, Calvin / **348**
Youssef Courbage / Philippe Fargues,
Chrétiens et Juifs dans l'Islam arabe et turc / **310**
Jean-Jacques Courtine / Claudine Haroche,
Histoire du visage / **185**
Maurice Croiset, La civilisation de la Grèce antique / **206**
Roger Dadoun, Cent fleurs pour Wilhelm Reich / **359**
Liza C. Dalby, Geisha / **106**
Christian David, L'état amoureux / **36**
Christian David, La bisexualité psychique / **326**
Marie-Madeleine Davy, Encyclopédie des mystiques I / **273**
Marie-Madeleine Davy, Encyclopédie des mystiques II / **274**
Marie-Madeleine Davy, Encyclopédie des mystiques III / **275**
Marie-Madeleine Davy, Encyclopédie des mystiques IV / **276**
Hélène Deutsch, Problèmes de l'adolescence / **67**
Paul Diel, Le symbolisme dans la mythologie grecque / **7**
Paul Diel, Éducation et rééducation / **19**
Paul Diel, Le symbolisme dans la Bible / **20**
Paul Diel, Psychologie de la motivation / **66**
Paul Diel, La divinité / **71**
Paul Diel, La peur et l'angoisse / **78**
Paul Diel / Jeanine Solotareff,
Le symbolisme dans l'Évangile de Jean / **200**
Françoise Dolto / J. D. Nasio, L'enfant du miroir / **110**
Henri Dontenville, Mythologie française / **332**
Jean Doresse, Les livres secrets de l'Égypte / **329**
Albert Einstein, La relativité / **25**
Frank Elgar, Cézanne / **253**
Mircea Eliade, Religions australiennes / **352**
E. E. Evans-Pritchard,
Des théories sur la religion des primitifs / **414**
Christine Fauré,
Les déclarations des droits de l'homme de 1789 / **81**
Sandor Ferenczi, Thalassa / **112**
Thomas Ferenczi, L'invention du journalisme en France / **279**

Carl Gustav Jung / Charles Kerényi,
Introduction à l'essence de la mythologie / **168**
Ernst Jünger, Le boqueteau 125 / **240**
Helen A. Keller, Sourde, muette, aveugle / **59**
Paul Kennedy, Naissance et déclin des grandes puissances / **63**
John Maynard Keynes, Essais sur la monnaie et l'économie / **24**
A. Kirkpatrick, Les conquistadors espagnols / **92**
Mélanie Klein / Joan Riviere, L'amour et la haine / **18**
Siegfried Kracauer, Le roman policier / **410**
Étienne de La Boétie, Le discours de la servitude volontaire / **134**
Élisabeth Labrousse, La révocation de l'Édit de Nantes / **34**
Étienne Lamazou, L'ours et les brebis / **250**
François Laplantine, L'anthropologie / **227**
Jean-Philippe Lauer, Saqqarah / **107**
T. E. Lawrence, Les sept piliers de la sagesse / **99**
Michel Le Bris, L'homme aux semelles de vent / **95**
Michel Le Bris,
Une amitié littéraire : Henry James-Robert L. Stevenson / **177**
Michel H. Ledoux, Introduction à l'œuvre de Françoise Dolto / **262**
Jean-G. Lemaire, La relaxation / **45**
Jean-G. Lemaire, Les mots du couple / **398**
Sous la direction de **Bernard Lewis,** L'islam / **207**
Jean-Pierre Letort-Trégaro, Pierre Abélard / **311**
Anna Lietti, Pour une éducation bilingue / **179**
Lin Yutang, La Chine et les Chinois / **316**
Le Livre interdit,
Textes choisis et présentés par Jean-Christophe Abramovici / **298**
Konrad Lorenz, Évolution et modification du comportement / **33**
Robert Löwie, Histoire de l'ethnologie classique / **49**
Georges Lukacs, Le roman historique / **388**
Margaret Mahler, Psychose infantile / **30**
Maine de Biran : la vie intérieure,
Textes choisis et présentés par Bruce Bégout / **237**
Bronislaw Malinowski,
La sexualité et sa répression dans les sociétés primitives / **28**
Bronislaw Malinowski, La vie sexuelle des sauvages / **378**
Bronislaw Malinowski,
Trois essais sur la vie sociale des primitifs / **413**
Thomas Mann, Goethe et Tolstoï / **366**

Jean Markale, La femme celte / **108**
Karl Marx, Misère de la philosophie,
Textes choisis et présentés par Jean Kessler / **294**
Henri Massé, Anthologie persane / **330**
Les Matérialistes au XVIIIe siècle,
Textes choisis et présentés par Jean-Claude Bourdin / **280**
Predrag Matvejevitch, Bréviaire méditerranéen / **251**
Annelise Maugue,
L'identité masculine en crise au tournant du siècle / **409**
Marcel Mauss, Manuel d'ethnographie / **13**
Gérard Mendel, Pour décoloniser l'enfant / **5**
Jack Messy, La personne âgée n'existe pas / **180**
Jacques Meunier, Le monocle de Joseph Conrad / **150**
A. de Mijolla / S. A. Shentoub,
Pour une psychanalyse de l'alcoolisme / **40**
Pierre Milza, Voyage en Ritalie / **224**
Eugène Minkowski, La schizophrénie / **328**
Eugène Minkowski, Vers une cosmologie / **370**
Marie Moscovici, Il est arrivé quelque chose / **46**
Georges Mounin, La sémantique / **317**
J. D. Nasio,
Enseignement de 7 concepts cruciaux de la psychanalyse / **111**
J. D. Nasio, Cinq leçons sur la théorie de Jacques Lacan / **203**
J. D. Nasio, L'hystérie / **263**
J. D. Nasio, Le plaisir de lire Freud / **356**
J. D. Nasio, Le silence en psychanalyse / **400**
André Neher, L'identité juive / **198**
André Neher, Prophètes et prophéties / **272**
Jean-Pierre Néraudau, Être enfant à Rome / **295**
Rudolf Otto, Le sacré / **218**
Rudolf Otto, Mystique d'Orient et mystique d'Occident / **278**
Marc-Alain Ouaknin,
Concerto pour quatre consonnes sans voyelles / **186**
Marc-Alain Ouaknin, Méditations érotiques / **187**
André Parrot, L'archéologie / **303**
Willy Pasini, La qualité des sentiments / **243**
Willy Pasini, Éloge de l'intimité / **306**
Willy Pasini, Nourriture et amour / **335**
Michel Perrin, Le chemin des Indiens morts / **297**

Idries Shah, La magie orientale / **204**
Marc Sherringham, Introduction à la philosophie esthétique / **123**
Jeanine Solotareff, Le symbolisme dans les rêves / **199**
Jérôme Spycket, Clara Haskil / **76**
Constantin Stanislavski, La formation de l'acteur / **42**
Robert Louis Stevenson, Essais sur l'art de la fiction / **98**
Lytton Strachey, La reine Victoria / **126**
Rabindranath Tagore, La maison et le monde / **61**
Paco Ignacio Taibo II, Ernesto Guevara connu aussi comme le Che, tome I / **401**, tome II / **402**
Wou Tch'eng-en, Le singe pèlerin / **109**
René Thévenin / Paul Coze,
Mœurs et histoire des Indiens d'Amérique du Nord / **94**
Louis-Vincent Thomas, Mort et pouvoir / **361**
Léon Tolstoï, Les récits de Sébastopol / **354**
Robert Turcan, Héliogabale et le sacre du soleil / **327**
Jean-Didier Urbain, L'idiot du voyage / **166**
Jean-Didier Urbain, Sur la plage / **271**
Jean-Didier Urbain, L'archipel des morts / **337**
Kati Varga, L'adolescent violent et sa famille / **304**
Anne Vincent-Buffault, Histoire des larmes / **415**
La Vision perspective (1435-1740),
Textes choisis et présentés par Philippe Hamou / **238**
Alan W. Watts, Le bouddhisme zen / **70**
Arthur Weigall, Alexandre le Grand / **149**
Donald W. Winnicott, L'enfant et sa famille / **50**
Donald W. Winnicott, Fragment d'une analyse / **113**
Jean-Pierre Winter, Les errants de la chair / **396**
Marina Yaguello, Les mots et les femmes / **75**

Impression réalisée sur CAMERON par

BUSSIÈRE CAMEDAN IMPRIMERIES

GROUPE CPI

à Saint-Amand-Montrond (Cher)
pour le compte des Éditions Payot & Rivages
en octobre 2001

N° d'impression : 014947/1.
Dépôt légal : novembre 2001.
Imprimé en France
ISBN 2-238-89163-6